© 2019, Hugo Sport, département de Hugo Publishing
34-36, rue La Pérouse
75116 Paris

Collection Hugo Sport dirigée par Bertrand Pirel

Direction d'ouvrage : Mathieu Lauverjat
Couverture et conception graphique : Emmanuel Pinchon

Dépôt légal : septembre 2019
ISBN : 9782755643282

Imprimé en Italie
www.hugoetcie.fr

DAVID BERESFORD

FRÈRES D'ARMES

L'âge d'or du rugby français

Traduit de l'anglais (GB)
par Olivier Villepreux

Portraits photographiques
par Pierre Carton

Hugo Sport

© Presse Sports

Sommaire

Introduction

Si le pays de Galles a été l'équipe des années 1970, la France mérite sans conteste cette distinction pour les années 1980. Les joueurs de cette décennie formaient une vraie fratrie qui a ébloui les amoureux du rugby. Talent, imprévisibilité, ces hommes ont donné une note poétique à ce sport de combat. À dix-neuf ans, je voulais être l'un d'entre eux, savoir jouer comme eux, vivre les mêmes choses qu'eux. Je me souviens qu'à l'entraînement, sur le terrain de l'école d'Avignon, je me prenais tantôt pour Codorniou, tantôt Charvet ou Bonneval, le cœur palpitant, imaginant les commentaires alors que je marquais un essai en coin.

Voilà. Le temps passait, l'expression du *French Flair* demeurait inextricable dans ma mémoire comme un premier amour. Indélébile. C'est ainsi qu'au début des années 2000, l'idée de cet ouvrage a commencé à germer. Je rêvais d'un récit libre et subjectif, d'un périple consistant à retrouver ces joueurs et à restituer l'aventure de leur vie. Et puis, un beau jour, je me suis décidé à franchir le pas et à aller à la source pour recueillir les souvenirs de « la crème de la crème ». Écrire une livre de rugby qui ne serait pas tout à fait un livre sur le rugby. Parler de la vie et de ses multiples facettes et raviver pas moins de trente-cinq ans de souvenirs avec la France.

En septembre 2017, j'ai choisi trente-deux joueurs et un entraîneur emblématiques de cet âge d'or. Pour être sélectionnés, ils devaient répondre aux critères suivants, lesquels me laissaient une grande liberté de choix :

1) Ils devaient avoir joué dans les années 1980. J'aurais pu élargir aux joueurs des années 1970, certes, mais mon tour de taille en aurait souffert et ma femme m'aurait mis un carton rouge.

2) Ils devaient avoir contribué à forger l'équipe de la Coupe du monde 1987.

3) Ils devaient coller à ma propre définition du *French Flair* et posséder quelques-unes de ses qualités : puissance, vitesse, personnalité, explosivité, audace, anticonformisme.

En complément d'enquête, j'ai décidé d'aller questionner d'autres anciens joueurs et entraîneurs : André Boniface, Jo Maso, Raphaël Ibañez, Pierre Villepreux, Daniel Herrero, Bob Dwyer, Sean Fitzpatrick, Michael Lynagh, Nick Farr-Jones, Gavin Hastings, Fergus Slattery, Ollie Campbell, Brian Moore, Will Carling, Mickey Skinner, Ieuan Evans, Finlay Calder, David Sole, Peter FitzSimons.

Disons-le d'office : il serait totalement vain de chercher une règle scientifique pour justifier ma sélection. Comme pour beaucoup d'anciens entraîneurs, elle relève davantage d'un choix du cœur, d'un sens de l'esthétique et de l'influence qu'ils ont eue sur moi. Et puis, je n'ai que faire des statistiques.

Avant de commencer ce périple chez les Frères d'armes, disons simplement que j'ai été submergé par la chaleur et la générosité qu'ils ont témoignées à mon égard. Je veux ici tous les remercier de m'avoir donné de leur temps, de s'être ouverts à moi. De leur amitié.

David Beresford, juillet 2019

Listen to the wind on the water
Listen to the waves upon the shore
Try to sleep, sleep won't come
Just as I begin to fade

Then I remember
When the moon was full and bright
I would take you in the darkness
And do the tango in the night
Tango

Fleetwood Mac, *Tango in the Night*, 1987[1]

© Pierre Carton

La lignée basque

Je suis tombé sous son charme vers 1988, à l'époque où je jouais au BEC (Bordeaux Étudiants Club). Le Pays basque n'a de cesse de me fasciner depuis. Cela va bien au-delà de ses évidentes particularités rugbystiques. Je ne parle pas de sa gastronomie, de son vin, de ses collines verdoyantes ni de sa côte déchiquetée ouverte sur une mer de cobalt. Je crois que cela touche à quelque chose de plus profond encore, d'indicible. Sans doute quelque chose du côté de l'identité basque, de cette langue ancestrale, de cette culture si unique. *Euskal Herria* est un aimant envoûtant aux mille secrets. Ce que ce territoire recèle en abondance, c'est sa part de mystère. Et là où il y a du mystère, il y a de la curiosité. Comme dans le *Guernica* de Pablo Picasso ou *La Cène* de Léonard de Vinci : les énigmes et les questions nous invitent à chercher des réponses. J'ai donc voyagé vers Bayonne, Biarritz et Saint-Sébastien dans l'espoir d'y trouver quelques pistes. Pour sûr, les rugbymans de la région m'aideraient à y voir plus clair.

1 « Écoute le vent sur la mer / Écoute les vagues sur la grève / Tenter de dormir / Le sommeil ne viendra pas / Alors que je commence à sombrer Je me souviens / Quand la lune était pleine et claire / Je voulais t'emporter dans l'obscurité /

« Pelé »
Serge Blanco

Né le 31 août 1958 à Caracas - **CLUB** : Biarritz olympique - **SÉLECTIONS EN ÉQUIPE DE FRANCE** : 93 (1980-1991)
POSTE : Arrière (ailier à l'occasion) - **GRANDS CHELEMS** : 2 (1981, 1987) - **SURNOM** : « Pelé » - **RENCONTRE** : jeudi 23 novembre 2017

Né à Caracas, ce fils d'un inspecteur de police et d'une Biarrote fut surnommé le « Pelé » du rugby par un journaliste anglais après un match avec France B où il marqua 25 points à lui seul. Rapide, insaisissable, puissant, naturellement doué, il allait enflammer tous les stades de rugby du monde entre 1976 et 1992. Il avait le don de trouver des espaces et le goût du risque et marqua 38 essais, la plupart brillants, dont celui contre l'Australie lors de la première demi-finale de l'histoire de la Coupe du monde, en 1987, qui qualifiait la France pour la finale contre la Nouvelle-Zélande. Serge Blanco est une des plus grandes icônes du rugby français et international.

Serge me reçoit amicalement, le visage barré d'un large sourire tandis que je lui offre une bouteille du légendaire domaine de Trévallon – l'un de mes vins français préférés. Je savais qu'en amateur averti, il l'apprécierait. Direction *La Pinta*, une cidrerie conviviale qui jouxte son hôtel-spa, où nous avons discuté brièvement avec le chef, Inaki Tetilla. Nous nous sommes installés à une table dressée pour nous, seuls dans une grande pièce près des fûts de cidre.

À part peut-être David Campese, Serge Blanco n'a pas eu d'égal durant les douze années où il joua en équipe de France. Mais sa carrière terminée, dans le monde des « bons vivants », ce serait une autre paire de manches. Une fois à table, en face de moi, il me dévisage et comprend que si je n'ai été qu'un joueur de niveau moyen, il ne va pas avoir la partie facile à table. *Coup d'envoi !* Je m'apprête à vivre un déjeuner mémorable.

Rugby terreur

Je veux entrer dans le vif du sujet, le rugby. Je commence donc par lui poser des questions générales sur la réussite de l'équipe de France dans les années 1980.

« Nous avions des résultats pour diverses raisons. D'abord, nous avions de grands joueurs, un formidable meneur d'hommes avec Jacques Fouroux, et nous étions de très bons amis. Tu sais, David, on s'aimait beaucoup et c'est encore vrai aujourd'hui. Et notre amitié est ancienne. Avec des joueurs comme Codor (Didier Codorniou), Berbize (Pierre Berbizier), nous avons joué ensemble en junior et Berbize et Lolo (Laurent Rodriguez) venaient du même club (Lannemezan). Puis Jean-Pierre Rives a exercé une grosse influence sur moi dès ma première tournée en Nouvelle-Zélande en 1979. J'avais pris cette tournée comme une récompense pour les efforts que j'avais consentis durant la saison mais Jean-Pierre m'a appris que gagner sa place en équipe de France réclamait davantage. Ça a été un moment décisif puisqu'après, je n'ai plus jamais quitté l'équipe. C'est un homme que j'aime vraiment et cela ne me gêne pas de le lui dire. Nous aurions fait n'importe quoi l'un pour l'autre et c'est pareil aujourd'hui. Nous aurions pu remporter plus de victoires mais cela n'arriva pas à cause d'un certain nombre de facteurs – nous n'étions pas réguliers et nous étions une jeune équipe en progression. »

Serge reste pudique, il ne veut pas, avec le temps, considérer que l'arbitrage leur fut aussi quelquefois défavorable. Pourtant, en 1983, la presse française et l'équipe étaient convaincues de la partialité d'un arbitre écossais dans le match décisif contre l'Irlande,

Tournoi des Cinq Nations 1986. Serge contre l'Angleterre, le 15 mars. La France s'impose 29 à 10.

© Bob Thomas Sports Photography via Getty Images

que ces derniers remportèrent, privant la France du Grand Chelem. Elle termina tout de même première *ex aequo* au classement général. *Le Monde* écrivit : « *Les joueurs ont été floués. Il leur semblait que l'arbitre avait été plus dur avec eux sur leurs erreurs que sur les ruses des Irlandais.* » En 1984, c'est un arbitre gallois qui fut mis au pilori par les Français pour sa prestation lors du match contre l'Écosse en finale du Grand Chelem, qu'ils perdirent. Rives dénonça l'incompétence de cet arbitre qui avait « *gâché la fête* ». L'année précédente les relations franco galloises s'étaient déjà tendues. Rives, Blanco et Dospital avaient pris des coups et avaient été agressés, ce qui n'empêcha pas la France de remporter le match. *Le Monde* décrivit le match de 1983 contre Galles en ces termes :

> *« Eddie Butler, le chef de la horde sauvage.* Apocalypse Now… *Rives, toujours le premier, Blanco, Dospital… Rugby terreur. »*

En 1984, Jean-Pierre Garuet est expulsé par un autre arbitre gallois dans le match contre les Irlandais, piégé comme un bleu par ce diable de Keane, et O'Driscoll qui feint avoir été victime d'une fourchette. À ce jour, « Garuche » a toujours nié avoir eu recours à l'infamante « fourchette ». Il s'en est défendu énergiquement et de façon convaincante lorsque je suis allé lui rendre visite. Les Français remportèrent tout de même le match. En 1985, ils firent deux matchs nuls et, en 1986, ils perdirent face à l'Écosse d'un point, échouant dans la quête du Grand Chelem mais remportant tout de même le Tournoi. Ainsi, si la France réalisa le Grand Chelem en 1981 et en 1987, les bleus sont passés très près de remporter ceux de 1983, 1984 et 1986.

Out of South Africa

Ironiquement, pour un joueur métis, Serge fêta sa première titularisation contre l'Afrique du Sud, où régnait l'apartheid, le 8 novembre 1980, match que la France perdit 37 à 15. On y décèle déjà les premiers signes de sa sublime prédisposition à la course. Il se souvient bien de ce match, particulièrement de sa percée qui amena l'essai de Philippe Dintrans :

« *Jouer contre l'Afrique du Sud en 1980 a été un grand moment pour moi. Je me suis toujours demandé si j'avais*

« Il était important pour moi de m'en aller quand je le déciderais. »

été sélectionné parce que j'étais bon ou parce que j'étais un homme de couleur. J'ai pensé que le meilleur moyen de le savoir était d'y aller et de voir comment ça se passerait.

J'ai pu voir par moi-même des choses terribles – les townships, les toilettes séparées, les entrées distinctes – et la tournée me laissa un sentiment mitigé. Quand je portais le blazer ou d'autres vêtements distinctifs portant l'écusson de la FFR, j'étais traité comme n'importe quel homme blanc. Mais dès que je les enlevais, je n'étais plus considéré comme un membre de l'équipe, tout était très différent et la réaction des gens et leurs comportements à mon égard changeaient significativement.

Une fois, avec Serge Gabernet, nous sommes allés dans un parc où se déroulait une partie de boules – une sorte de pétanque disputée essentiellement par des anciens en habits blancs portant le chapeau qui se jouait avec des boules plus grosses sur un terrain en gazon plat et dur. Serge (Gabernet) et moi nous sommes assis sur un banc, fascinés par ce jeu typiquement anglo-saxon. Tout d'un coup, les joueurs se figèrent et me firent remarquer que je ne pouvais pas rester assis là où j'étais. J'étais extrêmement blessé. Serge (Gabernet) voulut immédiatement partir mais j'ai dit "non", nous devions rester. Cela n'a pas duré mais le temps est long quand des gens vous fixent et que vous les regardez dans le blanc des yeux. Dès qu'ils se sont remis à jouer, nous les avons observés un court moment puis nous nous sommes levés pour partir. Il était important pour moi de m'en aller quand je le déciderais, et non parce qu'ils me l'avaient demandé.

C'est une expérience que je n'oublierai jamais. Même si nous avons perdu le test, j'avais marqué beaucoup d'essais dans les trois matchs remportés contre des provinces.

J'étais l'idole de tous les Noirs et des Métis. Je disais aux gens : "Je ne suis ni noir ni blanc, je suis un métis et je suis un être humain." »

Serge retourna en Afrique du Sud en 1982, au sein d'une sélection du Tournoi des V Nations, le SARB Overseas XV, au prétexte de la réouverture de l'Ellis Park. Jean-Pierre Rives, blessé, ne pouvant s'y rendre, Dominique Erbani et Serge étaient donc les seuls représentants de la France. À leur côté les autres joueurs de la tournée étaient Dusty Hare, Jim Renwick, Terry Holmes, Graham Price, Willie Duggan, John Carleton. Willie John McBride et Syd Millar en étaient les entraîneurs.

Coupe de monde 1987. Demi finale contre l'Australie, le 13 juin. Dans les ultimes secondes, Serge plonge dans l'en-but et inscrit un essai de légende.

« Je me souviens de peu de chose de cette tournée tant les Britanniques et les Irlandais buvaient tout en étant capables de courir comme des lapins le lendemain. Les Cusworth était un monstre. Willie Duggan était tout aussi impressionnant ! Les Irlandais aimaient picoler et fumer, étaient toujours en virée avant les matchs et me disaient : "Serge, allez, viens prendre une bière." Parfois même avant un match ! Leur état d'esprit était incroyable – ils donnaient l'impression qu'ils étaient à la rue avant la rencontre mais sur le terrain, ils étaient magnifiques.

Syd et Willie John étaient de grands joueurs et sont aujourd'hui des hommes exceptionnels. Syd était le président de la Fédération internationale quand j'étais président de

© Georges Gobet/Staff via Getty Images

la Ligue professionnelle française et nous avons bien rigolé et discuté quand je voulais boycotter l'ancienne formule de la Heineken Cup ! Il me disait tout le temps : "Serge, tu es un casse-couilles !"

Je me souviens avoir joué un match où Errol Tobias, leur unique joueur noir, intercepta une passe. Je repartis en sens inverse à sa poursuite et je le rattrapai. Tobias me hurla dessus. Encore aujourd'hui, je ne comprends pas pourquoi.

Après cette tournée, de retour en France, j'étais le seul et premier joueur français à souhaiter ne jamais revenir jouer contre l'Afrique du Sud tant que le régime de l'apartheid ne serait pas aboli. Honnêtement, quand j'ai dit ça, je ne réalisais pas l'impact que cela aurait, et que cela durerait dix ans. »

Ce n'est que dix ans plus tard, en effet, que la France rejoua et perdit 15 à 20 contre l'Afrique du Sud, le 17 octobre 1992, à Lyon. Jean-Luc Sadourny avait alors pris sa place à l'arrière.

Lille, 31 octobre 1992

À ce moment-là, nous avons déjà bien entamé une bouteille de Château Haut Selve 2012 – assez de corps et de fraîcheur pour relever le goût du jambon ibérique à la coupe.

Le 31 octobre 1992, il a été demandé à Serge de former l'équipe des Barbarians français pour affronter l'Afrique du Sud à Lille. Le stade chavirait. L'événement était très émouvant pour lui, dix ans après la tournée avec les SARB

« J'étais le premier joueur français à souhaiter ne jamais revenir jouer contre l'Afrique du Sud tant que l'apartheid ne serait pas aboli. »

Tournoi des Cinq Nations 1989. Serge Blanco au soutien de Patrice Lagisquet contre l'Écosse, le 18 mars.

© Mark Leech via Getty Images

« Il fallait battre les Anglais, c'était ainsi. »

Overseas XV. Il avait arrêté de jouer mais il sélectionna le noyau dur de l'équipe de 1987 – Ondarts, Condom, Champ, Rodriguez, Camberabero, Charvet, Sella, Lagisquet et lui-même. Avec Abdel Benazzi et Léon Loppy, ils étaient trois joueurs de couleur alors que les Sud-Africains n'en comptaient aucun. Le Gallois Rob Jones était le seul joueur étranger parmi les Français, le seul Celte parmi les Gaulois. Ils étaient tous plus âgés, plus sages et sans doute plus lents et plus lourds que les Springboks, mais ils gagnèrent.

Serge se devait de remporter son ultime match et les autres joueurs avaient à cœur de l'y aider. À la première accélération il se blessa mais les joueurs insistèrent pour qu'il reste sur le terrain. J'adore revoir sur la toile les courts extraits de ce match pour de multiples raisons, mais surtout parce que les Français l'avaient remporté.

> Toutes les qualités essentielles des Français transparaissaient clairement : l'affection que les joueurs se portaient, l'admiration pour Blanco, les « bises » qu'ils se faisaient, la transpiration et l'émotion pure qui suintait de leurs visages.

Voilà la France que j'aime, tactile et pleine d'émotion. Ce jour-là, le contraste avec la froideur des Sud-Africains était patent.

J'ai aimé le match en lui-même, les trompettes et les tambours, l'air paumé de Rob Jones quand Blanco donne ses consignes à la mi-temps, le petit coup de genou de Benazzi sur Muller après son essai, et ce liant dans le jeu entre les avants français et les arrières, comme autant de souvenirs des plus grandes heures.

Springboks, acte II

La suite des événements serait également inoubliable. Lors de la finale de la Coupe du monde 1995 entre l'Afrique du Sud et la Nouvelle-Zélande, chacun se souvient du président Mandela et de Chester Williams portant le maillot des Springboks, le symbole de la suprématie blanche. Ce fut un merveilleux moment de l'histoire pour l'Afrique du Sud et les Springboks. Mais Blanco, un Métis, avait trois ans d'avance sur eux. Après le match de Lille, il échangea son maillot contre celui de James Small et fit le tour du terrain vêtu des couleurs des Springboks pour fêter et sa retraite, et l'émancipation de ceux qui n'étaient pas blancs dans ce pays.

« Les Springboks n'étaient pas contents du tout d'avoir perdu alors que nous, nous avons fait la bringue jusque tard dans la nuit. Nous sommes arrivés en retard au banquet d'après-match parce que nous avions chanté dans les vestiaires. Juste au moment d'arriver, on a croisé les Springboks qui s'en allaient. On s'en fichait, nous étions simplement heureux et nous nous amusions. Cela provoqua un incident diplomatique ! Nous avons profité du banquet entre nous. Jacques était en grande forme, il nous a fait un one-man-show et nommait chaque joueur à un poste fictif dans l'organigramme de la FFR. Jean Condom, qui n'a jamais été bavard, était nommé chef de la communication ! Jacques était au sommet de son art.

Mais la Fédération sud-africaine, une fois l'équipe rentrée chez elle, était très gênée que son équipe se soit esquivée et, le jour suivant, je recevais une invitation pour me rendre chez eux. J'ai répondu que je n'irais qu'à condition de pouvoir visiter les townships, les écoles et les villages, voir les enfants. La Fédération sud-africaine accepta, donc j'y suis retourné en 1993 avec ma femme et mon beau-père. Nous y avons été accueillis en héros. J'y ai revu beaucoup de vieux amis – Du Plessis, Serfontein, Gerber, Botha, Louw. Je les invitais à venir fêter mon jubilé. Malheureusement, je n'ai pas assez joué contre eux à mon goût à cause de l'apartheid.

Lors de ce voyage nous sommes allés voir les gamins dans les townships avec les joueurs blancs contre lesquels j'avais joué. Je me souviens d'un groupe important de noirs qui vinrent accueillir la délégation à notre arrivée et ils me disaient : "Nous sommes ici pour vous remercier. Quand nous avions le plus besoin de vous, vous nous avez aidés." Je répondais que je n'avais pas fait grand-chose et eux : "Bien sûr que si. Vous avez été la première personne à dire que vous ne joueriez plus contre l'Afrique du Sud tant que l'apartheid existerait." »

J'étais très touché que les Noirs comme les Blancs me disent cela. Ce n'était pas rien, en 1982, de pouvoir dire à Ferrasse et à la FFR que je ne jouerais plus avec la France contre l'Afrique du Sud. Ils auraient pu se passer de moi.

La Fédération sud-africaine organisa un dîner dont j'étais l'invité d'honneur et qui réunissait quelque 500 personnes.

Élégance, facilité, vitesse, Serge Blanco.

© Presse Sports

Je portais une veste de soirée blanche, ils étaient tous en veste noire, et ça leur a plu ! Ces voyages en Afrique du Sud m'ont profondément marqué. Celui effectué en 1993 fut un moment exceptionnel de ma vie. »

« Nos meilleurs ennemis »

On apporte une daurade à la plancha et entre deux bouchées, je lui demande comment ça s'était passé, avec les Anglais.

« *C'étaient nos meilleurs ennemis,* répondit-il, une formule que j'entendrais souvent durant mon périple. *Je trouvais les Anglais arrogants et distants quand nous jouions contre eux. Je n'ai jamais trouvé les Anglais originaux. Je ne me suis pas fait d'amis parmi eux alors que j'ai noué des amitiés avec des joueurs de toutes les autres nations. Nous avons été élevés comme ça. La presse a toujours monté en épingle nos matchs et nous avons sur le dos le poids de l'histoire avec Jeanne d'Arc, la guerre de Cent Ans. Il fallait battre les Anglais, c'était ainsi.*

Les Anglais étaient durs et disciplinés, difficiles à battre. Dans les années 1980, nous avions l'habitude de gagner mais à partir de 1989, tout a changé ! En 1991, lors du quart de finale de Coupe du monde au Parc des Princes, Stuart Barnes m'avait dit qu'ils avaient un plan anti-Blanco et que j'allais être particulièrement ciblé sur les balles hautes. Je tenais mon excuse pour frapper Heslop après qu'il m'eut plaqué à retardement ! Champ s'en chargea aussi. Je n'en veux pas aux Anglais mais j'en veux à l'arbitre kiwi de ne pas m'avoir protégé. 1991 a été la plus grande déception de ma carrière. »

Serge pense que l'inimitié avec les Britanniques remonte au Grand Chelem 1977.

« Je pense que la tension est montée d'un cran avec les autres nations du Tournoi en 1977 parce que nous battions tout le monde.

C'était une équipe très dure avec Cholley, Imbernon, Palmié, Bastiat, Rives, Fouroux. On ne nous aimait pas et nous n'avons pas concédé le moindre essai, nous avons joué avec les mêmes 15 joueurs et nous avons bastonné quelques adversaires en chemin !

En 1981, quand nous avons remporté le Grand Chelem, Jacques Fouroux me raconta des années après que l'Anglais

Dusty Hare lui avait dit que la France n'avait pas remporté le Grand Chelem. Que c'était Dusty en personne qui nous l'avait offert parce qu'il avait raté trop de pénalités ! »

Le Parrain

Nous parlons ensuite des anciens joueurs qu'il me fallait rencontrer pour mon livre et je lui demande de m'aider à les contacter.

— De quels contacts as-tu besoin, David ?

— Didier Camberabero, Philippe Sella, Denis Charvet, Daniel Dubroca et Patrice Lagisquet.

En souriant, il attrape son téléphone portable et me dit :

— Ne bouge pas, tu vas voir comment ça se passe en France.

Tel Don Vito Corleone, Serge se met à téléphoner à chacun d'entre eux, leur demandant un service. Son style latin, détaché, et son humour m'ont bien fait rire. Je me retrouve ainsi à parler successivement à Didier, Daniel et Patrice tandis qu'il laisse un message à Philippe et Denis. Florilège, pour capter l'ambiance :

À Philippe Sella (il laisse un message) :

« Merde Fifi, on dirait que tu es en Angleterre… Qu'est-ce que tu fous ? Je suis en train de déjeuner avec un Anglais qui est un mec bien. Je sais que cela peut paraître bizarre mais il est… Ce n'est pas habituel pour un Anglais de s'intéresser au rugby français, mais ce type est vraiment curieux. Le jeu de notre époque le passionne. Il veut voir tout le monde donc, tu dois le voir aussi… Tu vas apprécier… Je t'embrasse. »

À Daniel Dubroca (qui répond) :

« Comment vas-tu mon petit Daniel… tu fais la sieste ? Non, je ne suis pas agriculteur moi, je ne peux pas mettre de réveil dans mon verger comme toi… (Rires.) Merde, il fait 23 degrés ici aujourd'hui… Je suis avec un ami anglais… C'est un bon type, un bon vivant… il a joué au centre mais on ne dirait pas… Si moi, un ancien arrière, on me prend pour un pilier gauche, lui peut passer pour un pilier droit, comme toi dans l'ancien temps… Nous ferions une bonne première ligne… David se marre… »

Blanco au pied face à Kirwan lors de la tournée néo-zélandaise de 1986.

© Presse Sports/Legros

« Quand il court sur la neige, il ne laisse pas de trace. »

C'est à la fois très drôle et utile et je sors de mon rendez-vous avec la plupart des contacts des anciens joueurs. À la fin du week-end, je les avais tous. Serge me demande : *« Est-ce que tu prendrais une glace pour le dessert David ? Ça aide à digérer. »* Elle est bien bonne celle-là, me dis-je, je vais la ressortir.

Le rugby en trois dimensions

Serge n'ayant pas beaucoup parlé de sa propre « grandeur », je vais donc le faire pour lui. Il se fiait à son instinct et prenait les bonnes décisions. Rapide, malicieux, il avait le sens de l'à-propos. Plusieurs vidéos montrent comment il sentait le jeu mais, en particulier, j'ai le cœur qui bat la chamade devant un montage vidéo de 20 minutes. Il le montre en pleine gloire faisant étalage de tous les gestes qui ont fait de lui le meilleur joueur de sa génération.

« Il avait un tempo extraordinaire, il était capable de se faufiler dans la défense. On ne pouvait pas le voir accélérer parce que ses jambes n'allaient pas plus vite ; il ne faisait qu'allonger sa foulée. C'était très trompeur, cela m'a pris un certain temps avant d'anticiper cela. »

Patrice Lagisquet se souvient avec enthousiasme de la période où il jouait avec Serge.

« Et il pouvait piquer le ballon à l'adversaire à pleine vitesse, la balle rebondissait entre ses mains ! Comment faisait-il ? Je me le demande encore. Son mental était également très impressionnant. S'il faisait une erreur, il l'oubliait immédiatement. Ça ne l'aurait pas empêché de tenter autre chose comme de prendre un risque immédiatement après. Dans les sports collectifs, les grands joueurs trouvent toujours une solution – une passe, un coup de pied, une percée, n'importe quoi – et c'était vraiment un très grand joueur. J'ai adoré jouer avec lui et Philippe Sella parce que nous étions très en phase. »

Laurent Pardo a fréquenté Serge pendant plus de cinquante ans et a joué contre lui pour la première fois lors de la finale du championnat de France junior avec le Racing Club de France en 1976.

« Dans sa jeunesse, sur le terrain, Serge vous défiait toujours, qu'il soit votre partenaire ou votre adversaire.

C'était un incroyable battant et il voyait le rugby en trois dimensions, comme dans un jeu vidéo. Il était aussi très audacieux, ce qui faisait de lui le premier joueur de type fidjien à évoluer en France. Ces qualités, mentales et physiques, firent que toute une génération a dû hausser son niveau de jeu. Son influence a été énorme. Même lorsque nous jouions à la pelote ou au tennis l'un contre l'autre, il te prenait la tête avant même que la partie ne commence en te rappelant le nombre de points qu'il avait marqués la fois d'avant. C'était un terrible compétiteur. »

D'autres joueurs m'ont raconté que sa préparation était minime, il comptait sur des capacités naturelles hors normes. Il aimait jouir de la vie et, à part les cigarettes, il a continué sur cette lancée après sa carrière. En somme, il représente tout ce que j'aime de l'ère amateur.

Ses qualités athlétiques étaient exceptionnelles. Grand, mince, musclé et puissant, une course féline. Le seul autre joueur que j'ai vu capable de changer de vitesse aussi imperceptiblement et élégamment que Serge est Jeremy Guscott.

Caracas-Biarritz

Outre la carrière de Serge, il me faut questionner l'homme et m'intéresser à son passé pour mieux le saisir.

« Je n'ai aucun souvenir de mon père. D'après les photos, c'était un bel homme qui portait la moustache et qui était officier de police à Caracas. » Sans autre enfant, sa mère, Odette revient à Biarritz en 1960 avec son jeune fils métis. Ils vivent dans un trois-pièces avec les parents d'Odette et partagent la même chambre et le même lit jusqu'à ce que Serge atteigne ses 12-13 ans.

« Nous n'avions pas d'argent. Et nous n'avions pas de salle de bains ce qui fait que nous allions deux fois par semaine aux bains publics.

> *Pendant longtemps, chaque soir, ma grand-mère faisait chauffer de l'eau sur le poêle et on s'en servait pour se laver.*

Nous vivions très modestement. Il y avait pas mal de boulot dans le coin mais il fallait se déplacer pour en trouver. Mais tout travail est respectable – c'est vraiment quelque chose que j'ai appris en grandissant. »

Odette travailla sans relâche pour donner à Serge la meilleure éducation possible. Il comprit la valeur du labeur et de l'argent, ce qui explique probablement sa détermination et sa volonté de réussite dans toutes ses entreprises. Comme tous ceux qui ont perdu leur père très jeunes, j'éprouve une profonde empathie pour qui a été élevé par sa mère. Avec elle se nouent des liens indéfectibles, elle est la seule et la plus importante personne de votre vie. Dans le cas de Serge, enfant unique, cet amour singulier n'a pas été partagé.

« À la fin de ma carrière, j'ai voulu emmener ma mère au Venezuela pour qu'elle redécouvre une part de sa vie passée, et retrouve peut-être notre ancienne maison, mais elle est décédée juste avant et je ne voyais plus l'intérêt de faire ce voyage sans elle. Maman ne parlait pas beaucoup de cette période de sa vie. Comme beaucoup de gens à l'époque, elle était discrète et n'exprimait pas beaucoup ses sentiments. Elle vivait au présent, ce qui consistait à gagner sa vie et à élever un enfant. »

Ce contexte particulier l'a-t-il stimulé ?

« Je n'ai pas été traumatisé par cette histoire. Je me motivais tout seul. Je me disais que je devais être fier de ce que j'étais et de tout ce que j'allais accomplir. J'étais très fier de ma mère et du temps que nous avons passé ensemble. Elle n'a jamais rien possédé, pas même le permis de conduire, mais son amour était inconditionnel, comme celui de mes grands-parents. Elle m'amenait à la foire sur le porte-bagages de sa mobylette ! C'était une déesse et elle me manque énormément aujourd'hui. »

A-t-il eu un père de substitution dans sa vie ? Je lui pose cette question en pensant à moi, pour savoir comment les autres s'en sortent après la perte de leur père.

Coupe du monde 1987. Sella, Blanco, Charvet et Lagisquet au Wellington Park face à la Roumanie (55-12).

© Presse Sports

Tournoi des Cinq Nations 1986. 18 mars, France–Angleterre. De gauche à droite : Bonneval, Sella, Blanco et Charvet.

« Dominique Perez, mon premier entraîneur de football, était un homme exceptionnel qui m'emmenait et me ramenait après chaque match. Au rugby, Michel Celaya a été mon père spirituel, mais j'ai toujours eu du mal à le tutoyer, même une fois devenu adulte. »

Athlète et sportif particulièrement doué, son professeur de gymnastique voulait que Serge aille au FC Nantes pour devenir footballeur professionnel mais il déclina l'offre, préférant rester dans son cher Pays basque. C'est alors qu'il changea de sport et commença à jouer au rugby en 1975.

« Quand j'étais jeune, j'ai participé à un concours qui évaluait la technique individuelle. J'étais en tête de la compétition jusqu'à l'avant-dernière épreuve, je m'étais rendu compte entre-temps que le gagnant devrait aller à Paris pour disputer la finale nationale. Il n'était pas question que je laisse ma famille et Biarritz, j'ai donc délibérément foiré la dernière épreuve ! J'avais peur de partir et, de toute façon, je ne voulais pas quitter ma mère. J'ai joué une seule fois pour Saint-Jean-de-Luz mais je ne les ai pas rejoints. Je suis allé au Biarritz olympique et je n'ai connu que ce club durant toute ma vie, je lui suis toujours resté fidèle. Mes premières sélections avec les juniors étaient aussi douloureuses.

Maman voulait connaître notre planning pour pouvoir m'écrire des cartes postales de Biarritz tous les jours ! Elle savait exactement combien de temps mettrait le courrier pour arriver jusqu'en Nouvelle-Zélande. »

Ayant quitté l'école à dix-sept ans, Serge a commencé à travailler chez Dassault, à la chaîne, comme ouvrier, pendant huit ans, période durant laquelle il passa de débutant à international. En 1993, il échangea huile et acier contre de alcool et verres, en rejoignant Jean-Pierre Rives chez Pernod qui allait profiter de son enivrant mélange de célébrité et de charme. Cela l'aida durant sa carrière de rugbyman sans combler pour autant son désir de réussite dans les affaires.

Nouveaux terrains

En 1991, sa carrière internationale achevée, il ouvrit son premier centre de thalassothérapie. Vingt-cinq ans plus tard, ses réseaux sportifs et commerciaux ont continué de s'étendre dans divers secteurs. Il a à l'évidence trouvé une formule qui marche, que ce soit dans l'immobilier, le textile ou les produits de consommation courante.

Pourtant, en 1992, il ne raccrochait pas tout à fait les crampons puisqu'il passerait dix ans à la tête de la LNR (Ligue nationale de rugby). Il a été pendant dix ans le président de Biarritz et, entre 2008 et 2016, le vice-président de la Fédération française de rugby sous les mandats de Pierre Camou. À la Fédé, il se chargea de mener le projet de construction d'un nouveau stade de rugby de 82 000 places dans la banlieue parisienne, dont le financement, assuré par des fonds privés, était de 600 000 euros.

« Le rugby a besoin de ressources propres pour financer les clubs et sa culture, inciter les clubs à former davantage leurs propres talents. Je suis très enthousiaste à cette idée. »

Le monde des affaires lui voue un grand respect, comme Michel Labourdette, qui l'aida à monter le spa à Hendaye, Jacky Lorenzetti, homme d'affaires et propriétaire du Racing 92 et le défunt Serge Kampf, fondateur de Cap Gemini qui était son ami et qui soutint pendant des années le club de Biarritz. *« J'ai rencontré Serge Kampf en 1987 pendant la Coupe du monde et nous nous sommes immédiatement liés d'amitié. Il avait monté son affaire en partant de rien, il était pour moi un mentor et un exemple. »*

Quand nous parlons de rugby, je parviens à discerner son dilemme entre la réalité des clubs et le débat sur l'équipe nationale. En ayant travaillé des deux côtés de la barrière – pour son club et la Ligue ainsi que pour la Fédération –, sa culture est celle des valeurs ancestrales de l'élite du rugby amateur mais il comprend la nécessité du professionnalisme. Et, fier comme un Basque, il comprend aussi ce que réclament les supporters.

Dans les affaires comme au rugby, il sait quand il peut prendre un risque et il voit ce que d'autres ne voient pas. Cependant, le succès peut-être plus périlleux que l'échec, et ses effets sont parfois indésirables. Parmi nous, certains savent que dans les affaires il y a un risque à travailler en lien étroit avec ses amis et Serge l'a expérimenté dans ses relations avec pas mal de ses copains durant des années.

Patrice Lagisquet m'explique :

« C'est un homme très généreux mais il n'aime pas le conflit et, peut-être, est-il un peu maladroit quand il doit annoncer des mauvaises nouvelles à ceux qu'il aime. Mais il ne faut pas confondre sa maladresse avec un manque d'affection ou de générosité. Il aime profondément les gens avec qui il a joué. Nous nous sommes tous fréquentés pendant plus de vingt-cinq ans. Un exemple de la générosité de Serge a marqué mon esprit. Je me souviens qu'il commentait des matchs durant une Coupe du monde et il demanda tout simplement à la chaîne de faire virer son cachet sur le compte de mon association, Chrysalide (une association qui aide les parents d'enfants handicapés et les enfants eux-mêmes). Il l'a fait sans en parler à personne. C'est dire sa personnalité et sa générosité. »

Le déjeuner touche à sa fin. Nous commandons deux cafés pour prolonger notre discussion aussi longtemps que possible. Nous sommes assis là, confortablement avachis, comme un couple de gros chats repus.

Serge Blanco vu par :

RICHARD POOL JONES, TROISIÈME LIGNE AILE,
ANCIEN INTERNATIONAL ANGLAIS QUI FUT SON PARTENAIRE À BIARRITZ :

« Quand tu jouais avec lui, il était si fort qu'il pouvait transformer un partenaire sur le terrain en spectateur. Tu ne savais jamais ni ce qu'il allait faire ni la direction qu'il allait prendre, mais quand il était sur un petit nuage, il était fabuleux, il jouait à l'instinct pur. Franck Mesnel dirait : "Quand il court sur la neige il ne laisse pas de trace." Dans les matchs en club il pouvait être moyen et pendant les échauffements il traînait à l'arrière avec les piliers tant il manquait de condition physique, ce qui n'est guère surprenant puisqu'il fumait deux paquets de cigarettes par jour ! Mais s'il était motivé, et lors des phases finales des compétitions, il élevait son niveau de jeu. Serge contrôlait tout. Quand j'étais sur le point de signer à Biarritz, j'ai pensé que je devais aller parler au président, mais Pierre Villepreux m'a dit : "Non, parles-en à Serge, il contrôle tout !" Il a du charisme, ce qui est naturel pour le meilleur joueur de sa génération. Quand je suis arrivé la première fois à Biarritz, Serge est venu me chercher à l'aéroport. Tandis que nous traversions le hall, il me glissa calmement : "Reste à côté de moi et tu vas devenir célèbre." Il était très rassurant.
Il n'était pas bon qu'au rugby. En 1992, nous étions dans un château près de Paris où nous préparions la finale au Parc des Princes. Serge n'avait jamais vraiment joué au snooker mais, sur une grande table, il se mit à faire tomber les boules comme s'il avait joué toute sa vie. Sportivement, c'était un phénomène, et j'ai vraiment eu de la chance d'avoir pu jouer avec lui. »

IEUAN EVANS, AILIER INTERNATIONAL GALLOIS
QUI DÉCOUVRIT SERGE BLANCO À L'OCCASION D'UN MATCH
GALLES B CONTRE FRANCE B À LA FIN DES ANNÉES 1970
À ABERAVON :

« Je me suis dit : *Pour l'amour de Dieu, mais qui est ce type ?* Tout en lui était poésie en mouvement. Si vous ne l'arrêtiez pas balle en main, vous étiez en danger. Il a été magnifique lors de ce match à Aberavon et durant les quinze années qui suivirent. Les gens parlent aujourd'hui de l'importance des phases de transition et Serge n'avait pas son pareil dans ce domaine. »

Serge avec
France B, en 1979.

Serge Blanco vu par :

GAVIN HASTINGS, ARRIÈRE, INTERNATIONAL ÉCOSSAIS :

« Serge avait beaucoup d'allure et un bel équilibre mais, en action, il pouvait aussi changer de braquet et possédait cette capacité à faire circuler la balle. Et il était si inventif et spontané que vos schémas défensifs ne fonctionnaient jamais. Mentalement, il fallait que je sois à mon meilleur niveau de jeu et concentré en permanence pour le contrer. Il était très fort. »

NICK FARR-JONES, DEMI DE MÊLÉE INTERNATIONAL AUSTRALIEN SE RAPPELLE L'ESSAI DE 100 MÈTRES DE SERGE BLANCO CONTRE LES WALLABIES DANS LE TROISIÈME TEST DE 1990 :

« Il a tout simplement récupéré la balle sur sa ligne d'en-but et a couru sur toute la longueur du terrain pour marquer, en débordant notre joueur le plus véloce, Ian Williams. C'est un essai fabuleux marqué par un génie. D'autant que quelques heures avant, il était encore en train de tirer sur ses cigarettes ! C'était un surhomme. »

OLLIE CAMPBELL, DEMI D'OUVERTURE IRLANDAIS :

« Il était le plus grand joueur qu'il m'ait été donné d'affronter. Il était élégant, rapide et imprévisible. »

WILL CARLING, CENTRE ET CAPITAINE DE L'ÉQUIPE D'ANGLETERRE À PROPOS DU QUART DE FINALE DE LA COUPE DU MONDE 1991 :

« Nous avions prévu de ne pas engager sur la première mêlée, le temps de la refaire permettrait à nos joueurs de repérer Serge pour mieux foncer ensuite là où la balle serait envoyée. Nous savions que cela les intimiderait. Après la première mêlée, la balle s'éleva, Serge la réceptionna et il fut salement piétiné par tout le pack anglais. Cela donna le ton de la rencontre. Skins (Mike Skinner) et Champ étaient déjà tête contre tête et dès les premiers contacts l'ambiance était électrique. Puis, après que Serge ait frappé Heslop, Bishop, l'arbitre, alla parler aux Français. Tous les joueurs en bavaient de rage. Je revins vers l'équipe et je leur dis : « Ils sont à point » et c'est exactement ce que nous cherchions. Nous voulions qu'ils se battent, qu'ils ne jouent plus au rugby. »

Ci-contre : © Presse Sports

« l'Assassin silencieux »
Jean Condom

NÉ LE 15 AOÛT 1960 à Saint-André-de-Seignanx - CLUBS : Boucau Stade, Biarritz olympique - NOMBRE DE SÉLECTIONS : 62
POSTE : Deuxième ligne - GRANDS CHELEMS : 1981, 1887 - SURNOM : « L'Assassin silencieux » - RENCONTRE : jeudi 23 novembre 2017

J'ai retrouvé Jean Condom par l'entremise de Pascal Ondarts qui semble être le pivot de la communauté du rugby basque et français. La veille de notre rencontre, j'ai eu Sean Fitzpatrick au téléphone qui me disait : *« Ah ! Jean ! S'il te plaît, passe-lui le bonjour et remercie-le pour les 26 points de suture qu'il m'a offerts. »*

La tour de contrôle

J'ai toujours pensé que Jean n'était qu'un taiseux avec un nom de famille rigolo. Mais il s'est aussi révélé être un homme très dur. Sur le terrain, il était « l'assassin silencieux » capable d'affronter les pires adversaires. Il était le parfait exemple de la double personnalité, à la docteur Jekyll et Mr. Hyde, qui caractérise tant de sportifs – dur à cuire sur le terrain mais gentil, modeste et paisible en dehors. Une fois en face de lui, je n'ai pas les couilles de l'appeler par son surnom, sans doute parce qu'il est physiquement très impressionnant et que nous venons tout juste de nous rencontrer. Pourtant, il me semble que l'image est juste et respectueuse pour décrire cet homme-montagne. Je veux dire que Jean était le colosse, métaphoriquement et physiquement, de cette grande équipe de France dont il était la tour de contrôle. Il était dur comme de la pierre.

On a souvent désigné Jean comme celui qui, par inadvertance, s'est rendu coupable d'avoir déchiré le scrotum de Wayne Shelford lors de la « bataille de Nantes ». *Aïe !* Mais Wayne pense qu'il s'agissait plutôt de Daniel Dubroca. D'autres pensent qu'il s'agissait de Garuche. Ou encore d'Érik Bonneval (qui est un trois-quarts et, le connaissant, cela est tout à fait improbable). Néanmoins, tous nient en bloc. Ces choses arrivent en un clin d'œil, au cœur de la bataille, dans le maelstrom d'une mêlée. On ne saura jamais.

Ironiquement, c'est le mot « silencieux » qui caractérise le mieux Jean. Il s'acquittait de son boulot avec une extraordinaire humilité et une calme détermination, et c'est exactement la façon dont il s'est présenté à moi devant un café à l'hôtel Loreak, autour de la table haute dite « de Robert », où j'ai passé un long moment avec lui et Pascal Ondarts puis d'autres joueurs au fil des mois pour discuter, boire ou déjeuner.

Le souvenir que j'avais de Jean était celui d'un joueur sur qui l'on pouvait toujours compter, un joueur discret qui donnait sa stabilité à l'équipe, les Français diraient qu'il en était la « poutre ». Et sans aucun doute il était bien ce roc omniprésent au cœur de la mêlée française. Je ne me souviens pas l'avoir jamais vu se battre ou hurler mais il pouvait vraiment faire très mal, comme Sean Fitzpatrick s'en rendit compte à ses dépens. Son calme apparent masquait une profonde férocité. Son poids et sa force donnaient à la mêlée sa solidité dont tous les piliers français ont fait l'éloge. Il possédait également de larges mains, un bon toucher de balle et une force toute naturelle. Il aurait excellé dans le jeu moderne. C'est exactement le genre de personne que l'on aimerait avoir près de soi dans la tranchée quand les événements se corsent, pour sa constance, sa résistance, et son engagement total.

Adour, rive droite

Jean est né dans les Landes, il a joué pour le Boucau Stade durant les six premières années de sa carrière durant lesquelles il a été sélectionné une vingtaine de fois. Boucau Stade n'a jamais été à la hauteur de Biarritz ou Bayonne dans le Pays basque ou même de Dax et

© Getty Images/Offside

Tournoi des Cinq Nations 1987. Jean lors du match contre le pays de Galles, le samedi 7 février.

Mont-de-Marsan dans les Landes, mais à cette époque, c'était un club remarquable pour former des joueurs comme Jean Condom, Jean-Michel Yanci et Henri Gaye. Les deux derniers étaient des piliers respectés de première division, mais ils choisirent de rester dans leur modeste club plutôt que de chercher la gloire ailleurs.

Ces grands clubs, aujourd'hui moins connus qu'alors, font partie de la grande histoire, de Tyrosse à Carmaux en passant par La Voulte, pour n'en citer que quelques-uns. Ils sont aujourd'hui les vestiges romantiques des beaux jours du rugby français, quand quelque 80 clubs s'affrontaient dans le championnat. Pascal Ondarts et Jean Condom nourrissent tous les deux une grande estime pour Boucau et Hagetmau, situés à quelques encablures, pour avoir alimenté en nombre l'équipe de la province du Pays basque qui avait l'habitude de jouer contre les meilleures nations étrangères en tournée. C'est à Hagetmau que le défunt Alain Lansaman évolua, un grand joueur loué pour ses qualités humaines comme pour sa personnalite dans le milieu et que Pascal et Laurent Rodriguez évoquent souvent.

Jean me raconte comment il est passé de la pelote basque au rugby :

« Comme beaucoup de gamins de l'époque, j'ai joué à la pelote basque jusqu'à treize ans, quand mon professeur de sciences naturelles me proposa de jouer au rugby.

Mon père m'en empêcha quelques années mais à mes seize ans, il me laissa faire. Pendant un temps je pratiquais les deux jusqu'à ce que je ne puisse plus me servir de ma main pour pratiquer sa version à main nue. »

La fraternité

Sa première sélection, en 1982, n'augurait rien de bon pour lui et d'autres futures sommités qui débutaient eux aussi ce jour-là (Sella, Estève, Camberabero et Chadebech) puisqu'il s'agissait de la première défaite de la France contre la Roumanie. Mais la rencontre allait révéler le talent de Fouroux qui décidait d'installer durablement quatre de ces cinq joueurs dans sa sélection, lesquels parvinrent ensuite jusqu'à la première Coupe du monde en 1987.

« C'est Fouroux, avec sa force de caractère, qui imposa l'équipe. C'était un grand meneur d'hommes, il savait comment nous motiver. Nous jouions et faisions la fête ensemble, et il sélectionnait toujours la meilleure équipe possible, pas forcément les meilleurs joueurs.

Je me souviens de cette semaine avant la "bataille de Nantes" où, pour Jacques comme pour nous, c'était "maintenant ou jamais". La Coupe du monde s'ouvrait l'année d'après et nous voulions tous y aller. Alors, nous ne savions pas s'il y en aurait d'autres donc, nous ne voulions pas rater l'avion.

Cette semaine-là a été terrible. Après la défaite contre les All Blacks à Toulouse le premier samedi, Jacques était en rogne contre la presse, il était critiqué de toutes parts. Nous devions absolument gagner le deuxième test.

Donc, l'idée de Jacques était de nous emmerder et de nous faire vivre un enfer. Nous lui disions qu'il fallait qu'il se calme mais il eut cette réponse : "Non. C'est à vous de vous y mettre pour calmer les All Blacks pour de bon." Il nous a maltraités toute la semaine et certains joueurs en pleuraient. Il nous imposait ce que nous devions manger, la façon dont nous devions nous comporter, et nous nous sommes entraînés comme des damnés. Mais à la fin nous étions incroyablement motivés pour lui prouver qu'il se trompait sur notre compte, que nous n'avions pas peur et que nous pouvions battre les All Blacks.

Nous avons remporté le toss et avons choisi d'engager, en leur laissant la balle. Nous avions décidé d'appliquer quelques vieux principes, de les écraser dans les rucks. Nous les avons pulvérisés. Cela donna le ton une bonne fois pour toutes dans ce match brutal que nous avons gagné. En fait, je pense que cela a donné le ton pour les deux années qui suivirent où nous avons remporté le Grand Chelem et atteint la finale de la Coupe du monde.

Plutôt que de parler de brutalité, je préfère penser que les principes sportifs du rugby sont immuables.

Par exemple, je me souviens que nous avons piétiné, frappé et labouré les All Blacks durant tout le match.

Mais à ce moment-là, c'est aussi ce qu'ils nous faisaient subir. Ils nous écrasaient et Pascal est resté au sol, blessé. Gary Whetton s'est arrêté et a tendu son bras pour l'aider

« C'était l'expression de notre fraternité. »

à se relever. Cela m'a vraiment marqué. J'ai pensé : "Respect." »

Peter FitzSimons, l'Australien, eut également droit à un traitement de faveur lors de la tournée de 1990.

« Nous ciblions Peter parce qu'il parlait toujours dans la presse de l'équipe de France qui allait prendre 50 pions. Et, lors d'une réception à l'ambassade de France, il a fini par nous agacer. Donc, Jacques décida d'utiliser les commentaires de Peter pour nous motiver.

Jacques aimait la boxe et il nous passa en boucle un combat de Mike Tyson juste avant le match, celui où il met K.-O. le fils de Joe Frazier, Marvin, en 30 secondes. »

Je demande à Jean avec qui et contre qui il a joué en deuxième ligne.

« Mes adversaires français les plus redoutables étaient Sam Revailler, Jean-François Imbernon et Michel Palmié parce qu'ils étaient costauds, durs et ils savaient comment prendre le dessus sur leur adversaire pour gagner.

Tandis que les joueurs de l'équipe des années 1980 puisaient leur force dans leur grande amitié, nous étions, nous, très performants et possédions un mental de gagnants. Je me souviens avoir joué un match de poule contre Lourdes en 1987 pour la qualification en play-off. C'était juste avant la Coupe du monde. Moi, Haget, Ondarts et Blanco faisions face à Garuet et Armary, des partenaires en équipe de France. Mais ils ont vu 36 chandelles chacun. Nous étions en sang à cause des bagarres, mais c'était ainsi à l'époque ! Après le match, on a bu des verres puis on a dîné et fait la fête toute la nuit. Le jour d'après nous sommes partis ensemble à La Mongie pour nous entraîner avec le XV de France. C'était là l'expression de notre "fraternité". »

Condom vu par :

GARY WHETTON, 58 SÉLECTIONS AVEC LES ALL BLACKS, À PROPOS DU MATCH DE NANTES DE 1986 ET DE JEAN CONDOM.

« À Nantes, le match n'a pas été violent mais brutal. Les Français jouaient gros, ils avaient perdu contre nous la semaine avant, et l'enjeu était rehaussé par la première Coupe du monde qui se profilait un an plus tard. Ils y ont mis tout ce qu'ils avaient et ils se surpassent toujours quand ils jouent contre nous. À l'époque, le rugby français était à son firmament, il combinait l'esprit latin du French Flair avec la détermination des avants et Condom était exactement la clé de voûte de tout cela, il le fut pendant des années. Il était aussi mutique que dur, un homme qui se livrait totalement. »

WADE DOOLEY, 55 SÉLECTIONS AVEC L'ANGLETERRE, À PROPOS DU XV DE FRANCE ET DU JUBILÉ DE SERGE BLANCO :

« À mes débuts avec l'Angleterre, nous n'arrivions pas à battre la France. Il nous fallut attendre le cinquième match pour y parvenir. Jusqu'en 1989, ils avaient cet énorme pack, puissant, avec des joueurs comme Rodriguez, Garuet, Champ, Ondarts, Dintrans, Dubroca et Condom. Condom était un homme tranquille qui ne les laissait jamais tomber et jamais ne causait d'ennuis. À partir de 1989, la plupart de ces grands joueurs étaient en fin de carrière, et ils ont élagué et changé leur équipe, ce qui signifie que je n'ai plus perdu contre la France entre 1989 et 1992.
N'ayant jamais imaginé que Jean parlait anglais nous n'avons pas noué de relations en dehors du terrain. Les joueurs anglais et français portant le même numéro arrivaient à se rencontrer, quand nous jouions à Twickenham mais la communication n'allait jamais plus loin que se saluer d'un bref "bonjour" ou porter un toast. Et quand nous jouions à Paris, les équipes faisaient table à part.
Quoi qu'il en soit, je me suis aperçu que Jean parlait plutôt bien anglais quand Serge Blanco m'invita à jouer pour son jubilé dans une sélection mondiale composée de joueurs comme David Campese, Danie Gerber, John Jeffrey et Naas Botha contre une équipe française emmenée par Berbizier. Nous étions sur la pelouse avant le début du match et j'ai entendu une voix derrière moi qui parlait anglais avec un accent français. Je me suis retourné et je me suis rendu compte que c'était Jean ! Il ne m'avait jamais gratifié d'un tel niveau d'anglais ! Et, bien sûr, mon français était épouvantable. L'autre chose dont je me souviens à propos de cette rencontre, ce sont les annonces faites au micro avant le match. Le stade était bondé et un à un le speaker égrenait les noms des joueurs tandis que nous nous tenions en ligne. Le public français apprécia bruyamment Campo, John, Serge, Naas et tous les autres. Jusqu'à ce qu'on arrive à mon nom. Il fut salué par des sifflets et des huées ! John me dit : "Putain, ils ne t'aiment vraiment pas." Serge me présenta des excuses mais je pris cela comme un compliment. La France et l'Angleterre ont toujours eu des relations d'amour-haine mais il existe un immense respect entre nous. Après le jubilé, je suis allé rejoindre ma femme et mes gosses dans le bel hôtel où nous résidions. Nous aurions dû partir plus au nord, dans un camping, mais le manager, qui nous a reçus comme des rois, nous a offert trois nuits supplémentaires, ce que, bien sûr, nous avons accepté ! Étant de Blackpool, je me suis installé à table pour dîner ce soir-là prévoyant de commander une petite bouteille de vin sur la carte dont les prix allaient de 90 à 300 francs mais Campo nous a rejoints et demanda celle à 300. Du Campo tout craché, millésimé. »

« Doxpi »
Pierre Dospital

Né le 15 mai 1950 à Itxassou - CLUB : Aviron bayonnais - SÉLECTIONS EN ÉQUIPE DE FRANCE : 24 (de 1977 à 1985)
POSTE : Pilier gauche ou droit - GRANDS CHELEMS : 1 (1981) - SURNOM : « Doxpi » - RENCONTRE : samedi 9 juin 2018

J'ai eu du mal à mettre la main sur Pierre, sans doute parce qu'il n'accordait que peu de crédit au numéro de téléphone anglais qui s'affichait sur son portable chaque fois que je tentais de le joindre. Comment lui en vouloir ? Après avoir passé les années 1980 à tourmenter les Anglais, à tordre et torturer ses adversaires en première ligne, pourquoi diable voudrait-il parler à un représentant de la Perfide Albion, et inversement ?

J'ai demandé à son grand pote Pascal Ondarts de faciliter les présentations. Cela a marché. Pierre m'a rappelé, mais il s'était absenté pour faire une excursion à bicyclette en Espagne et ne pouvait pas me recevoir cette fois-là. « Ah ! Bien. » Il me faudrait revenir à Espelette.

J'avais prévu d'aller à sa rencontre le samedi 9 juin et d'arriver à Biarritz le 8 au soir. C'était sans compter sur une invitation que je ne pouvais refuser de la part de mon grand ami, Bertrand Baret : « David, vendredi 8 juin, dîner avec Hugo Desnoyer[1] à la maison, à Paris. » Ceux qui me connaissent savent que je ne peux résister à aucune tentation. Mon voyage pour aller voir Doxpi attendrait. Le seul inconvénient ? Modifier mes horaires de voyage et attraper le vol de Biarritz à 7 heures 10 à Orly le samedi matin pour être à Espelette à 11 heures. Je savais que je dormirais peu et qu'avec mon penchant pour la fête et la profusion de bonnes choses, il y avait un risque que je puisse ne pas me réveiller. À 3 heures, à la lumière du whisky japonais, notre petit comité festif pouvait considérer qu'il faisait nuit. Il me restait deux petites heures avant que le taxi passe me prendre pour m'emmener à l'aéroport…

Le voyage a été pénible. Fiévreux, je pensais éprouver les symptômes de l'andropause avant de prendre conscience que j'étais toujours dans cet état-là après une cuite. À Biarritz, j'ai loué une voiture pour me rendre à Espelette, chez Doxpi.

J'ai allumé la radio pour apprendre que la France était sur le point de jouer son premier test contre les All Blacks. Je me suis arrêté dans un village pour prendre un petit-déjeuner, pourvoir à mon manque de caféine et de carburant pour continuer ma route. L'écran était large et la salle, parfaitement vide. Assis juste en face du téléviseur, armé d'un expresso et d'un croissant frais, je pouvais pleinement me concentrer sur le match. À la mi-temps, j'ai pris la direction d'Espelette.

J'avais rendez-vous avec Pierre dans le bar-restaurant qui porte son nom, Chez Doxpi Trinquet, là où résonne encore le bruit de tant de banquets. Pourtant discrets, ces murs sont entrés dans l'histoire et ne sont pas dépourvus de charme. En attendant Pierre, je me suis assis, imaginant tous les grands joueurs, leurs histoires, ces moments d'amitié qu'ils avaient partagés sur le terrain, ici et en d'autres lieux similaires.

Chez Doxpi Trinquet

Pierre est apparu vers 11 heures 30 et je me suis retrouvé en présence d'un robuste pilier. Qu'est-ce que les Basques ont de plus pour donner naissance à ces hommes dégageant une telle force, une telle puissance ? Il n'y a qu'à regarder les gabarits de Jean Iraçabal (Aviron bayonnais), Jean-Louis Azarete (Saint-Jean-de-Luz), André Darrieussecq (Saint-Jean-de-Luz, Biarritz olympique), Jean-Louis Ugartemendia, Michel Urtizverea (Saint-Jean-de-Luz), Jean-Michel Esponda (Perpignan), Pascal Ondarts (Biarritz olympique), Jean-Michel Gonzalez

1 - Hugo Desnoyer est un célèbre maître boucher qui livre les meilleurs restaurants de France – sa clientèle forme une impressionnante liste de chefs étoilés au Michelin et de patrons de bistrots. C'est un véritable personnage, dans le genre de Gordon Ramsay – drôle, vif, direct et charmant.

(Aviron bayonnais, Biarritz olympique), Grégoire Lascubé (Agen, Biarritz olympique)… la liste semble infinie.

Pierre a été l'un des plus grands joueurs de première ligne français. Il s'inscrit dans la lignée basque des durs au mal, des costauds qui n'ont peur de rien ni de personne. En 1977, l'année du Grand Chelem, il était remplaçant et il a ensuite gagné sa place progressivement au début des années 1980. Il fit partie de la glorieuse campagne de 1981 dirigée par Jean-Pierre Rives qui remporta le Grand Chelem.

Pierre me gratifie de son large sourire amical. Basque « pur-sang », l'homme est assez grand, a encore un torse puissant et râblé malgré ses cheveux gris et un visage ridé. En regardant des photos de lui datant d'il y a quelques années, il semble avoir minci. Devant moi, il a l'air en forme et en bonne santé, en dépit des clopes qu'il enchaîne. Les vieilles habitudes ont la peau dure ! Il se rend tout de suite compte que je suis en train de payer ma nuit précédente.

> « David, tu veux peut-être un café, une bière, ou un pastis pour t'aider ? Je pense que tu as besoin de reprendre du poil de la bête. »

Il sait exactement ce que j'endure. *On n'apprend pas aux vieux singes à faire la grimace*. L'homme a tout de même joué 500 matchs avec l'Aviron bayonnais. Je tente rapidement d'évaluer combien de bières, de verres de vin et de pastis il a descendus dans sa carrière, sans parler de l'antidote du « jour d'après »… mais mon esprit ne calcule pas assez vite ce matin.

« Allons-y alors », lui dis-je pour seule réponse.

Il est déjà presque midi, après tout.

Je plonge une poignée de glaçons dans le verre et le sirote lentement. Le pastis est sublime, il apaise ma

« En basque, on met la charrue avant les bœufs. »

La lignée Dospital (en haut), Dintrans, Dubroca, Joinel, Condom, Gallion (de dos) et Rives.

© Presse Sports

gorge comme une pastille de miel. En voyant Pierre tirer sur ses Gitanes, il me revient que j'ai sur moi un Montecristo n° 3, un cadeau raflé la veille. Je l'allume et en aspire une bouffée de corona boisé. Et voilà le tableau : un Anglais en gueule de bois à Espelette se prenant pour un Basco-Cubain essayant de parler couramment français. Ce n'est pas beau à voir. Je lui déballe tout, la nuit à Paris et mon voyage mouvementé avant d'entrer dans le cœur du sujet. Ainsi il me pardonnera mes approximations linguistiques et mes paupières lourdes. Quoique la fluidité de mes paroles s'améliore, alcool et nicotine aidant.

L'ours d'Espelette

Quand Pierre jouait, il faisait peur, avec ses lèvres pincées, son regard froid et son air menaçant parfois accentué par une barbe sombre qu'il laissait pousser. Jean-Pierre Rives et Philippe Dintrans en parlent tous deux comme d'un « monstre » pour souligner ses qualités physiques, sa détermination et son bagage technique sur la pelouse. Mais, comme je n'allais pas tarder à le découvrir, en dehors du terrain, derrière le masque du joueur, se cachait un homme doux à la gentillesse extrême.

Je veux tout savoir de son passé. Comment cet enfant de l'arrière-pays est devenu un des meilleurs piliers du monde – c'est-à-dire de France. Doxpi se raconte ainsi :

« Je suis né et j'ai été élevé comme un Basque, dans la dernière maison à la sortie d'Itxassou, à la limite d'Espelette. Maman était du Pays basque espagnol, nous ne parlions que l'espagnol et le basque, papa parlait uniquement basque. Son français était affreux ! Il le parlait aussi bien que quelque chose entre la vache et le cochon ! Donc, nous avons été élevés en parlant basque. Tout ce que je savais jusqu'à sept ans était en basque.

J'ai commencé à jouer au rugby ici, du temps où l'école se trouvait là où se situe aujourd'hui le trinquet. Il y avait un instituteur, Raymond Sanglar, qui avait apporté un ballon de rugby et qui avait créé une équipe appelée "Les Gazelles". Mais mes parents, dans ce coin reculé, ne savaient rien du rugby même si l'Aviron bayonnais était un club bien connu. Ils ne voulaient pas que j'y joue. Ils ne le comprenaient pas, ils pensaient que c'était un jeu de dingues !

J'ai su dès le début que j'aimais ça.

> Nous avons joué un petit match à Bayonne sans le dire à mes parents et je portais des bottes en caoutchouc !

Je dérapais dans tous les sens. On m'appelait "l'ours". J'étais revenu les habits tout déchirés, juste ce qu'il fallait pour me faire engueuler par ma mère. Mais je ne voulais pas admettre que j'avais joué au rugby, juste que nous avions joué entre copains. Et cela a continué comme ça. "Tu t'es encore battu ?" me demandait-elle à chaque fois. J'ai joué de cette façon jusqu'à dix-sept ans, puis ils m'ont acheté des chaussures adaptées.

C'est mon oncle qui m'a amené au bar de Jean Dauger, rue du 49e-Régiment-d'Infanterie, dans le centre de Bayonne. C'était le QG du club, et j'ai signé. Je me suis ensuite cassé un doigt mais je n'en ai rien dit à mon père parce que j'avais peur qu'il se mette en colère !

« Une fois, j'ai raté l'entraînement avec l'Aviron bayonnais parce que je devais tuer le cochon au village. »

Mon père, finalement, a accepté que je joue au rugby mais en vingt ans de carrière à Bayonne, il n'est jamais venu me voir. Il ne connaissait pas et ne comprenait rien au rugby ! Ma mère pouvait regarder mais cela l'effrayait à chaque fois !

Ma carrière internationale était à la charnière entre l'ancienne et la nouvelle génération. J'ai joué avec les anciens cadors comme Iraçabal, Bénésis, Cester, Vaquerin, Claude et Walter Spanghero mais aussi un groupe de nouveaux venus comme Cholley, Paparemborde, Garuche et d'autres.

En 1974, je suis parti en tournée en Argentine avec Armand Vaquerin et Jean Iraçabal mais en 1975, je me suis blessé au genou et Gérard Cholley, Armand Vaquerin et Robert Paparemborde ont été sélectionnés. J'ai dû passer mon tour, je n'ai retrouvé ma place de titulaire qu'en 1980. C'est la vie ! »

Par-delà les montagnes

La mère de Pierre, Maria-Jesus Errotaberea, était l'aînée d'une fratrie de huit enfants. Des réfugiés espagnols, comme les parents et les grands-parents de plusieurs joueurs que j'ai croisés durant mon voyage. Je pense à Codorniou, Rodriguez et Minarro, dont les familles traversèrent les Pyrénées dans les années 1950 en quête de nourriture, d'eau et d'une vie meilleure. Après la naissance de Pierre, les huit frères et sœurs vivaient ensemble.

Il se souvient avec tendresse de sa jeunesse et de la façon dont tout le monde s'entraidait dans la communauté – vendanges, récoltes, fenaisons :

« On bossait comme une équipe, en riant, en plaisantant, en racontant des histoires.

En fait nous travaillions sans nous en rendre compte.

Après quoi nous pouvions faire la fête, manger, boire et chanter. Puis nous nous lancions des défis physiques pour mesurer notre force, portés par la boisson. La force basque vient de là. Ce sentiment de partage et d'offrande, l'esprit d'équipe et le travail collectif, la solidarité, j'ai appris tout cela à la ferme. Et ces valeurs ont sous-tendu ma façon d'être au rugby. »

Pierre était craint de ses pairs, c'était une pure force de la nature, le corps dur comme la pierre. Il m'a confié la recette de ses séances de musculation :

« J'ai commencé à travailler dans un abattoir en transportant de la viande et en conduisant le camion. J'embauchais à 2 heures du matin et je travaillais quatorze à quinze heures par jour. En même temps, j'apprenais le métier de boucher, à désosser la viande. Je me souviens que la plus grosse bête que j'ai eue à transporter était un mâle et que le plus petit quartier faisait 250 kilos ! Ce qui faisait que je m'entraînais en travaillant et mes séances de musculation étaient très naturelles. »

« Une fois, j'ai raté l'entraînement avec l'Aviron parce que je devais tuer le cochon au village. Fouroux a embelli l'histoire en racontant que j'avais séché un entraînement en équipe de France ! Mais je n'étais ni fou ni arrogant ou insouciant pour risquer ma place pour un cochon ! Ce n'est pas parce que j'étais international que je n'en demeurais pas moins d'Espelette, que je n'en étais pas moins basque. Et au Pays basque, le jour où l'on tue le cochon est le jour le plus important de l'année, c'est une cérémonie ! »

Grammaire B.O.-A.B.

Au fil de la conversation, je désirais savoir ce que cela faisait, de jouer contre ses amis basques, et particulièrement lors des derbys entre le Biarritz olympique et l'Aviron bayonnais.

« David, je t'assure, contre Biarritz, dans notre derby local, il n'y avait jamais de mauvais gestes. Bien sûr, on jouait dur et on ne se faisait pas de cadeaux mais je considère Pascal, Serge et Jean Condom comme des frères. Des frangins peuvent se battre mais sans coups bas. Rien de comparable avec un match contre Béziers où tu pouvais prendre un coup de pied dans la tête à n'importe quel moment. Ce n'est jamais arrivé dans le derby basque. Si jamais quelqu'un était impliqué dans un sale coup, il aurait été banni de la famille. Après les matchs, nous allions tous faire la fête et chanter ensemble jusqu'au petit matin. Le bus repartait toujours à vide, sans joueur, il n'y avait plus à bord que le président et un soigneur ! »

Pierre est très à l'aise dans le plus basque des villages français. Il passe aisément du français au basque, saluant ses amis qui passent devant sa légendaire institution. Si j'avais été en face de quelqu'un parlant par exemple français et anglais couramment, je pense que je n'aurais pas été aussi admiratif face à sa maîtrise du langage.

« Doxpi »,
le 2 février 1985.

© Bob Thomas/Getty Images

Comme le gallois ou le hongrois, le basque sonne tout à fait bizarrement. Et c'est incompréhensible pour qui n'est pas du coin.

« Je me souviens, quand mes parents m'ont accompagné pour la première fois à l'école, j'étais perdu et je ne comprenais rien. Car l'ordre des mots en basque est totalement différent. En basque, on met la charrue avant les bœufs. »

Le coq et le Basque

Jean-Pierre Rives m'a raconté une anecdote amusante concernant l'attachement de Pierre à son identité quand il est arrivé en équipe de France.

« Il portait toujours un maillot basque. Je me souviens d'une fois, c'était juste avant la remise des maillots dans le vestiaire, avant un match du tournoi des V Nations. Je voyais Peyo, là, debout, avec son maillot basque rouge, vert et blanc sur les épaules. Je lui ai dit : "Peyo, putain de merde, tu ne vas pas porter un polo basque sous le maillot de l'équipe de France ?" Il me regardait, essayant de voir si je parlais sérieusement. Avant qu'il ne se mette à soupirer ou qu'il passe ses nerfs sur quelqu'un, je lui ai dit que je plaisantais. Il s'est mis à sourire, de l'un de ses larges sourires basques, pour faire redescendre la tension d'avant-match. Je l'ai toujours asticoté mais en vérité, j'aime les gens qui ont leurs convictions, qui aiment leur pays. Il a toujours joué pour l'équipe de France avec un polo basque en guise d'armure.

Il était et demeure un Basque engagé. C'était également un délicieux partenaire. »

Je raconte cette histoire à Pierre et ça le fait rire. Ensuite, il met les choses au clair :

« Je suis très fier de porter le maillot français, d'avoir le coq sur la poitrine et de chanter La Marseillaise. *Mais cela ne voulait pas dire, ne veut pas dire, que je ne puisse pas être fier d'être basque. J'appartiens à ce peuple si particulier, et je veux contribuer à conserver ses traditions et à protéger nos racines. »*

Coffre-fort

Un des grands talents de Pierre est de savoir chanter. Je ne vous parle pas de pousser la chansonnette dans un bar, je vous parle de chanter en vrai professionnel. Il n'était pas qu'un infatigable joueur qui écrasait à sa volonté les mêlées adverses grâce à sa technique issue de la force basque. Il pouvait aussi faire chanter ses coéquipiers, et même ses adversaires. Mais le fait de chanter a été source de malentendus. Pierre a pu penser qu'il était sélectionné pour les tournées essentiellement pour mettre l'ambiance dans l'équipe. Il a mis les points sur les « i » :

« En 1980, en tournée en Afrique du Sud, j'ai bien joué dans les matchs de province mais je n'ai pas été sélectionné pour les test-matchs. Wolf, de Béziers, m'était préféré. J'ai piqué une crise. Michel Celaya était l'entraîneur et Élie Pebeyre, le patron du comité de sélection et je leur ai dit : "Écoutez bien, vous vous foutez de moi. Branleurs !"

Je n'étais pas parti en tournée juste pour chanter, divertir l'équipe, faire le bouffon.

Je leur ai dit que je rentrais en France immédiatement, avant de voir le prix du billet d'avion ! Donc, je restais tout en disant que je ne serais pas remplaçant, que je ne m'entraînerais pas et que je sortais du groupe. »

Un jour, Henri Nayrou[3] m'a raconté que les choses ne s'étaient tassées qu'après que Doxpi s'était acheté un harmonica et remis à chanter pour amuser l'équipe !

« Une fois tous rentrés en France, Jacques Fouroux est venu me trouver en tant qu'entraîneur et m'a dit : "J'ai besoin d'un pilier gauche." J'étais une tête de mule, comme Jacques, et j'ai répondu que je n'avais pas envie de jouer. Tout le monde cherchait à me convaincre. C'est alors que Guy Basquet, l'homme fort d'Agen et de la Fédération, le bras droit d'Albert Ferrasse, intervint en me convoquant à Bayonne. Il me dit : "Doxpi, est-ce que tu veux jouer en équipe de France ? Oui ou non ?" J'ai répondu : "Si c'est vous qui me le demandez Monsieur Basquet, alors ma réponse est sans équivoque : oui !" À partir de là, j'ai été titulaire au poste de pilier gauche et j'ai joué sans interruption jusqu'à ma retraite en 1985. »

3 - Cet ancien journaliste au *Midi Olympique* organise les extraordinaires « Rencontres en Séronais », en Ariège.

Peyo

Pierre est un homme sensible. Il me fait part de la perte de son fils, Jean-Claude, alors qu'il n'avait que sept ans, victime d'un caillot au cerveau, et de la façon dont son souvenir l'aidait à trouver enthousiasme et motivation sur un terrain.

« Ce fut un moment très difficile, de ceux qui, à la fin, font que l'on se sent plus fort. La perte de mon fils en 1977 fut un tournant dans ma vie. Il m'accompagnait partout, dans les bons et les mauvais moments. Il était en moi durant les matchs et je lui disais : "Viens avec moi, faisons ça ensemble." Je n'avais pas besoin d'autre chose pour me motiver. »

Cette communion est à la fois douloureuse et très belle. Son histoire m'a profondément ému, j'en ai eu les larmes aux yeux. Comme l'eau, la douleur trouve toujours le moyen de passer à travers les joints. Tandis que nous discutons, je m'émerveille de le voir s'adresser ou faire des signes aux habitants du village. Nous sommes dans son fief et, manifestement, les gens le tiennent en haute estime. Il est maître des lieux, bavardant sur tous les sujets sans manières – communions, église, mariages, fêtes de village, rugby, festivités du club de football – tout en saluant les gens et leur souhaitant « bon appétit ».

Nous reprenons la conversation au sujet des piliers et des talonneurs basques. À savoir, comment un si petit territoire peut-il faire naître autant d'hommes si costauds ?

« Notre physique ne serait rien sans notre mentalité, un trait fondamental chez les Basques. La chose la plus importante est que nous aimons les défis, cela provient de vies entières passées à se battre dans l'adversité pour travailler la terre. Nous devions y arriver pour survivre. Les Basques vont de l'avant en luttant, par orgueil.

La mêlée est une question de confrontation avec l'adversaire et de fierté pour prendre le dessus. Notre orgueil et le fait de vouloir gagner le combat sans reculer d'un pouce sont la source de notre force. À travers tout le Pays basque, on se lance des défis partout, de toutes sortes ! À chaque fois, nous ferons le maximum pour gagner. »

Je suis enchanté d'avoir pu passer près de trois heures avec Pierre. Adorable, profondément humain, d'une volonté de fer… Le fait qu'il soit un homme du peuple, un homme élevé simplement, un homme qui a su composer et affronter les vicissitudes de l'existence m'impressionne. À l'école de la vie, sa sagesse enrichie par ses expériences itinérantes, il ne s'est limité à aucune théorie ou idée préconçues.

Je lui rends enfin sa liberté pour qu'il puisse rentrer déjeuner chez lui. Toutes les bonnes choses ont une fin. Prévoyant de me coucher de bonne heure après ma nuit passée à Paris, je m'en retourne vers Anglet pour me reposer et me remettre de mes dernières festivités. Du moins, c'est mon intention… jusqu'à ce que je tombe sur Le Moulin d'Alotz, à Arcangues.

Pierre Dospital vu par :

HUGO MACNEILL, ANCIEN ARRIÈRE DE L'ÉQUIPE D'IRLANDE :

« Pierre et Ginger McLoughlin, l'ancien pilier irlandais, passaient leur temps à festoyer ensemble après les France-Irlande, sans que ni l'un ni l'autre ne parle le sabir de son vis-à-vis en mêlée. Seul le langage de l'affection et du respect mutuel, arrosé de bibine, pouvait les aider à communiquer et cela fonctionnait très bien ! »

JOHN HALL, ANCIEN TROISIÈME LIGNE AILE DE BATH ET DE L'ÉQUIPE D'ANGLETERRE : (À PROPOS DE TROISIÈME MI-TEMPS AVEC LE PILIER PHIL BLAKEWAY)

« Ils portaient une veste de soirée et une chemise blanche et jouaient à faire des courses de bateaux avec des bouteilles de vin rouge. Leur chemise en était tout imbibée. Ils étaient tous deux complètement pétés et Doxpi était le premier à chanter ! »

L'ÉCOSSAIS **IAIN MILNE** SE SOUVIENT DE DOSPITAL EN TRAIN DE DIRIGER UN ENSEMBLE APRÈS UN MATCH DANS LES ANNÉES 1980 :

« Il chantait remarquablement bien. Je mélangeais toujours les trois "D" – Dospital, Dintrans, Dubroca – mais un seul d'entre eux chantait vraiment bien, rien à voir avec nous. »

« l'Express de Bayonne »
Patrice Lagisquet

Né le 4 septembre 1962 à Arcachon - CLUBS : Aviron bayonnais, Biarritz olympique - SÉLECTIONS : 46 - POSTE : Ailier
GRAND CHELEM : 1981, 1987 - SURNOM : « l'Express de Bayonne » - NOTRE RENCONTRE : mardi 3 avril 2018

J'ai rencontré Patrice au QG informel des Frères d'armes, l'hôtel de Pascal Ondarts, le Loreak, autour d'un expresso. Soyons honnêtes, ce « petit-déjeuner » était une idée de Patrice. Je comprenais mieux pourquoi il est resté si mince et affûté. J'aurais volontiers succombé au buffet devant nous… mais la caféine produisant son effet, je repris mes esprits et nous nous sommes rapidement mis à parler de « l'Express de Bayonne ».

Je me souviens de tout un tas de choses concernant Patrice du temps où il jouait : son accélération, son art de l'évitement, son élégance et, bien sûr, ses magnifiques essais. Il ressemblait à un sprinter aux jeux Olympiques avec ses genoux qui montaient très haut et ses jambes qui moulinaient, tout en étant un excellent joueur de rugby.

L'essai qu'il a marqué contre Galles en 1990 est un de ceux qui me sont restés en mémoire. Lafond le servait sur le côté gauche du terrain, sur la ligne médiane, avant qu'il ne place un crochet dévastateur de son pied gauche pour repiquer à droite, tranchant la défense galloise éparpillée puis décrivant un arc de cercle pour finir dans le coin gauche de l'en-but. Une fois qu'il avait transpercé une défense, on ne pouvait plus l'arrêter, son gabarit, fuselé et sec, lui permettant d'aller plus vite que n'importe quel ailier de l'époque. C'est l'avantage de courir le 100 mètres en 10,6 secondes, mais Patrice avait aussi cette capacité à changer de direction et à feinter à toute allure. La vitesse pure est un atout redoutable, mais il est considérablement supérieur quand il se combine avec l'évitement. Patrice possédait toutes ses qualités.

De Bègles à Bayonne

Je lui demande de raconter ses débuts et sa première sélection :

« J'ai grandi près d'Arcachon, où mon père était ostréiculteur. J'ai d'abord joué à Bègles avant d'être repéré par Bayonne un jour où nous avons joué contre eux. Ils venaient juste de perdre la finale 1982 contre Agen.

J'ai été sélectionné la première fois dans un match contre l'Australie en 1983, je jouais ailier droit face à Brendon Moon qui était très costaud et très fort. C'était un véritable test pour moi puisque d'habitude je jouais sur l'aile gauche. Je ne pouvais courir qu'en tenant la balle de ma main gauche, même si je savais crocheter des deux pieds. Pour le contrer, je devais monter sur lui très rapidement et pas me contenter de glisser, ce qui lui aurait donné plus de temps pour venir sur moi.

Quand tu disputes ton premier match international, tu as l'impression que tout va très vite. Mais ensuite, une fois habitué à la vitesse, ton cerveau est capable de mémoriser chacune des actions, comme si tu te les repassais au ralenti. J'avais pris l'habitude de discuter de toutes les situations de jeu et des mouvements avec l'entraîneur pour vérifier si j'avais bien analysé l'action. »

Nouvelle-Zélande, 1987

Il a manqué trois Tournois entre 1985 et 1987 à cause de blessures mais il était totalement remis pour la première Coupe du monde, en Nouvelle-Zélande. Il a été un des joueurs décisifs de la demi-finale contre l'Australie, marquant le troisième essai et en étant particulièrement présent dans le dernier conclu par Serge qui décida de l'issue du match.

« Je me souviens de tous les détails – les actions, les passes, les feintes, les coups de pied. Je me souviens de l'essai de Serge par cœur : Berbize, Serge, moi, Alain, Dominique, Éric, Pascal, moi, Garuche, Lolo, Denis, Berbize, moi, Laurent qui rattrape la balle du bout des doigts, la passe à Serge. Et elle n'était certainement pas en-avant !

Nous sommes revenus sur la pelouse après le match et Pascal entonnait un chant basque. Entre les joueurs et l'encadrement, ce fut une merveilleuse communion.

Nous devions jouer la finale une semaine après et Jacques essaya de refaire exactement la même chose que la semaine précédente, c'est une des rares fois où il commit une erreur. Certains joueurs étaient blessés ou crevés. Nous aurions eu besoin de récupérer et les entraînements étaient trop durs. Nous avions copieusement fait la fête et nous avions l'impression d'avoir déjà joué notre finale contre l'Australie. Nous aurions plutôt eu besoin d'une préparation psychologique. Les All Blacks, eux, s'étaient préparés à être champions du monde. Ils étaient prêts mentalement et physiquement.

Le jour de la finale, nous sommes allés sur la pelouse deux heures avant le coup d'envoi, nous nous sommes regroupés dans l'en-but et nous avons évoqué nos familles.

Beaucoup de joueurs pleuraient et l'émotion était au paroxysme. J'étais l'un d'eux.

J'avais laissé ma femme en France enceinte de notre deuxième enfant avec notre première fille qui est trisomique.

Patrice Lagisquet se défait de Trevor Ringland et s'ouvre le chemin de l'essai. France-Irlande, 20 février 1988, (25-6).

© Bob Thomas/Getty Images

Nous étions partis depuis six semaines et je ressentais beaucoup de culpabilité. Il n'y a que les Argentins pour se mettre dans cet état-là avant d'accomplir un exploit.

Sur le plan professionnel, je venais juste d'ouvrir mon cabinet d'assurances. Je perdais de l'argent mais l'opportunité de jouer une Coupe du monde était trop forte. Nous touchions à peu près 150 francs par jour pour couvrir nos frais. Ça n'est jamais entré en ligne de compte pour ne pas y aller mais ça voulait dire que nous n'aurions pas les moyens de payer des billets d'avion à nos femmes. Nous étions tous terriblement sous pression, personnellement, financièrement, le pays attendait beaucoup de nous et la presse n'était pas convaincue. »

« Nous étions sous pression, le pays attendait beaucoup. »

Le Caporal et les lieutenants

Je veux savoir quelle a été l'influence de Jacques Fouroux sur sa carrière.

« C'était une force de la nature, une forte personnalité, charismatique, qui pouvait à la fois être séduisant et drôle mais aussi très dur avec les joueurs. Il avait sa façon de faire avec nous. Quand un nouveau joueur arrivait, il s'imposait à lui, il voulait s'assurer qu'il était bien le patron. Il avait lu tous les articles de presse le concernant et il exerçait une forte pression sur lui, en le testant constamment. Le joueur devait être à même de fonctionner à ce niveau et de concert avec ses partenaires. Une fois que tu avais gagné ta place, il revenait à la charge pour voir si tu pouvais faire partie des leaders. C'était aussi quelqu'un d'instruit et de passionné.

Quand je suis arrivé, ses lieutenants étaient des joueurs comme Dubroca, Dintrans, Berbizier, Rodriguez, Sella et Blanco.

J'ai relevé le défi et je suis devenu à mon tour un membre des leaders sur lesquels il comptait beaucoup. Une fois qu'il savait qu'il pouvait compter sur toi, il lâchait prise. Je trouvais fascinant de le voir à l'œuvre dans son rôle de manager.

À l'époque, les gens pensaient qu'il se limitait à son personnage de dictateur, à son côté Napoléon, à toujours donner des ordres. Mais il innovait, trouvait des solutions pour battre nos adversaires et nous encourageait à y réfléchir. Les journalistes, dont ceux du Monde, le critiquaient mais Jacques suscitait cela. Cela signifiait que devenant la cible directe de ces critiques, il protégerait l'équipe, mais il utilisait aussi le conflit pour pousser ses joueurs à hausser leur niveau de jeu.

Après le quart de finale contre les Fidji, la presse nous est tombée dessus parce que nous avions failli perdre, et elle ne nous donnait aucune chance contre l'Australie. Mais nous avions confiance car nous savions que nous pouvions le faire. À la façon dont la presse nous critiquait, parfois, nous avions l'impression que personne en France ne se souciait de nous, ne nous prêtait attention.

Berbizier dit : "La presse a tué l'événement, nous allons le recréer." »

« Nous utilisions tous les deux des arbres en forêt comme adversaires ! »

De Bayonne à Biarritz

Patrice a quitté Bayonne en 1992 après y avoir passé dix ans pour signer à Biarritz, le club rival voisin.

« J'avais vécu dans la région pendant dix ans, je ne voulais pas en partir, et Biarritz était l'autre grand club du Pays basque. Au fil des ans, pas mal de joueurs ont joué pour les deux clubs mais les gens focalisaient sur moi parce que j'étais international et célèbre.

Je me sens très proche des deux clubs et je respecte leur rivalité, elle a toujours existé. Biarritz a la réputation d'être une ville chic et branchée avec ses hôtels, restaurants, le tourisme, mais le pouls du club bat dans les quartiers ouvriers comme La Négresse et Pétricot. Je n'ai pas eu cette impression quand je suis arrivé parce que je voyais le club à travers Serge qui venait de la côte. »

Patrice a cessé de jouer en 1997, à trente-cinq ans, mais un an plus tard, il devenait l'entraîneur de Biarritz, d'abord avec Laurent Rodriguez, puis avec Alain Paco et Jacques Delmas.

« J'ai arrêté d'entraîner en 2008 parce que j'étais vidé. Je suis revenu en 2011 pour épauler Philippe Saint-André quand il devint l'entraîneur de l'équipe de France.

En 2011, entraîner l'équipe de France était alors un challenge très intéressant mais cela allait devenir frustrant et compliqué. Avec Philippe, nous sommes de bons amis et on s'entend très bien mais nous avions une philosophie différente sur le jeu à pratiquer. Philippe était plus pragmatique et assez Anglais dans sa façon de penser. Je voulais jouer un rugby d'attaque, très ouvert. Je pensais que le rugby était trop lent et pas assez ouvert. Je n'ai pas voulu cela. J'étais très déçu et j'ai failli démissionner en 2014 sauf que nous étions à un an de la Coupe du monde et je suis resté. Ça a été une période très douloureuse. Les gens pensaient que nous jouions un style de jeu que je cautionnais, ce qui n'était pas le cas.

En 2015, après le match contre les All Blacks que nous avons perdu de 50 points, je suis rentré à l'hôtel et je suis resté seul dans ma chambre. C'était un énorme soulagement que tout s'arrête. Je n'aurais pas pu aller plus loin, ce n'était pas bon pour ma santé. Il est même arrivé que j'entraîne la France et Biarritz en 2012.

Je ne sais pas si je redeviendrais entraîneur de club. Je ne suis plus dans le même état d'esprit qu'en 2008 quand j'ai quitté Biarritz, épuisé et sans plus aucune idée. Pendant ces dix ans à Biarritz, je travaillais en journée et j'entraînais le soir. Je travaillais seize à dix-sept heures par jour, je n'arrivais pas à débrancher. Désormais, je recherche un équilibre de vie. »

Les révolutionnaires

« En 1995, nous sommes entrés doucement dans le professionnalisme. En France, nous pensons toujours que nous sommes des révolutionnaires mais nous sommes rétifs au changement ! Les joueurs ont continué à avoir un autre boulot pendant quelques années et, en 2001, nous avons à peine commencé à utiliser la vidéo et les statistiques, bien que les images n'étaient pas compressées et qu'après quelques matchs les ordinateurs plantaient.

En ce qui concerne l'avenir, il y a suffisamment de public pour le rugby et d'argent au Pays basque, du nord au sud, pour créer une grande équipe. Il ne s'agit pas de fusionner Bayonne et Biarritz, ils peuvent continuer à exister. Dans le Sud (du côté espagnol), il y a une dizaine d'équipes qui jouent en première ou deuxième division et autant de licenciés qu'en Écosse. Il y a beaucoup de fans de rugby et quelques joueurs viennent jouer en France. Et en Fédérale 3, en France, beaucoup d'équipes sont du Pays basque. »

Le cadeau des dieux

Mais revenons aux grands joueurs avec lesquels il a joué. J'aimerais en savoir plus sur ce que cela faisait, de jouer dans cette fabuleuse équipe.

« Avoir eu la chance de jouer avec des joueurs comme Serge Blanco, Philippe Sella et Laurent Rodriguez est un cadeau des dieux. Serge était si fort et si rapide que vous ne le voyiez pas accélérer, ce qui fait que j'ai mis du temps à m'habituer à jouer avec lui ; Philippe avait tout pour lui, rythme, puissance, talent, technique ; et Laurent était une force de la nature, avec de l'énergie à revendre. Les combinaisons et mouvements réalisés avec Serge et Philippe sont les moments les plus agréables de ma carrière.

J'ai d'abord joué contre Philippe, on avait autour de seize ans. Il jouait arrière pour Clairac et je jouais centre pour Cadillac, et l'année suivante nous nous affrontions sur les pistes d'athlétisme. Je l'ai toujours battu au sprint d'ailleurs, même s'il courait vite. »

Tournoi des Cinq Nations 1987. Patrice Lagisquet est décisif sur l'essai de Blanco face à l'Australie. Concord Oval, Sydney, 13 juin.

© Ross Land/Getty Images

Il se remémore ses essais préférés et les matchs comme ceux contre Galles en 1990, l'Irlande en 1989, les All Blacks la même année et, bien sûr, celui contre l'Australie en 1987. Il me parle aussi de ce qu'a représenté pour lui la finale de Coupe du monde contre les All Blacks.

« Un peu plus tôt dans la compétition, j'ai rêvé que je jouais face à John Kirwan sur l'aile gauche, et c'est bien ce qui se réalisa dans ce match, lors de la finale. Je pense que j'ai eu une occasion de marquer mais j'ai tout foutu en l'air. Mesnel est monté pour contrer un drop de Fox et j'ai couru en arrière pour récupérer la balle. J'ai vu Kirwan fondre sur moi près de notre ligne d'en-but mais je notais qu'il y avait un gros trou derrière lui.

Je me suis dit : "Je ramasse la balle et je trouverai un passage en feintant vers leur ligne d'essai."

Il y avait du chemin à faire mais je possédais la vitesse et l'espace pour y arriver. Mais je me suis précipité et je ne suis pas parvenu à me saisir de la balle. Cette erreur est restée gravée à jamais dans mon esprit. Et ils marquèrent peu de temps après.

John Kirwan était très dur à jouer. Il pesait près de 100 kilos, allait très vite et était insaisissable. Nous nous entendions très bien en dehors du terrain et nous avons eu l'occasion d'échanger sur la façon dont nous travaillions nos crochets, nous utilisions tous les deux des arbres en forêt comme adversaires ! »

Patrice n'était pas seulement un grand joueur. Il est aussi très intelligent, cultivé et se donne énormément pour les autres, en particulier pour son association, Chrysalide, dont il est président. Il aide les parents dont les enfants trisomiques ou autistes connaissent des problèmes d'apprentissage. Il l'a montée il y a plus de trente ans, stimulé par la situation de sa fille, Julie, aujourd'hui trente-trois ans, atteinte de trisomie 21.

Assis là, en face de lui, je me demande comment il a réussi à concilier tout cela : monter une affaire, jouer pour l'équipe nationale, entraîner Biarritz et le XV de France, avoir une famille, créer une fondation de bienfaisance, aider d'autres entraîneurs, bénévolement, dans des petits clubs de la région… et trouver le temps de répondre à mes questions autour de quelques cafés. J'en reste bouche bée.

« Paxhal »
Pascal Ondarts

Né le 1er avril 1956 à Méharin - CLUB : Biarritz olympique - SÉLECTIONS EN ÉQUIPE DE FRANCE : 42 (de 1986 à 1991)
POSTE : Pilier gauche ou droit - GRANDS CHELEMS : 1 (1987) - SURNOM : « Paxhal » - RENCONTRE : vendredi 24 novembre 2017

Pascal Ondarts est l'un des plus grands joueurs de première ligne français, dans cette lignée basque qui a fourni des hommes durs au mal, costauds et qui n'ont peur de rien. Il n'a commencé à jouer au rugby qu'à vingt ans, ne récoltant sa première sélection qu'à trente, lors de la tristement célèbre « bataille de Nantes » contre les All Blacks.

Forgeron de formation avant de se reconvertir en hôtelier, montant quelques bonnes affaires à Biarritz et Bayonne, Pascal vit à Anglet avec sa femme, Mireille, et gère avec ses enfants leur dernier hôtel, le Loreak, à Bayonne. Ce qui le rend facile à trouver.

L'épouvantable

J'arrive au Loreak à 11 heures et le trouve à sa table favorite, déjà dressée. Son physique me frappe immédiatement. Voilà un « pur sang » basque : le torse large, trapu, les paupières lourdes et le visage buriné autant que marqué par des centaines de mêlées. Il a la mâchoire carrée et un nez de gladiateur mais ses oreilles, ses dents et ses cheveux sont intacts. Enfin, une fossette marque son menton. Ce n'est pas pour autant un mammouth, comme les Français appellent les joueurs mastodontes d'aujourd'hui, mais en tant que joueur, il était extrêmement robuste et admirable techniquement.

« Ah ! Dieu merci tu parles bien français. J'étais inquiet de devoir parler en anglais ! En fait, je pense que tu parles mieux français que moi. »

C'est un peu brutal mais je vais droit au but en lui demandant si l'hommage que lui a rendu le *Sunday Times*, disant qu'il était le joueur français le plus « épouvantable », était justifié.

Il sourit, hausse les épaules : « *Aucune idée. Je ne sais même pas ce que cela veut dire. Et, de toute façon, on ne pouvait pas se contenter de distribuer des coups de poing, il en fallait plus que ça pour parvenir à faire ce que nous avons fait.* »

Dans le chaudron

Avant son baptême du feu dans l'ainsi nommée « bataille de Nantes », Pascal a d'abord dû gagner sa place et faire ses preuves quelques jours plus tôt avec son équipe de province, la Côte basque, contre les All Blacks, sous les projecteurs et devant 12 000 personnes dans le mythique stade Jean-Dauger de Bayonne. La foule et l'atmosphère traduisaient bien ce qu'étaient le virus et la fièvre du rugby de l'ère préprofessionnelle – un stade plein à craquer avec des gens juchés sur les murs d'enceinte, qui s'appropriaient le moindre espace libre. Le public était dense, bruyant et tribal, imbibé au pastis et au vin local, l'air charriait une odeur de Gauloises et de merguez mêlées. Jean-Dauger était chaud bouillant.

Pascal n'a pas déçu et fut sélectionné pour son premier test le samedi suivant. La première mi-temps était serrée, 6 à 6, et Pascal joua remarquablement bien contre la formidable première ligne des All Blacks, McDowall, Fitzpatrick et Boroevich. Mais durant la seconde, les All Blacks s'imposèrent. La Côte basque avait perdu de peu mais Pascal était récompensé en étant sélectionné comme remplaçant pour le premier test contre prévu le samedi suivant à Toulouse. Il ne rentrait pas mais comme la France avait perdu, il remplacerait Chabowski lors du deuxième test, un match terrible, à Nantes.

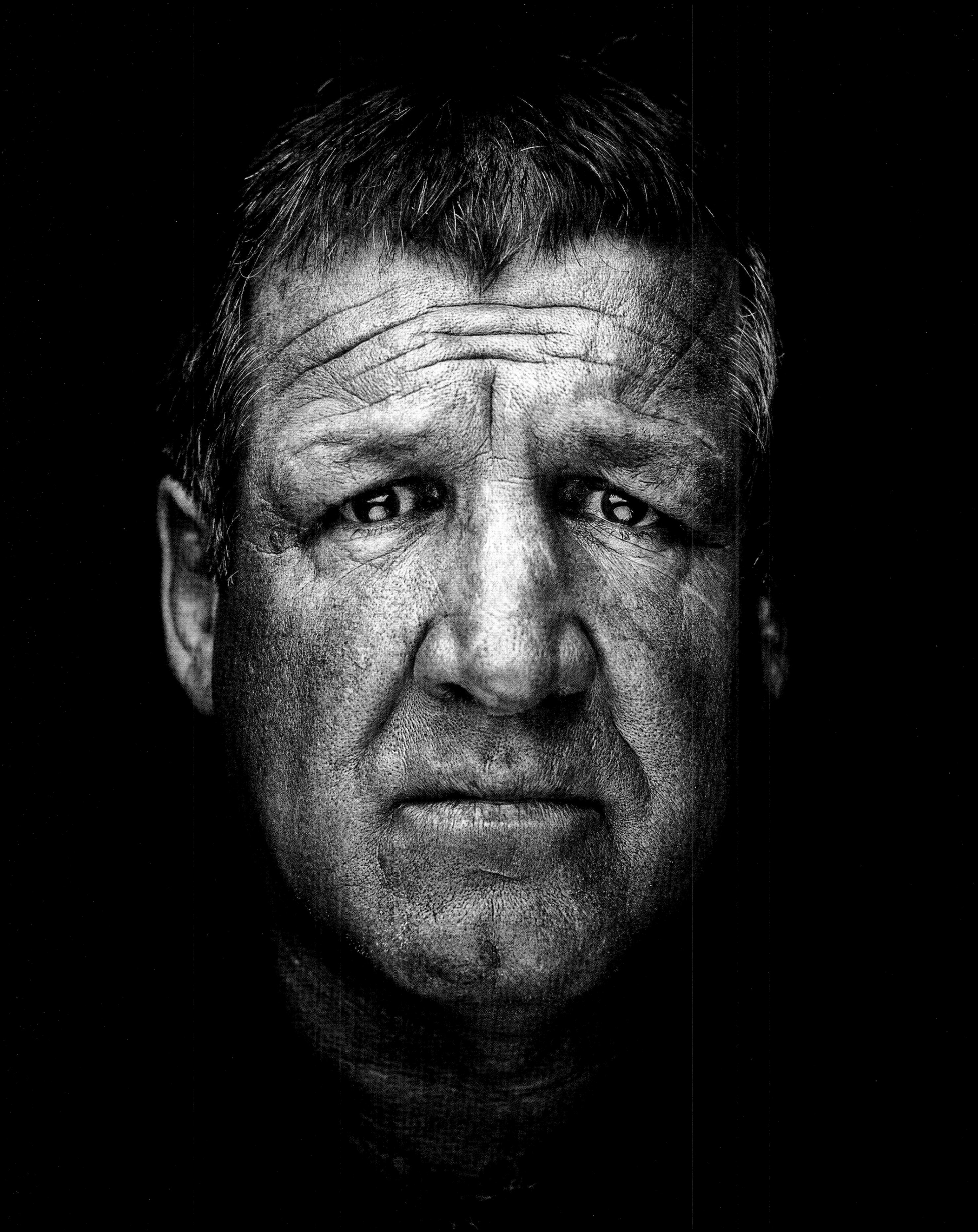

© Mark Leech via Getty Images

Pascal Ondarts assène un coup de poing à Steve McDowall, pilier des All Blacks. « Bataille de Nantes », 15 novembre 1986.

La « bataille de Nantes »

Le match fut brutal. Les All Blacks ont été piétinés, frappés, écrasés, ont reçu coups de pied et coups de poing. Pascal a été rude et dur, impitoyable tout au long du match. Depuis, cette image et cette réputation lui collent à la peau.

« Cela faisait partie du jeu à l'époque et nous devions gagner. C'était l'année avant la première Coupe du monde et nous avions en tête cet objectif. Si nous n'avions pas gagné, pas mal d'entre nous n'auraient jamais plus joué en équipe de France, y compris moi, et j'avais attendu dix ans avant d'atteindre mon but. Je n'allais pas laisser passer ça sans me battre.

Les All Blacks, eux aussi, distribuaient bien. Ils nous avaient appris comment faire. Simplement, ce jour-là, ils étaient du côté de ceux qui recevaient !

À cette époque, ils avaient l'habitude de porter des crampons de 22 mm que l'on ne pouvait acheter qu'en Nouvelle-Zélande. Les arbitres vérifiaient leurs crampons de 18 mm avant qu'ils n'aillent se changer pour enfiler leur deuxième paire de chaussures ! »

Toujours guerrier, j'apprécie son sens aigu de la compétition. C'est quelque chose qui ne vous quitte plus, même quand vous jouez contre vos gamins au ping-pong. Si j'avais eu l'occasion de le défier en mêlée, ici ou là, je suis sûr qu'il aurait tout posé et qu'il m'aurait mis un bon coup de sabot.

« La semaine précédant Nantes a été un cauchemar. Je respectais énormément Jacques Fouroux, pas vraiment en tant qu'entraîneur, mais plutôt comme meneur d'hommes. Il savait comment motiver les gens, pris individuellement. Après la défaite du premier test à Toulouse, il avait la pression et il fit tout ce qu'il put pour nous énerver, c'était délirant. Il était devenu fou ! On avait peur de sortir de notre chambre ! Il nous disait que nous étions nuls, gros, et il nous interdisait de manger certaines choses, nous n'avions plus le droit d'envoyer du courrier, d'en recevoir, de téléphoner. C'était une semaine terrible.

Imagine… J'avais trente ans mais durant cette semaine, j'ouvrais la porte de ma chambre d'hôtel pour vérifier si Jacques n'était pas dans les parages avant de sortir. Il était

« Qui a filé un coup de pied dans les noix de Shelford et lui a déchiré le scrotum ? »

petit comme un gnome, 1 mètre 63 seulement pour 65 kilos et pourtant, j'en avais peur.

Aux entraînements il faisait venir Gérard Cholley, parce qu'il n'avait toujours pas confiance en nous ! Il n'aimait que les colosses comme Cholley et pensait que Garuche et moi étions trop petits !

Mais Jacques n'était pas idiot quand il s'agissait de motiver ses hommes. Il savait qu'à la fin de la semaine, nous serions à bout de nerfs et plus déterminés que jamais à lui prouver que nous pouvions gagner. Il avait raison.

Il avait fait couper les lignes téléphoniques des joueurs et interceptait les messages. Il nous embobinait. Mais juste avant le coup d'envoi, il m'a agrippé près du vestiaire, tenant une lettre dans sa main. Jacques me dit : "La personne qui a écrit ça ne se foutait pas de ta gueule."

C'était une lettre d'Alain Lansaman, mon vieil ami de Hagetmau (mort en 2006). J'ai lu sa lettre avec tous les autres alignés derrière moi. Alain était comme un frère pour moi et il m'avait écrit des mots très émouvants qui m'ont profondément touché. Après l'avoir lue, j'étais prêt à tuer ! C'était Fouroux – il était comme un psychologue qui savait comment tirer le maximum d'un individu.

L'échauffement avant le match fut le plus intense et le plus bouleversant auquel j'aie jamais participé. Et Jacques se tenait au centre, couvert de sang, de sueur et de larmes. C'était tout Jacques.

Nous avons gagné le match 16 à 3 mais nous aurions dû l'emporter de 20 points si notre buteur, Philippe Bérot, n'avait pas été dans un jour sans. »

Je voulais avoir la réponse à la question que tout le monde se pose depuis 1986 : qui a filé un coup de pied dans les noix de Shelford et lui a déchiré le scrotum ?

« David, personne ne sait comment cela est arrivé. C'était juste un accident de jeu. »

Voilà décidément une affaire aussi compliquée à résoudre que le meurtre de JFK !

Après le match, Albert Ferrasse, le tout-puissant président de la Fédération française, est entré dans le vestiaire et a déclaré avec Fouroux que tous les joueurs ayant participé à ce match seraient sélectionnés pour la Coupe du monde 1987. C'était un brin osé de la part de Ferrasse mais il avait alors le pouvoir de faire ce qu'il voulait. Si vous étiez dignes des attentes de Jacques, il se montrait très loyal.

De l'eau et du vin

Me reculant légèrement, au cas où j'aurais touché un nerf sensible, j'en vins à poser une nouvelle question, directe. Qu'en était-il des accusations de dopage avant la « bataille de Nantes » ? En 2015, Pascal et Jean-Pierre Garuet ont accusé *L'Équipe*, le quotidien sportif, de diffamation, parce que le journal avait utilisé des photos d'eux pour illustrer l'article d'un journaliste affirmant que le dopage existait dans le rugby français – article qui faisait le lien avec la « bataille de Nantes ». Ils ont reçu 16 000 euros de dommages et intérêts.

« Je suis content que tu me poses la question, David. Peux-tu imaginer qu'à cette époque, un groupe de joueurs amateurs, avec des enfants et un boulot, pouvait faire une chose pareille ?

Nous les avons battus, point à la ligne, motivés par la peur d'échouer et après avoir été remontés comme des pendules par Jacques.

Jamais je ne voudrais que mes enfants et petits-enfants puissent penser que j'avais pris des cachets pour courir plus vite ! C'est n'importe quoi. La seule chose qu'il nous arrivait de prendre avant un match, c'était du Guronsan (totalement légal, ces comprimés sont un antifatigue), de l'eau, et pour certains joueurs, du vin. »

Je n'insiste pas outre mesure. Tous les joueurs ont été catégoriques pour dire que les articles étaient nuls et j'ai pris ce qu'ils m'ont dit pour argent comptant. Je ne vais certainement pas passer mon temps à creuser des « événements » qui se sont déroulés il y a trente ans.

Vingt ans, naître pilier

Je désire en savoir davantage sur la culture basque et la façon dont il en était imprégné, dans son enfance, puis en tant qu'homme, époux et joueur de rugby.

« Je vivais dans la campagne, dans le petit village de Méharin, à 50 kilomètres au sud-ouest de Biarritz, et personne ne jouait au rugby là-bas, nous jouions à la pelote, à main nue, et encore aujourd'hui, c'est toujours le sport que je préfère.

© Presse Sports

La tête de mêlée, Garuet, Dubroca, Ondarts.

« Tu nais pilier. Tu ne le deviens pas. »

Je me suis aussi essayé à la force basque en compétition et j'avais bien aimé. Mon record est de 300 kilos au lever de charrette, en faisant quatre tours. Nous hissions aussi des sacs de blé de 50 kilos à 100 mètres de hauteur. J'étais le plus fort et les gens ont pensé que je ferais un bon pilier, pas un demi d'ouverture !

Tu nais pilier. Tu ne le deviens pas. Aujourd'hui, on essaie de fabriquer des piliers. J'ai joué contre des petits, des moyens et des gros piliers et les plus gros ne sont pas les plus durs à affronter, alors qu'est-ce que c'est que cette obsession aujourd'hui ? »

Étonnamment, Pascal n'a débuté qu'à vingt ans. Il venait juste de se marier avec Mireille, et c'est elle qui l'encouragea à choisir le rugby. Il travaillait alors comme forgeron à Bayonne mais parce que l'Aviron ne lui donnait pas sa chance, il rejoignit Biarritz et resta fidèle aux rouges et blancs durant toute sa carrière, soit vingt ans.

« Comme pas mal de joueurs de ma génération, j'ai également travaillé dans la ferme familiale. On bossait comme des chiens.

Cela me fait rire quand je pense qu'il a fallu que je me marie pour découvrir ce sport formidable qu'est le rugby !

J'ai appris à parler basque à la maison où nous étions huit enfants, j'ai quatre frères et trois sœurs, dont une sœur jumelle née un jour après moi. Nous sommes tous allés à l'école pour apprendre le français ! Nous aimons chanter. En fait, si vous ne chantez pas, vous n'êtes par un vrai Basque ! »

Là où ça fait mal

On nous apporte notre déjeuner, une salade de chèvre suivie de porc en cassolette aux champignons, le tout arrosé de vin, du jurançon et du bordeaux. Nous sommes rejoints par son adorable fille, Maider, mère de trois enfants, débordée et pétillante, qui gère l'hôtel avec son frère, Pierre.

Revenant à sa carrière, je lui demande pourquoi il lui avait fallu dix ans avant de connaître sa première sélection.

« Tu appuies là où ça fait mal, David ! Jacques a voulu tester tous les autres, sauf moi, ce qui fait que je me suis retrouvé à jouer pour France B pendant six ans. Même chose pour Jean-Pierre Garuet. Dans les années 1980, la concurrence était féroce – Dospital, Paparemborde, Chabowski, Crémaschi, Detrez. Jacques Fouroux avait eu comme entraîneur Jean Liénard à La Voulte qui l'avait endoctriné en lui vantant les mérites des avants lourds et costauds. Fouroux était alors le capitaine de l'équipe de France, celle de 1977, dotée d'un pack de monstres et, en tant qu'entraîneur, il suivit sa philosophie. Ni moi ni Jean-Pierre n'étions aussi balèzes que Cholley qui faisait 1 mètre 93 pour 120 kilos.

En vérité cependant, un mec qui mesure 1 mètre 70 pour 90 kilos est bien plus difficile à prendre qu'un monstre. La technique et l'intelligence sont très importantes.

Après le match de Nantes, Jacques m'a dit : "Je sais que je t'ai maltraité mais tu as fait tes preuves, je ne le ferai plus." Ses mots étaient sincères. »

Pour la beauté du geste

Je lui ai demandé, à propos de la Coupe du monde 1987, ce que cela faisait, de partir en tournée pendant six semaines sans toucher le moindre kopeck. Dans le monde professionnel d'aujourd'hui, il serait étonnant que les joueurs acceptent de le faire.

« J'ai travaillé à La Lyonnaise des eaux pendant dix-huit ans et, en 1987, quand nous sommes allés à la Coupe du monde, je n'ai pas touché un centime pendant près de six semaines, sinon une prime de 150 francs par jour (moins de 20 euros aujourd'hui) qui couvrait mes frais de téléphone.

Je pense que même mon DG ne savait pas que je jouais en équipe de France de rugby.

J'ai dû prendre sur mon temps libre, comme des vacances. Pendant ce temps, ma femme travaillait et s'occupait des enfants toute seule. C'était la même chose pour toutes les équipes.

Nous ne le faisions pas pour l'argent. Nous étions une bande de potes qui avions grandi ensemble et nous le faisions pour notre famille, nos amis, la France, et pour nous. Nous aimions ça.

Nous avons joué notre premier match le 23 mai 1987 contre l'Écosse et, un mois après, nous étions en finale. »

Que dire de la demi-finale contre les Australiens et de Serge Blanco quand il marqua l'essai décisif à la dernière minute ; et de Camberabero qui enchaînait les pénalités comme un damné ? Il rit et se remit à vider son sac.

« Le rugby est un sport d'équipe qui demande de respecter l'adversaire mais les Australiens ne nous ont pas respectés. Ils étaient très sûrs d'eux et, comme je l'appris plus tard, ils avaient déjà réservé leur hôtel à Auckland pour la finale ! Ça nous a rendus dingues. Ils auraient dû nous montrer davantage de respect, surtout après notre victoire contre les All Blacks de 1986, notre Grand Chelem dans le Tournoi en 1987 et toutes celles que nous avions remportées jusque-là dans cette Coupe du monde (et un match nul contre l'Écosse...). On a vraiment adoré les battre en demi-finale. »

La France perdit en finale à l'Eden Park 29 à 9. Entre les deux matchs, Pascal aurait bien aimé bénéficier de tous les moyens dont disposent les joueurs d'aujourd'hui.

« Après l'Australie, nous avions peut-être cinq ou six blessés mais nous n'avions qu'un kiné, Antoine Galibert, et le chauffeur du bus, pour nous soigner !

Je me fais peut-être des idées mais que se serait-il passé si nous avions eu leurs moyens ?

L'arbitrage vidéo aurait également pu faire la différence. Juste avant la mi-temps, nous n'avions que six points de retard et nous les enfoncions sur leur ligne. Nous avons joué cinq mêlées à cinq mètres. Nous les avons repoussés derrière leur ligne d'en-but et l'arbitre a sifflé la mi-temps ! Nous avions l'équipe pour les battre, mais ce ne serait pas ce jour-là.

Mais tout cela fait partie du passé et quel que soit le résultat, jouer une finale de Coupe du monde contre les All Blacks fut une chose extraordinaire et je n'ai aucun regret.

Le lendemain de la finale, les joueurs All Blacks sont venus chercher leurs homologues français, ceux à qui ils avaient mis une branlée la veille ! Ils nous ont invités à passer une journée chez eux, dans leurs familles respectives. C'était vraiment élégant et touchant. Mon vis-à-vis était John Drake. Sa famille est passée chez nous l'an dernier et c'était agréable de les revoir. John m'a laissé un très bon souvenir en tant que bonhomme et en tant que joueur.

Plus de vingt ans plus tard, en Nouvelle-Zélande, les gens se souviennent encore de nous. Cela a plus de valeur que n'importe quelle prime de match ou bonus que nous aurions pu toucher ! Avec Jean-Pierre Garuet, nous sommes retournés en Nouvelle-Zélande en 2011 pour la Coupe du monde et tout le monde nous reconnaissait, ils se souvenaient même de Jean Iraçabal qui avait fait une tournée ici dans les années 1970 ! »

Objectif Bora-Bora

Avant que la France ne parte en Nouvelle-Zélande, l'équipe avait été reçue par Jacques Chirac à l'hôtel Matignon qui leur offrit de leur payer un voyage de trois jours tout frais compris à Bora-Bora s'ils atteignaient les demi-finales. Daniel Dubroca, le capitaine, négocia rapidement une semaine entière s'ils arrivaient en finale.

Mais après avoir atteint la finale, les joueurs avaient le mal du pays et se sentaient trop fatigués pour voyager juste après la compétition. Ils étaient restés trop longtemps loin de chez eux et étaient impatients de retrouver leur famille.

« À notre arrivée en France, il y avait 10 000 personnes qui nous attendaient à Roissy, dont des Basques qui se sont pointés avec leurs voitures pour faire un pique-nique. On se serait crus à Twickenham ! La fédération avait réservé

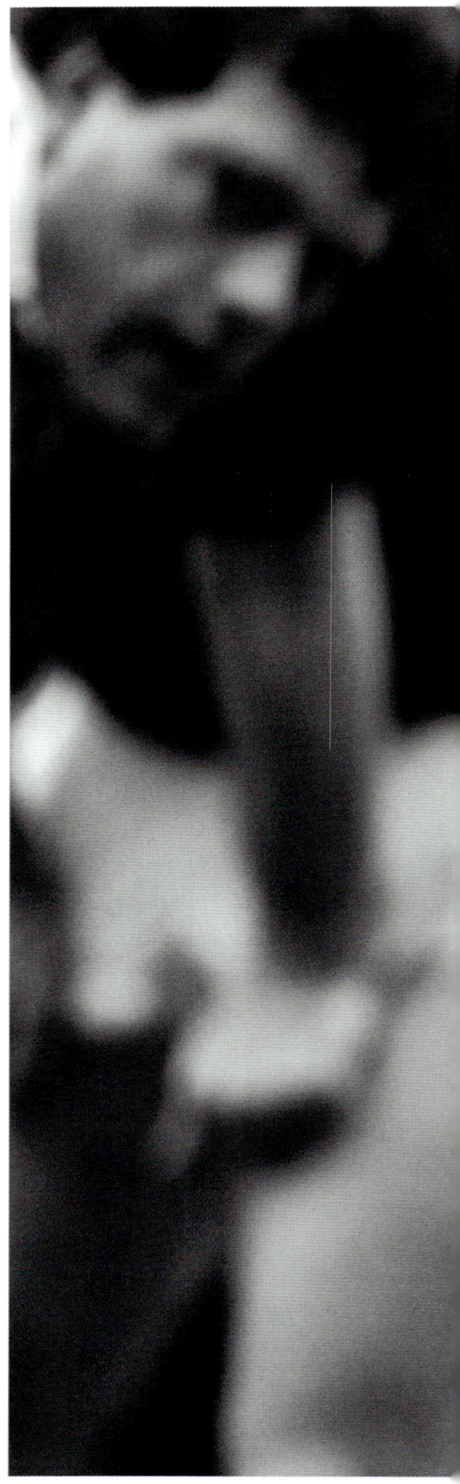

Tournoi des Cinq Nations 1987. Pascal Ondarts durant le match contre l'Écosse (victoire française 28-22). Parc des Princes, 7 mars.

© Getty Images

pour nous le restaurant Maxim's pour fêter ça et manger mais je me souviens que nous nous sommes contentés de rester au pique-nique pour discuter avec les supporters. C'était fabuleux.

Trois jours plus tard, Jacques nous a appelés pour nous dire que, finalement, nous n'irions pas à Bora-Bora mais qu'à la place nous irions en Martinique pour les fêtes de Noël. 96 personnes firent le voyage, femmes et enfants compris ! On a adoré – passer son temps avec sa famille et ses potes au soleil sans avoir à s'entraîner ! Avec Garuche et Philippe Dintrans, nous étions tout le temps fourrés dans la réserve où nous mangions des langoustes tous les jours ! Yves Noé, l'officier de liaison, est venu nous voir pour nous dire :

"Vous avez vraiment besoin de manger de la langouste midi et soir ? Parce que c'est super cher." Mais on s'est dit : "Rien à foutre."

On en mangeait en entrée, en plat principal, puis nous passions à la viande, au fromage et au dessert ! »

Tandis qu'il raconte son histoire, nous sommes pliés en quatre.

Lorieux, Ondarts, Rodriguez et Garuet dans le vestiaire de la Beaujoire après la « bataille » épique contre les Blacks.

© Presse Sports

Comme des frères

« Je parle avec mes amis Jean-Pierre Garuet et Philippe Dintrans presque tous les jours. Nous sommes comme des frères. Cette amitié s'est forgée sur quarante ans et elle est inestimable. Je ne sais pas comment ça se passe aujourd'hui mais de mon temps, le rugby, c'était comme ça. On aurait fait n'importe quoi pour ses copains et c'est toujours le cas. »

Quand il était à la Coupe du monde, ses amis ont terminé les travaux de sa maison à sa place.

« Encore aujourd'hui, après toutes ces années, cela me donne la chair de poule. Avant de partir à la Coupe du monde, à peu près les trois quarts des travaux avaient été faits. Quand je suis rentré, mes copains étaient devant la maison, elle était finie. Il n'y avait plus que le mur du jardin à terminer. Ils avaient payé de leur poche le matériel de construction. »

Les Basques ont l'amitié et la fidélité dans le sang.

« Je ne suis pas du genre à regarder trente ans en arrière mais ça me fait chaud au cœur de penser que j'ai été parmi les pionniers de la Coupe du monde. C'est pour ça que les gens continuent de parler de nous. Avant, nous étions déjà partis en tournée, mais nous n'avions jamais joué contre les meilleures équipes durant un mois et demi ! C'était extraordinaire. »

Les adversaires de choix

Nous passons aux anciens adversaires. Lesquels étaient les plus forts ? Il répond sans hésiter :

« L'Écossais Iain Milne. Il était grand, costaud, impressionnant et techniquement excellent. Il mesurait 1 mètre 90 et pesait 130 kilos mais il était aussi très intelligent. Quand nous avons battu l'Écosse, l'année du Grand Chelem, en 1987, les autres m'avaient prévenu que c'était un gros morceau. Je me suis accroché à son short avec le bras tendu de sorte qu'il ne puisse pas bouger et tourner. Alors, deux mois plus tard, dans le premier match de la Coupe du monde, contre l'Écosse, il avait cousu sa poche et l'avait badigeonnée de vaseline, le branleur ! Il m'était impossible d'avoir une prise. C'était un cauchemar ; je ne pouvais pas m'accrocher à lui. Tu vois, pilier, ce n'est pas seulement être physique. Nous devons aussi être intelligents ! Ce n'était pas le seul, il y avait aussi Leonard, Probyn, Drake, et tous les Argentins. »

En tant que supporter de Bath, je suggère Chilcott. Il dit :

« Il était bon après le match ! Leonard était très bon aussi. Il était dur, rugueux et technique et, à part ça, nous étions de très bons amis en dehors du terrain.

J'ai joué 35 fois avec Jean-Pierre Garuet. Quand nous jouions l'un contre l'autre, c'était un adversaire, mais il est

« Quand il était à la Coupe du monde, ses amis ont terminé les travaux de sa maison à sa place. »

pour moi comme un frère. Je me souviens avoir joué avec lui sous la neige à Bucarest contre la Roumanie, en 1988, avant la chute de Ceausescu.

Gareth jouait pilier droit, Armary à gauche, et je jouais talonneur ! À la première mêlée, on les a enfoncés et on a soulevé leur première ligne à un mètre du sol. Je n'ai même pas touché la balle. Armary se blessait et, donc, Marc Dal Maso entrait au talonnage et je reprenais ma place à gauche. Je dois remercier Michel Celaya, mon entraîneur à Biarritz, qui m'a appris à jouer à différents postes.

Pour moi, d'autres joueurs sortent du lot comme certains de la grande équipe de Béziers des années 1970. Georges Senal était une brute dangereuse et méchante. Armand Vaquerin, leur pilier, a été un immense joueur qui a remporté dix fois le Bouclier de Brennus. Ils avaient un pack énorme, avec des hommes durs comme Palmié, Paco, Estève, Saïsset, Lacans, Martin et Buonomo, des arrières très intelligents comme Astre, Cabrol et Cantoni et un entraîneur visionnaire, Raoul Barrière. »

À l'exception de Dubroca, Dintrans Armary et Garuet, je lui demandai s'il voyait toujours les autres piliers contre lesquels il avait joué. Je sais qu'ils forment un clan soudé.

« Depuis mon trente et unième anniversaire, j'organise un grand dîner et j'invite tous les piliers et talonneurs contre lesquels j'ai joué.

J'invite également toujours le journaliste Denis Lalanne. Il a trente ans de plus que moi. La dernière fois, tout le monde parlait de 2023 et quelqu'un lui demanda son avis. Il répondit : "J'aurai quatre-vingt-dix-huit ans !" »

Devant Biarritz-Narbonne

La deuxième fois que je vois Pascal, il avait prévu un déjeuner dans son hôtel pour un groupe d'amis et m'a gentiment invité à les rejoindre. Le déjeuner réunit Pascal, Pierre Berbizier, Michel Celaya (grand joueur aux cinquante sélections pour la France en 1953 et 1961, l'entraîneur de Pascal à Biarritz et de l'équipe de France avant Jacques Fouroux), Gérard Murillo (deux sélections en équipe de France, un entraîneur très estimé au pays Basque, en France comme en Espagne, et particulièrement à Saint-Jean-de-Luz) et Albin Lhoste (de Lourdes et Valence). Je fais rapidement le calcul : ceux qui sont autour de la table totalisent 250 années d'expérience.

Pascal nous sert un excellent magnum de claret et je les écoute raconter leurs histoires et leurs souvenirs. Michel avait entraîné Berbizier, Blanco et Codorniou en équipe de France junior dans les années 1970 et il s'était bien rendu compte qu'il y avait du talent sur le terrain : l'intelligence de Berbizier, l'instinct de Blanco et la qualité des passes et des courses de Codor ; Gérard se souvient de la violence des chocs entre Gérard Cholley et Jean-Louis Azarete qui se rentraient dedans quand Castres jouait contre Saint-Jean-de-Luz ; Pascal témoigne de l'autorité et de la rigueur qu'imposait Jean Prat quand il jouait en équipe de France et à Lourdes, un homme rude dont le frère Maurice était la version plus douce ; et Berbize nous montre la cicatrice sur son avant-bras droit, la blessure qu'il a reçue en Argentine en 1981 après qu'Alejandro Iachetti, un deuxième ligne, lui eut marché dessus. J'ai de la chance de me retrouver au milieu de cette génération de grandes figures du rugby, des joueurs qui ont joué avec le Grand Prat et les frères Boniface dans les années 1960 à 1970.

Le soir même, nous allons voir jouer le Biarritz olympique qui affronte Narbonne, deux équipes riches de leur passé mais qui ont souffert des turbulences du professionnalisme.

Pascal et son épouse, Mireille, passent me prendre et nous nous rendons ensemble au Parc des sports d'Aguiléra à Biarritz.

Le stade Jean-Dauger de Bayonne étant à un jet de pierre de notre route, je lui balance un bâton de dynamite : pourquoi ne pas faire fusionner Bayonne et Biarritz ?

Économiquement, cela ne serait pas illogique et cela formerait une équipe basque solide, capable de rivaliser avec les autres équipes du Top 14.

« Je ne suis pas contre l'idée, David, mais c'est impossible. Cela voudrait dire créer une équipe régionale d'un niveau supérieur, conservant les identités de chacune des deux autres, exactement comme avant, quand il existait une sélection de la Côte basque. Nous avons battu toutes les grandes équipes – les All Blacks, les Wallabies, les Springboks. Le problème est que les supporters de

« En réalité, les Basques sont tous frères, peu importe dans quelle équipe nous jouons. »

chaque équipe sont farouchement fidèles à leur club et ils ne veulent pas que leur identité disparaisse et si Biarritz et Bayonne ne montent pas, nous n'aurons plus jamais un club basque dans le Top 14, ce qui serait une catastrophe. En réalité, les Basques sont tous frères, peu importe dans quelle équipe nous jouons. Donc créer une équipe régionale devrait être facile.

La question n'est pas simplement de dépasser l'émotion créée par la fusion. C'est aussi une question d'argent et nous n'en avons pas beaucoup, ni à Biarritz ni à Bayonne, qui sont de petites villes. Pourtant, nous générerions plus de curiosité et d'argent à travers tout le Pays basque, en France comme en Espagne, si l'équipe représentait toute la région avec ses sept provinces. Avec Doxpi, nous y pensons depuis longtemps.

Saint-Sébastien et Bilbao sont toutes deux des villes riches, axées sur le tourisme et l'industrie. Bilbao, en trente ans, s'est transformé grâce à sa municipalité. Quand tu vois des milliers de supporters du Munster à la gare ou à l'aéroport de Saint-Sébastien offrir maillots, drapeaux et écharpes aux policiers, les gens du coin voient bien que l'ambiance d'un match de rugby est totalement différente de celle d'un match de foot, on peut se rendre compte du potentiel qu'aurait une équipe pour les sept provinces basques.

Mais le Biarritz olympique a perdu son identité. Nous avons recruté des joueurs qui se fichent du club, de son histoire, de sa culture et de son avenir. Après les matchs, les joueurs quittent le stade et ne prennent même pas un verre avec les supporters. Ils sont juste là pour l'argent. Et c'est la même chose pour les nouveaux présidents. Ils ne font qu'utiliser le club pour se faire de la publicité et quand ils en ont assez, ils s'en vont, et on se retrouve au point de départ. Regarde la façon dont Serge a été écarté. Il a tout donné pour ce club et ne l'a jamais quitté, même quand il était au sommet de son art alors que d'autres clubs le contactaient. Un jour, il a réuni toute la presse et il a dit :

"Dites aux clubs que ce n'est pas la peine de m'appeler. J'ai commencé ma carrière au BO et je finirai ma vie ici." Ça me rend dingue. »

Le match Biarritz-Narbonne est le parfait dénouement de la journée. Assis dans la loge de Pascal, je profite du moment avec ses amis qui me racontent des anecdotes sur leur amitié avec Pascal. Philippe Dintrans lui demanda un jour de venir jusqu'à Tarbes pour déjeuner mais ils ont en fait atterri à Carcassonne, quelque 400 kilomètres plus loin, pour fêter l'anniversaire de leur grand ami Michel Cortal (un talonneur qui resta paralysé après une mêlée lors d'un match entre Carcassonne et Tarbes en 1983). Une autre fois, il rejoignit son ami Pierre Eguiazabal, un marchand de vin local, et d'autres potes, pour un déjeuner délirant chez Paul Bocuse à Lyon.

Assis à Aguiléra, j'essaye d'imaginer ce que ça faisait, de regarder les géants du club – Pascal se tasser contre les grands piliers Vacquerin, Paparemborde, Dospital, Garuet et Cholley et Serge Blanco courant vers l'essai venu de nulle part.

Pascal me reconduit au Loreak et sur la route, nous parlons longuement de Marc Cécillon, son ami, qui a tué sa femme en 2004 et qui a été condamné en 2008 à quatorze ans de réclusion. Encore aujourd'hui, il n'arrive pas à comprendre comment un homme qu'il connaît depuis si longtemps et qui a été un si bon ami a pu faire une chose pareille.

« Quel terrible gâchis. Ce qu'il a fait est impardonnable mais nous ne pouvions pas le laisser au fond du trou. C'est notre ami et, moi et d'autres, nous voulions l'assurer que nous le soutenions, lui et sa famille, autant que nous pouvions. J'appelle Marco régulièrement et chaque 31 décembre pour lui souhaiter la bonne année. Je me souviens de la première fois que j'ai joué contre lui, en 1977. C'était mon premier match avec Biarritz et il était remplaçant à Bourgoin. C'est dire que ça remonte à loin. »

Je salue Pascal et Mireille avant de monter dans ma chambre. Il est tard mais ma tête bourdonne de pensées… Pascal est pétri de tant de qualités. Pendant sa carrière de joueur, c'était un roc de granit, un pilier costaud et fiable qui a été à la base des succès collectifs de l'équipe. Il n'a certes pas souvent transpercé les défenses adverses ni marqué d'essais flamboyants mais il était indispensable, tant pour l'esprit d'équipe que pour remporter des victoires. C'est un être humain admirable.

« Renard argenté » Laurent Pardo

Né le 19 février 1958 à Bayonne - CLUB : Racing Club de France, Aviron bayonnais, Montferrand - SÉLECTIONS : 14
POSTE : Ailier - GRAND CHELEM : 1981 - SURNOM : « Lolo », « Renard argenté » - NOTRE RENCONTRE : jeudi 8 mars 2018

J'avais trouvé l'endroit idéal pour aller à sa rencontre : la Maison Eguiazabal, le bar à vin le plus en vue d'Hendaye. Il se trouve que j'avais fait connaissance avec son propriétaire quelques jours auparavant au stade Aguiléra et nous nous étions entendus comme larrons en foire.
Je suis arrivé en avance, ce qui m'a permis de fouiner dans ce paradis regorgeant de bontés et de choisir une ou deux bouteilles qui serviraient pour l'interview. Le lieu était riche de vins somptueux, parfaitement mis en évidence, miroitant comme des diamants dans la lumière tamisée.

Monsieur Pardo

Quand Laurent arrive, il est tout bronzé et arbore des lunettes roses et rondes. Le Renard argenté, surnom que je décide de lui donner, a l'air relax et en forme, et il se mit à défendre passionnément et humoristiquement l'essence même du rugby :

« Le rugby ne doit être que plaisir. On devrait arrêter d'entraîner les équipes et un essai devrait valoir 40 points. Faire une passe à un coéquipier et marquer un essai sont les choses les plus grandioses que je connaisse, pas les entraîneurs. J'aime regarder les enfants jouer dans un stade, j'aime boire de l'alcool dans le verre approprié, chanter des chansons, faire la fête avec d'anciens et de nouveaux amis, partager des histoires. Mais les coachs ne désirent qu'une chose : des entraînements et des séances de musculation suivies d'une causerie. Quelle connerie ! »

Je l'observe tandis qu'il poursuit son discours. C'est un homme élégant, magnétique.

« Aujourd'hui, ils boivent de l'eau tout le temps. On se croirait en Tunisie au beau milieu de l'été. J'étais dans un vestiaire récemment et il y avait de l'eau partout. Je leur ai dit : "Ne buvez pas tout, vous ne tiendrez pas toute la deuxième mi-temps."

À l'époque, nous ne gagnions pas d'argent avec le rugby mais comme nous aimions ça, ça n'avait aucune importance. Nous jouions et faisions de grosses fêtes tout le temps. On ne se reposait jamais. Aujourd'hui, à vingt-cinq ans, ils se reposent. J'aurais détesté ça. Et il y a même des pom-pom girls qui dansent à la mi-temps maintenant. Aujourd'hui, j'ai envie de leur dire : "Ne rentrez pas au vestiaire, restons ici", les joueurs d'aujourd'hui font tout à l'envers !

Oui, il arrivait dans ces années-là qu'on se blesse. Je pense souvent que si mon nez n'avait pas été aussi gros, j'aurais pris encore plus de marrons dans la gueule. »

Je me bidonne au moment où il sort cette tirade, empruntée au grand Walter Spanghero. Je commence tout juste à comprendre ce que les autres joueurs voulaient dire à propos de Laurent, de sa fougue et de sa verve.

Laurent n'était pas seulement un grand joueur, il était aussi guidé par son désir constant de s'amuser, d'avoir des amis, de vivre des aventures. Son grand-père, Léon, a joué à deux reprises en équipe de France, contre l'Irlande et l'Angleterre, et il a joué la finale du championnat avec Bayonne contre Toulouse en 1923. Comme son père, Laurent a d'abord joué à Hendaye avant de rejoindre le Racing Club de France. À Limoges, le jour de la Fête des

mères, en 1976, Hendaye a battu Biarritz, devenant ainsi champion de France junior. Ce même jour, il jouait face à un certain Serge Blanco.

« Après Paris, j'ai voulu revenir dans le pays Basque et j'aurais dû jouer à Biarritz. Je connaissais Serge et j'avais rencontré les dirigeants du club lors d'un dîner où je m'étais gavé de homard. Je n'étais pas loin du paradis. Mais en rentrant, j'ai fait un détour par une boîte de nuit où je suis tombé sur un copain qui m'a dit : "Ne va pas à Biarritz, viens à Bayonne." Donc, à partir de là, j'ai changé d'avis. J'ai dit : "Adieu BO." Ça a bien fait chier Serge pendant des années.

La vérité, c'est que j'aimais le stade Jean-Dauger parce que c'est là que des équipes comme les All Blacks disputaient leurs test-matchs contre les équipes de province.

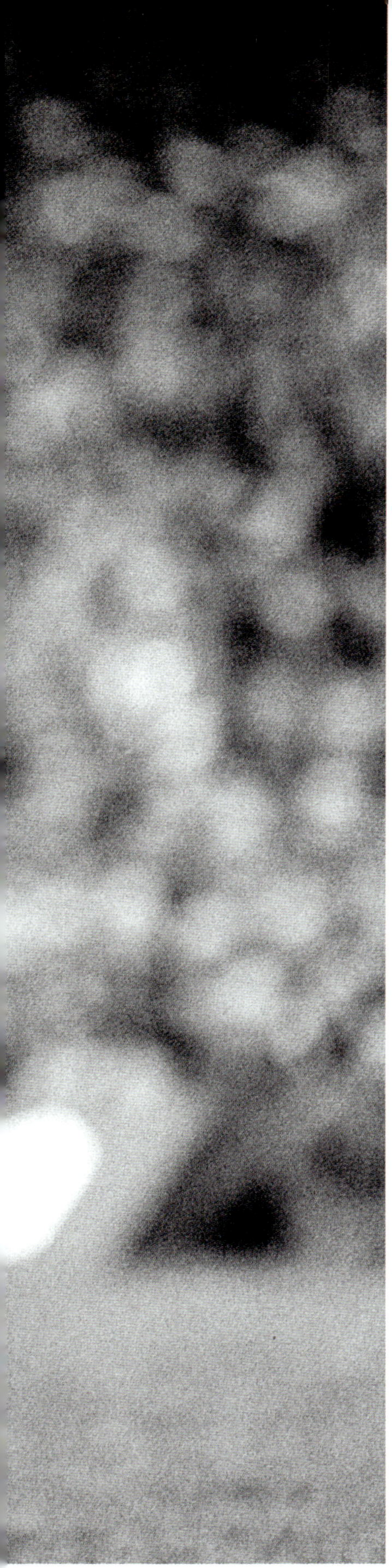

Laurent Pardo est talonné par John Carleton sous le regard de Paul Dodge à Twickenham. 21 mars 1981. La France s'impose face à l'Angleterre 16-12.

© Chris Smith/Popperfoto/Getty Images

« J'ai joué contre le pays de Galles dans la boue, à Guernica. »

Jean Grenet en était le président à l'époque et il était le beau-fils de Jean Dauger, l'idole de tout joueur en herbe. Je n'ai pas pu résister. »

Laurent était de la tournée de 1979 en Nouvelle-Zélande mais il était resté sur le banc lors du fameux deuxième test que la France avait remporté le 14 juillet sous le capitanat de Jean-Pierre Rives. Laurent attendra ensuite 1980 pour glaner sa première sélection contre l'Afrique du Sud en compagnie de quelques autres débutants, Serge Blanco, Pierre Lacans…

« À partir de 1982, j'en avais marre de jouer à l'aile à Bayonne et j'ai décidé de rejoindre Montferrand. J'ai été victime de l'infamante licence rouge, qui faisait que je ne pouvais plus jouer dans un autre club durant un an, j'ai donc pris la direction de Wigan pour jouer à XIII. Il y faisait nuit à quatre heures de l'après-midi et je n'y suis resté que cinq jours ne jouant qu'un match, mais je suis rentré avec une enveloppe pleine de pognon !

Je suis ensuite parti à Saint-Sébastien pour jouer à XV et je me suis régalé, j'ai joué contre le pays de Galles dans la boue, à Guernica. Quelle expérience, que de jouer dans l'épicentre du Pays basque !

Je suis resté quatre ans à Montferrand. Ils m'ont proposé un boulot, une valise pleine d'argent, et puis ça m'a permis de visiter les usines Michelin. Je leur ai dit que je n'avais pas l'intention d'ouvrir un garage, donc je ne suis plus jamais revenu au boulot.

J'ai juste joué au rugby – à l'aile, à gauche et à droite, centre, troisième ligne – et j'ai fait la fête. »

Je suis stupéfait par son culot et son amour infini de la vie.

« Daniel Herrero, de Toulon, m'a alors appelé, vers 1985, pour me demander de le rejoindre. J'étais d'accord mais en revenant à Hendaye, je suis tombé sur Jean-Pierre à l'aéroport qui partait à Ibiza pour faire un break. Je l'ai suivi. On s'est éclatés. Jean-Pierre était déjà au Racing, à Paris, et j'ai donc décidé d'aller avec lui. Ce qui a bien fait chier Daniel ! Nous avons gagné le championnat en 1990, ce qui justifia ma décision, et puis, de toute façon, nous étions tous amateurs à l'époque et nous vivions les meilleurs moments de nos vies. »

Le téléphone de Laurent est plein de photos de sa vie d'aujourd'hui, faisant la fête avec ses vieux copains, mais il suit aussi de jeunes joueurs, par exemple pour les Barbarians français qu'il dirige avec son pote Denis Charvet, quand il ne joue pas au rugby de plage avec les gars du coin chaque dimanche à Hendaye. Il me montre une vidéo de lui déguisé en femme et servant du café et des gâteaux à ses amis qui sont pliés de rire. Il est très crédible, ainsi vêtu. Quoique son décolleté plongeant ne fasse pas illusion.

Il parle avec passion et humour de son grand ami, Serge Blanco.

« Serge a donné sa vie et son âme à Biarritz et au rugby basque. Il s'est cassé les couilles à soutenir son équipe et à créer un grand club basque qui aurait pu rivaliser avec les plus grands en France et en Europe, mais son idée n'a pas trouvé d'appuis.

Je lui ai dit : "Ne te sacrifie pas pour une poignée de piment d'Espelette et du jambon de Bayonne."

Serge a eu des ennuis de santé et il est de notoriété publique qu'il a été récemment opéré du cœur. Je lui ai dit : "Serge, le meilleur moyen pour toi de perdre du poids est de te couper une jambe. Ce sera plus simple que de devoir résister à la charcuterie que tu aimes tant." »

A Saturday Crunch

Nous passons le samedi après-midi à regarder la France battre l'Angleterre au Parc des Princes, 22-16. Laurent, qui veut que je me sente comme chez moi, me dévoile un fauteuil recouvert d'un maillot anglais à côté d'une paire de bouteilles de champagne, pour commencer.

À la mi-temps, nous n'avons pas droit aux citrons. Au lieu de ça, nous jouons à la pelote basque dans le jardin où il dispose de son propre fronton, soit un grand mur. Je teste différentes raquettes et réussis à perdre la balle, ou pelote, au bout de la rue. Comme toujours, je me montre trop laborieux et peu astucieux.

Laurent, épicurien hors-norme, m'invite dans la soirée avec son pote David Beraza pour dîner à Fontarrabie. Nous visitons la magnifique Ardoka Vinoteka, un petit bar bondé typique où nous mangeons un assortiment de *pintxos* et descendons quelques bières locales. Je n'ai encore jamais rien goûté de meilleur que cette combinaison.

Les copains d'abord

Laurent tient à s'assurer qu'on s'occupera bien de moi durant mon séjour en France et que j'irai bien voir ses meilleurs amis : Lafleur (Denis Charvet), Érik (Bonneval), JPR (Jean-Pierre Rives), Doxpi (Pierre Dospital) et Jean-Ba (Jean-Baptiste Lafond).

« JPR était vraiment impressionnant quand tu jouais avec lui. C'était un modèle à suivre par son engagement et son charisme. Il t'aidait à comprendre l'importance d'être "ici et maintenant" et la façon dont il fallait vivre ce moment. Il donnait le bon exemple quand il jouait et c'est le cas encore aujourd'hui. Il te montrait ce que « liberté, égalité fraternité » signifiait. Mais « fraternité » était le mot crucial – cette garantie inaliénable et la confiance que tu as dans tes coéquipiers. Il a donné au rugby une belle image, amicale, familiale, de modestie, de volonté, de politesse et de respectabilité.

La "générosité" était au centre de tout ce que nous faisions. Nous partagions tout, et le ballon faisait le lien. Comme le dit JPR, le rugby est un jeu qui se joue avec un ballon et quinze amis autour.

Pareil pour Érik, nous étions en concurrence au même poste, donc nous partagions la chambre, je laissais la fenêtre ouverte en espérant qu'il allait attraper froid et tomber malade, ce qui l'aurait empêché de jouer ! »

« Jouer au rugby est une chance merveilleuse. Quand on a toutes les cartes en main, il faut maximiser les plis. »

Christian Montaignac, grand écrivain et journaliste, dit la même chose de Laurent Pardo :

« Ils vivaient les meilleurs moments de leur vie et Laurent était exactement au centre de cette vie extraordinaire, partageant son bonheur d'être là et sa vitalité avec ses coéquipiers. Il était et demeure un amoureux de la vie. »

Sur ce point, profiter de la vie et de l'instant présent, Laurent a une théorie :

« Aujourd'hui, certains joueurs sont trop préoccupés par leur image. Ils devraient se concentrer sur leur expression non sur leur impression. Nous n'étions pas repliés sur nous-mêmes, nous ne faisions que jouer et nous nous sommes éclatés comme jamais. Nous vivions le moment. Nous aimions le présent. »

Le lendemain, nous jouons au touch sur la plage avec ses potes, une habitude qu'ils ont prise tous les dimanches matin. Cela me fait revenir des années en arrière, à mes heures de gloire – rien de comparable avec aujourd'hui. En face, il y a une paire de freluquets qui s'agitent de droite à gauche en une fraction de seconde, bien avant que je puisse réagir. Je joue au super-ralenti. Si Lolo va au même rythme que moi, il est encore rusé et il a la classe. Après quoi, nous prenons quelques rafraîchissements au bar du coin, où Laurent nous gratifie d'une interprétation de *God Save The Queen* accompagnée de percussions improvisées sur des couvercles de casserole.

En mission Haut-Brion

Comme la tête me tourne un peu après cet exercice et ces quelques bières, nous revenons chez Lolo où sa famille nous attend. Patricia, l'admirable et toujours patiente épouse de Laurent, a préparé un superbe déjeuner dominical : poulet à l'italienne, château Haut-Brion. Le vin passe sans problème avec le menu, comme Lolo à travers la défense dans ses grandes heures. Féerique. De classe mondiale.

Je passe un moment exquis en sa compagnie et celle de sa famille. Laurent est un homme ouvert et un avocat passionné du rugby panache qu'il a l'habitude de pratiquer. Personne ne sera surpris d'apprendre qu'il est très proche de Jean-Pierre Rives, Denis Charvet, Érik Bonneval et Jean-Ba Lafond. Tous sont des libres penseurs, des anticonformistes bousculant les convenances. Ils sont nés pour créer, innover et faire le spectacle. Ce sont des âmes sœurs qui ont en elles tout ce que j'aime de l'humanité.

Laurent Pardo vu par :

FRANCK MESNEL :

« Je jouais mon premier match dans une sélection de province à Brive et mon vis-à-vis était Tuigamala. Dans le vestiaire, je bouillais et transpirais, j'étais nerveux. Laurent arrive, comme si de rien n'était, comme si c'était n'importe quel match. Il avait une paille qui sortait d'une bouteille placée dans son sac, et une paire de jambes de mannequin sortait de son sac à dos. Quelqu'un demande : "Laurent, qu'est-ce que c'est ?" Il répond : "Je me sens un peu faible là tout de suite, je me suis payé une nouvelle paire de jambes."
À une autre occasion, on jouait un match à Agen, et comme il n'y avait pas grand-chose à faire d'autre, nous décidons d'aller au cinéma. Laurent, qui devait repartir à Hendaye, se dirigea lui vers son cabriolet où il trouve un clochard en train de dormir à l'arrière. Il a juste déposé son sac dans le coffre et a démarré. Le clochard s'est réveillé à Hendaye. »

« Lolo »
Laurent Rodriguez

Né le 25 juin 1960 à Poitiers - CLUBS : Lannemezan, Mont-de-Marsan, Dax - SÉLECTIONS EN ÉQUIPE DE FRANCE : 56
POSTE : Troisième ligne centre - GRAND CHELEM : 1981 - SURNOM : « Lolo » - NOTRE RENCONTRE : mercredi 22 novembre 2017

C'est à Cambo-les-Bains que je fais la connaissance de Laurent. Je suis nerveux. Pas seulement parce qu'il s'agit de ma première interview, mais parce que le plus grand n° 8 du monde dans les années 1980 en impose. En plus, je me pointe en retard et son hôtel est fermé. Je commence à pester avant de me rendre compte qu'il m'a envoyé un SMS pour me demander de l'appeler. Quelques minutes plus tard, une impressionnante silhouette apparaît. Je serre sa main, si énorme qu'elle me fait l'effet d'un gant de baseball.

Ave Maria, 13 juin 1987

Sur la route de Cambo déjà, je ne pouvais pas m'empêcher d'y penser. Était-il coupable, ou pas ? Il ne s'agit pas là d'une énigme à la Agatha Christie. Je veux parler de la demi-finale de 1987 contre l'Australie et de cet essai « du bout du monde » de Serge Blanco, à deux minutes de la fin… Sans revenir sur l'action, la controverse demeure. Rodriguez fait la passe décisive sur l'aile gauche. Mais a-t-il commis un en-avant ? Avec mon regard francophile, et comme tous ceux que j'allais croiser durant mon voyage, il n'y avait assurément pas en-avant, même si mon vieil ami Alastair Lukies est convaincu du contraire. Qu'importe. Voilà la beauté du sport : un moment de grâce qui me rappelle pourquoi j'adore ce jeu. À cette époque, seuls les Français étaient capables de jouer de cette façon si spontanée en nous donnant une impression de facilité et d'esthétique – ils avaient l'art, l'allure, les lignes de courses, le sens du mouvement et cet instinct qui les poussait à trouver des espaces. Et c'est bien tout ce que le public demande.

L'enfant du Piémont

Le lendemain, quand je descends pour prendre le petit-déjeuner, je le trouve avec son petit-fils de treize mois, Pablo, qui le fait bosser : il court entre les tables de la salle à manger, Laurent déployant tout son talent défensif pour être à la hauteur.

Comme son patronyme le suggère, et comme beaucoup d'autres joueurs que j'ai croisés, Laurent est d'origine espagnole. Ses parents, qui travaillaient dans la construction de bâtiments pour la SNCF, se déplaçaient à travers la France en fonction des chantiers. Laurent est né à Poitiers, ville peu connue pour le rugby, mais sa famille s'est finalement installée à Lannemezan, sur les contreforts des Pyrénées. C'est là que Lolo trouva l'occasion de développer ses impressionnantes prédispositions pour le sport.

« Mon père était très costaud et avait l'habitude de soulever des sacs de ciment de 50 kilos d'une seule main. J'ai dû hériter de sa force naturelle. Je détestais les haltères que je fuyais comme la peste. J'ai eu la chance de trouver un boulot en jouant à Mont-de-Marsan mais je voulais aider ma mère et mon père, donc je les ai rejoints. J'ai été directement pris dans l'équipe première et j'ai appris à me défendre très jeune.

Alors, je ne voulais pas affronter Béziers. Ou on prenait 50 points, ou ils nous frappaient, ou les deux. Ils avaient un pack énorme et nos joueurs se faisaient marcher dessus, se retrouvaient avec 20, 30 points de sutures. Si je m'étais retrouvé dans la mauvaise équipe, je pense que je me serais contenté de fermer les yeux et de me protéger.

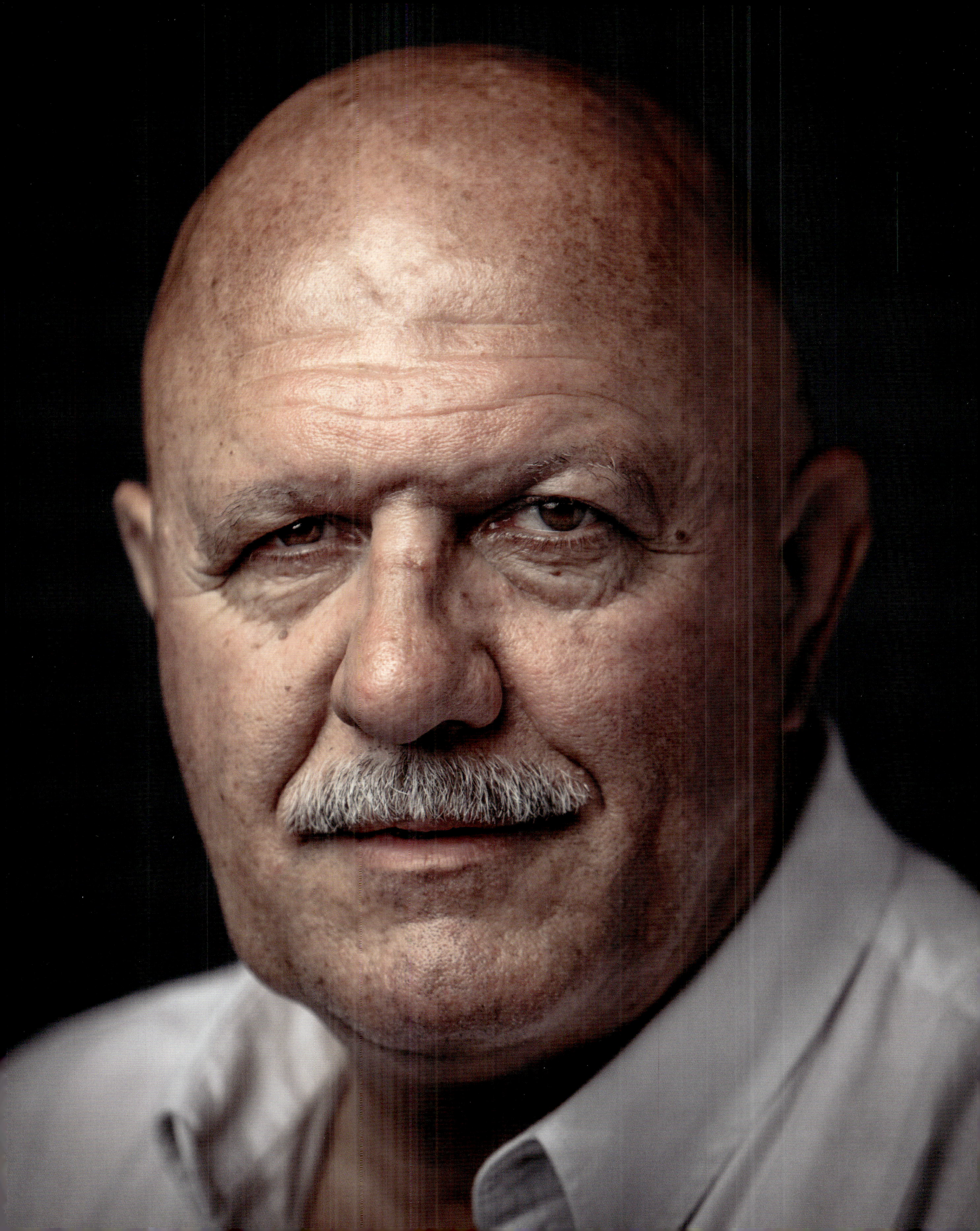

« À l'époque, il fallait deux ou trois mecs très durs dans son équipe pour résoudre les problèmes. »

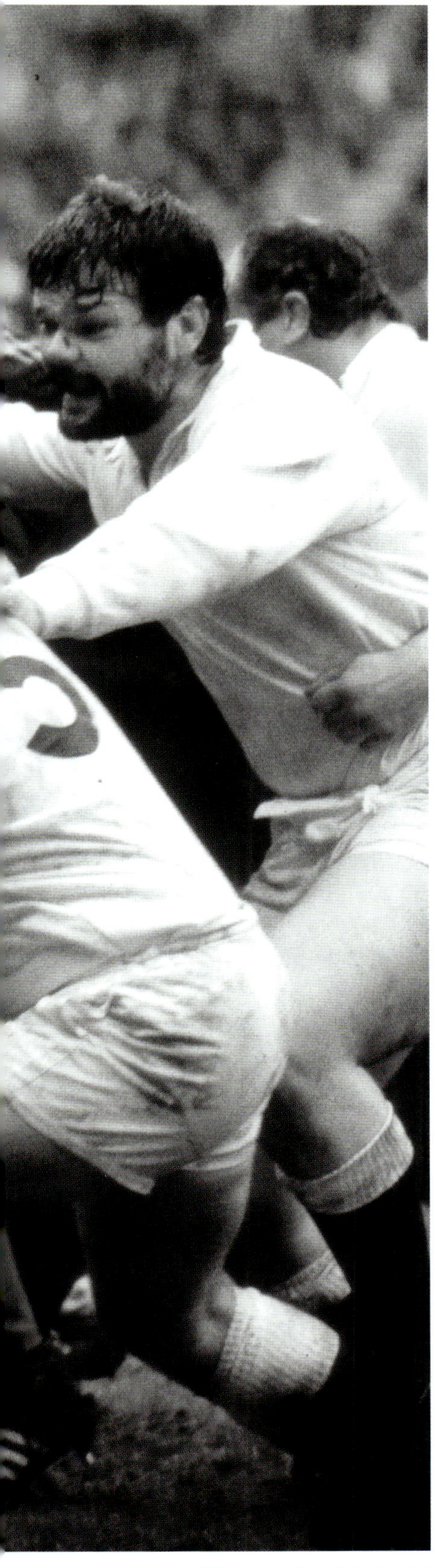

« Lolo » se frotte au pack anglais. Tournoi des Cinq Nations 1988, France-Angleterre, le 16 janvier.

© Mark Leech via Getty Images

À l'époque, il fallait deux ou trois mecs très durs dans son équipe pour résoudre les problèmes. Perpignan avait Goze et Imbernon, Béziers en avait pas mal, comme Saïsset, Palmié, Senal, Estève et Vaquerin.

Quand j'ai débuté à Lannemezan, j'avais dix-sept ans. J'ai joué avec quelqu'un qui en avait quarante, dur comme la pierre, qui veillait sur moi. C'était un chef et il avait des mains énormes, grandes comme des pelles. Lors de mon premier match contre Pau, on me prenait pour cible et donc, j'ai riposté et baffé un de leurs joueurs. Le vieux chef est venu vers moi, m'a juste jeté un regard, a souri, et dit :

"Ah ! T'as tout compris.
C'est bien mon garçon.
Il faut pas te laisser faire." »

Exercice d'admiration

Laurent a joué avec Raphaël Ibañez à Dax. Ce dernier ne tarit pas d'éloges sur lui.

« L'équipe junior de Dax qui a été championne de France en 1993 était truffée de futurs internationaux – Pelous, Magne, Dourthe, moi-même – ce qui fait que nous avons été directement pris en équipe première. Laurent était un fantastique mentor, il faisait figure de père spirituel talentueux et solide.

À cette époque, le jeu était plus lent et il y avait beaucoup de confrontations physiques. Après vingt minutes et quelques, l'arbitre allait voir les capitaines pour leur demander : "Bon, comment voyez-vous la suite du match ? Vous voulez vous battre ou jouer ?" Les capitaines devaient alors décider. Cela pouvait être une décision difficile à prendre en ce temps-là parce que j'aimais ça et que j'étais capable de faire n'importe quoi mais c'était très rassurant de savoir que vous aviez avec vous des joueurs comme Lolo.

Je me souviens que les mauls pouvaient durer très longtemps et Lolo observait. Alors, après quelques minutes, il pouvait décider que trop, c'était trop. Il arrivait et mettait sa grande main et son grand bras, puis l'autre. Il relevait le maul, littéralement, et arrachait la balle, explosait tout et passait au travers. C'était extraordinaire à voir.

Une autre fois, on jouait à Tarbes, en janvier, dans le froid et la boue, et les deux équipes portaient des maillots rouge et blanc. Manque de bol, il m'a confondu avec un de nos adversaires et m'a filé un petit crochet à la mâchoire, mais très puissamment. J'ai dit : "Lolo, qu'est-ce que tu fous ?" Il m'a juste regardé, a lissé sa moustache et m'a répondu : "Désolé mon petit." Et il repartit vers le regroupement suivant en pissant de rire.

Ce dont je me souviens par-dessus tout est que Lolo n'utilise la violence que quand il sent qu'il a épuisé toutes les autres options. Généralement, sur le terrain, il était plutôt souriant et n'oubliait jamais que ce n'était qu'un jeu.

« C'était incroyable d'assister à ça, c'était comme de voir Obélix ! »

Ses qualités de meneur, sa vitesse, sa force et ses mains battant l'air me restent en mémoire. Techniquement, il était très impressionnant. C'était un modèle pour moi. »

La Raclée

Lolo n'était pas méchant sur un terrain mais un jour, il m'a raconté comment il a rossé un joueur adverse. Et l'a payé cher.

« Dax affrontait Chalon, vers 1992, c'était juste après la fin de ma carrière internationale. Je n'étais pas censé jouer mais Jean-Louis Bérot me le demandait parce qu'il avait peur qu'on perde. C'était un match très dur et je n'ai pas arrêté de prendre des gnons de la part d'un de leurs avants. J'ai fait savoir à l'arbitre ce qui se passait. Alors, dans un ruck, on m'a piétiné. En tant que capitaine, je suis retourné voir l'arbitre mais il me demanda simplement de la fermer. Je lui ai donc dit qu'on n'avait plus besoin de lui et que j'allais prendre les choses en main. Le même joueur prit ensuite Jean-Patrick Lescarboura à retardement.

La touche suivante, j'ai juste étendu raide le joueur en question et je suis sorti du terrain avant même que l'arbitre ait le temps de trouver son carton rouge. Par la suite l'affaire est allée jusqu'au tribunal et, devant la cour, j'ai détaillé comment j'avais été provoqué mais comme le match avait été télévisé, tout le monde avait vu mon coup de poing.

À mon sens, il était puissant et joliment balancé mais la cour le trouva plutôt moche.

Le juge ignora mon plaidoyer et me condamna à une amende de 20 000 francs. La Sécurité sociale me poursuivit pour que je rembourse l'opération de la mâchoire du type. Quoi qu'il en soit, tous mes amis internationaux en France l'ont ensuite pris pour cible pour me venger. »

Jean-Patrick Lescarboura se souvient très bien de l'incident :

« Après avoir été plaqué à retardement, Lolo m'a simplement dit : "Regarde bien". Quand il le frappa, le visage du gars a fait comme celui d'un boxeur au ralenti. Je me souviens de sa grimace, des gouttes de sueur et du son ! Et il s'est écroulé à terre. Les vestiaires étaient derrière les poteaux et Lolo a dû traverser quatre rangées de spectateurs. La foule s'ouvrait devant lui comme la mer, ils étaient trop effrayés pour se mettre sur son chemin ou dire quoi que ce soit ! Mais cela était typique de Lolo. Ce n'était pas son genre mais ce type l'avait vraiment gonflé. »

La bise et le raffut

Patrice Lagisquet a joué dans les années 1980 avec Lolo et ils ont tous deux entraîné Biarritz durant six ans.

« En tant que joueur ou entraîneur, c'était aussi un sacré blagueur, ce qui aide à faire retomber la tension. Il te serrait la main en la broyant si bien que tu devais te mettre à genoux pour lui demander de la lâcher. Au bout d'un moment, je me suis mis à lui faire la bise à la place.

Je me souviens de lui lors d'un match contre l'Argentine à Nantes. Madrero, leur demi d'ouverture, était fort, costaud et agressif, mais Laurent l'a tout bonnement raffuté. Il l'a pratiquement soulevé de terre et écarté de sa trajectoire, et a continué à courir. C'était incroyable d'assister à ça, c'était comme de voir Obélix !

Il avait aussi une bonne pointe de vitesse. Nous avons joué ensemble en 1983 aux Jeux méditerranéens à Casablanca et à un moment donné, Laurent était dans la ligne des trois-quarts. Il a pris la balle et tout d'un coup il a percé et son accélération était telle qu'il m'a laissé sur place et j'étais censé être un des joueurs les plus rapides du monde ! »

Laurent a gagné sa place comme titulaire en équipe de France en 1981, en Australie, quand Fouroux voulait des joueurs lourds et durs capables de résister à leurs adversaires. Son pote Berbizier, avec qui il avait aussi débuté à Lannemezan, avait été sérieusement blessé et Fouroux cherchait un homme pour le venger.

Aussi fort qu'un taureau espagnol, 1 mètre 92, 110 kilos, il courait le 100 mètres en 11 secondes.

Lolo était une force de la nature qui collait parfaitement aux exigences de Fouroux et cette tournée scella sa place dans l'effectif pour dix ans.

La Rumeur

Il a été un joueur extraordinaire tout au long des années 1980 mais il atteignit son apogée en 1986-1987, au moment de battre les All Blacks dans la « bataille de Nantes ».

« Toutes ces histoires écrites par ce journaliste français qui faisaient de nous des dopés ne tiennent pas debout. À Nantes, en 1986, les All Blacks ont dit qu'ils nous avaient vus entrer sur le terrain avec le regard mauvais et ils en ont déduit que nous étions drogués. Il ne s'agissait pas de dope – c'était un mélange d'ail frais, de café et d'aspirine. »

Après la fin de sa carrière, Serge Blanco lui a demandé de devenir entraîneur à Biarritz où il connut une période faste qui culmina l'année où le club obtint le titre de champion de France en 2002-2003. Après ça, il exerça ses talents en affaires et en tant qu'entraîneur dans des endroits aussi variés que la Guadeloupe, Pau, Brive, la Sicile avant de revenir à Biarritz.

« Tu sais David, c'est dans le rugby que j'ai trouvé mes meilleurs amis et que j'ai vécu les pires trahisons. »

Je peux attester que Lolo est un homme de principes et d'une grande loyauté… mais aussi qu'il est rancunier. La façon dont Biarritz s'est séparé de lui quand l'équipe a été reléguée en 2014 l'a laissé amer.

Toutefois, il s'est plu à entraîner en Sicile.

« On m'avait donné une voiture et une maison et je devais diriger une équipe de barjots, dont le garde du corps d'un homme politique qui venait à l'entraînement avec son flingue. Nous nous entraînions sur le terrain de l'équipe première mais le jardinier n'appréciait pas. Mon garde du corps, très sérieusement, m'offrit de se servir du flingue pour m'aider à résoudre ce problème ! »

Quand il fut recruté en 2007, son équipe était dernière de sa poule mais il a réussi à leur éviter la relégation

Laurent Rodriguez vu par :

DEREK WHITE, EXCELLENT TROISIÈME LIGNE CENTRE ÉCOSSAIS :

« Rodriguez était rapide, adroit et costaud, et notre tactique consistait à essayer de l'empêcher de passer la ligne d'avantage. Il était le bélier de leur attaque. Si on parvenait à l'arrêter, on pouvait trouver un moyen de bloquer la France. Sinon, il perforait la défense et vous explosait. »

You might meet me tomorrow
As all the lights are blooming green
And you're feeling a little lonely,
A little sad, a little mean
Remember a place
Inside of that hotel
Where you could do anything you want to do
You couldn't tell[1]

Extrait de *Living It Up*,
de Rickie Little Jones,
(Warner Bros, 1981)

© Pierre Carton

Le bloc gascon

Nul doute, nous sommes ici au cœur du rugby français. Après mon passage au BEC, j'ai toujours gardé une grande affection pour la région, ses paysages de rêve et ses villages idylliques qui réconfortent les âmes de ceux qui se lassent de la ville. Prendre le bus pour jouer à Auch, Graulhet, Libourne et Sainte-Foy-La-Grande demeure parmi les meilleurs souvenirs de mon séjour en France avec le foie gras d'avant match, le steak et le vin rouge, les terrains pittoresques et la troisième mi-temps avec les potes. Ces images sont gravées dans ma mémoire à jamais.

1 *« Que dirais-tu de se voir demain / Quand tous les feux seront au vert*
Si tu te sens un peu seul, / Un peu triste, un peu mal / Tu te souviens de cet endroit
De cet hôtel / Tu pourras faire tout ce que tu veux / T’imagines même pas. »

« Selloche »
Philippe Sella

Né le 14 février 1962 à Tonneins – CLUBS Agen, Saracens – SÉLECTIONS 111 – POSTES Centre ou ailier – GRAND CHELEM 1987
SURNOM « Selloche » (en anglais « Rugby Royalty ») – RENCONTRE mercredi 14 février et mercredi 4 avril 2018

En regardant à travers mes lunettes embuées et tintées en bleu-blanc-rouge, les dix meilleurs centres du monde sont : Brian O'Driscoll, Daniel Gerber, Mike Gibson, Tim Horan, Didier Codorniou, Jerry Guscott, Philippe Sella, André Boniface, Jo Maso et Jean Dauger. Ce qui nous fait deux Irlandais, un Sudaf', un Australien, un Anglais, cinq Français, et zéro All Blacks ! C'est discutable certes mais c'est mon ballon et mon équipe. En tant que patron des sélectionneurs, je peux choisir en toute liberté, en toute impunité, j'ai les pleins pouvoirs. Je suis l'Albert Ferrasse des temps modernes.

Le buffle et le pianiste

Sella possédait toutes les qualités, la vitesse, la puissance, les feintes, il était solide et voyait bien le jeu. Il avait cette agressivité constante qui pouvait détruire n'importe quelle défense adverse. J'étais très impatient de le voir, d'autant qu'il était accompagné de Daniel Dubroca et Dominique Erbani.

En discutant avec Michael Lynagh, voici ce qu'il me dit à propos de Philippe :

« Quand il est arrivé aux Saracens, il n'était pas habitué à jouer un jeu si programmatique Nous avions donc une combinaison qui se résumait à : "Donne-la à Philippe." Et on le laissait prendre un trou et courir. Il était très fort, il avait un centre de gravité très bas qui faisait qu'il pouvait changer de direction sans ralentir. Il ne possédait pas l'agilité de Codor ou Timmy Horan. Philippe était plus comme Jason Little. »

Jacques Fouroux disait de Philippe qu'il avait *« la force d'un buffle et le toucher d'un pianiste »*.

La carrière de Philippe est impressionnante mais, contre l'Angleterre, il y eut deux vagues : *« J'ai battu l'Angleterre en 1983, 1984, 1986, 1987 et 1988, fait match nul une fois en 1985, puis nous avons perdu entre 1989 et 1995. »*

L'engagement de Sella m'a toujours fait forte impression, que ce soit sur le terrain ou en dehors. En tant que président de la section rugby du SU Agen, il a passé la journée au bureau. Ce soir-là, c'est non seulement son anniversaire mais aussi la Saint-Valentin. Il a tout de même préféré dîner avec ses anciens coéquipiers et un inconnu, un type venu d'Angleterre qui apprécie la cuisine et le vin, parle un brin la langue et s'entiche de tout ce qui est du cru.

Trois-quart centre

Son ascension vers les sommets du rugby français démarre à Clairac où il a commencé à jouer à XIII. Brûlant les étapes, il joue pour Agen dès l'âge de dix-huit ans et pour la France dès vingt. Il était naturellement costaud et il était plus mûr que d'autres à son âge.

« Ma force, c'est peut-être d'avoir joué à la ferme et mangé des produits frais ! »

Polyvalent et complet, il pouvait jouer arrière, centre ou ailier.

« Mon entraîneur à Clairac voulait que je joue à l'ouverture mais je n'ai jamais eu envie de taper. Et quand je jouais arrière, je voulais remonter tous les ballons et je n'avais pas un bon coup de pied. On m'a placé au centre même si j'aurais volontiers joué troisième ligne. Rives était mon idole et j'essayais de faire comme lui.

« Ma force, c'est d'avoir joué à la ferme et mangé des produits frais ! »

Philippe Sella à l'œuvre en 1984, lors du deuxième test-match contre la Nouvelle-Zélande à l'Eden Park d'Auckland.

© Allsport UK/Allsport/Getty Images

Quand enfin j'ai joué avec lui, nous nous rentrions dedans sur le terrain. Je le suivais partout. Il devait me prendre pour un fou. Je me souviens qu'une fois, je lui ai prêté mon survêtement parce qu'il avait donné le sien mais il ne me l'a jamais rendu ! Il l'a sûrement donné à un supporter. C'est Jean-Pierre, il est généreux. Il courait sans arrêt. Il n'était sans doute pas le joueur le plus technique mais il était partout à la fois, à gauche, à droite, au milieu, sous un regroupement, premier arrivé, premier au soutien. Il ne disait pas grand-chose mais on le comprenait. Il avait une très forte présence et ses discours étaient toujours simples. »

Souvenirs de jeu

À la fin du règne de Jacques Fouroux en tant qu'entraîneur, les choses sont devenues plus politiques. Jacques, qui voulait prendre la place de Ferrasse, opérait des changements en équipe de France et il existait des tensions entre Berbizier et Dubroca depuis 1989. Philippe a réussi à dépasser la politique pour se concentrer sur le sport.

« En tant que joueur, j'étais un sportif à 100 %. Tout ce qui se passait autour et qui posait problème ne m'intéressait pas.

Sur le terrain, cela pouvait cependant avoir des effets. En 1989, nous avons joué contre l'Australie qui nous a battus lors du premier test 32 à 15. Dans le second, Jacques a viré Serge, Lolo et Berbize et il me plaçait à l'arrière. Il m'avait vu jouer à ce poste de temps en temps avec Agen. Je remontais tout ce que je pouvais mais je tapais directement en touche et je me loupais sur les balles hautes. J'ai raté la première réception d'un bon mètre et ils ont marqué. Derrière les poteaux, j'entendais la foule scander : "Blanco ! Blanco !" J'essayais de me concentrer sur le jeu mais à chaque fois que je courais balle en main je pensais à Serge. Nous sommes tous les deux des professionnels mais nous sommes très bons amis. J'ai joué en y pensant tout le match. À dix minutes de la fin, je défendais côté fermé et suis entré en collision avec Alain Carminati et je n'ai même pas terminé le match.

Serge était un génie. Il n'avait pas besoin de beaucoup s'entraîner et il aimait fumer. Ça semblait facile pour lui. Je me souviens avoir disputé un tournoi en été appelé les Jeux méditerranéens, en 1983. Il faisait très chaud et aucun d'entre nous n'était en très grande forme. Lors d'un entraînement, Jean-Pierre a pris les avants pour leur faire faire un long et dur jogging. Ils sont tous revenus en nage. Par ailleurs, Serge, lui, nous a emmenés faire une petite balade durant laquelle on n'a pas arrêté de se raconter des blagues et de déconner.

Nous avions trouvé un tuyau d'arrosage et nous nous sommes aspergés copieusement pour donner l'impression de nous être entraînés comme des dingues.

Ça, c'était Serge. »

Pour le reste, Berbizier était un stratège. Il analysait le jeu adverse et trouvait la solution pour les battre. C'est un homme assez réservé et peu de gens le connaissent bien. On se parle de temps en temps. C'était un excellent

joueur, très professionnel. Je suis très ami avec Patrice, Denis, Érik et Thierry (Lacroix). Denis était rapide et doué sur le terrain et très drôle en dehors. J'aimais les première ligne, comme Garuche, Pascal le sanglier, Le Toy (Armary), Califano. Avant les matchs, j'aimais m'échauffer avec eux. Ils étaient physiques et bon esprit. J'aimais les coups, les chocs et cogner même si je ne devais pas perdre mon sang-froid. »

De sang chaud

La plupart du temps, Philippe était calme mais le sang latin pouvait parler. Alors, il lui arrivait de se montrer agressif et de se mettre à la faute.

« *Je détestais qu'on me tire le maillot. Un jour où Rob Andrew s'y accrochait, je l'ai giflé. Andrew Slack a subi le même traitement. Et en 1990, contre l'Australie, j'ai mis un gnon à Peter FitzSimons par-derrière et il est tombé. J'ai levé les yeux pour regarder l'écran géant et, quelle horreur, j'ai pu me voir frapper Peter. J'étais très gêné.* »

Dans un match contre l'Angleterre en 1992, Philippe a dû quitter le terrain après avoir pris le ballon en plein visage sur un coup de pied de Rob Andrew. Il était totalement sonné.

« *Je mélangeais les joueurs qui sortaient, Lascubé, Moscato, Roumat, Sadourny. Je posais continuellement des questions. "Qui est sorti ? Qui a été expulsé ? Qui est blessé ? Quoi, encore un autre ?"* »

Durant la semaine qui avait précédé ce match, Brian Moore avait mis les Français en boule, disant dans les médias que ce serait « *un match de boxe* ». Pour Philippe, ce fut une source de motivation. Il avait affiché ces commentaires dans le vestiaire du centre d'entraînement.

« C'étaient deux personnages. »

Guy et Albert

Quid de Ferrasse et Basquet ? Je veux en savoir davantage.

« Guy Basquet était le président d'Agen tandis qu'Albert Ferrasse était le président de la FFR. Je ne voyais Albert qu'à l'occasion des matchs internationaux pour lui demander un cigare. J'avais les couilles pour le faire ! Albert était dur mais il savait être généreux, comme un père de famille. Guy lui ressemblait mais il était plus rude encore. Il ne fallait pas plaisanter, il fallait être loyal et poli. Si tu étais feignant mais bon joueur, il te remettait à ta place, mais il te tolérait.

Si tu faisais l'idiot, il te bottait le cul.

Il était proche des joueurs mais quand il voulait, il pouvait pousser de grosses gueulantes.

On pouvait demander conseil à Ferrasse, surtout en affaires. C'était vrai de Walter Spanghero également ou de Christian Carrière quand j'ai monté mon association sportive. Tu es toujours le bienvenu et ils prennent toujours du temps pour leurs amis.

C'étaient deux personnages mais ils étaient aussi très efficaces. Ils ont noué des relations sur toute la planète rugby, avec des gens comme Danie Craven. Son copain Marcel Martin traduisait pour lui. Il était malin et il traduisait ce qu'il voulait et ça fonctionnait très bien. »

Les Enfants de l'Ovale

En 2003, Philippe créé une association sportive pour aider des enfants défavorisés, Les Enfants de l'Ovale. Plus de 7 000 enfants bénéficient de ses programmes qui visent à leur redonner confiance à travers des projets éducatifs et sportifs, dont 40 % de filles. Basée à Paris, elle pilote diverses actions au Maroc, au Mali, au Sénégal, à Madagascar, au Niger et en Côte d'Ivoire. Philippe est aussi consultant pour Canal + et codirige Sella Communication, une affaire qu'il a vendue à Infront, une agence de marketing. Il est aussi occupé et performant qu'il l'était sur le terrain. Il a aussi deux grands enfants. Geoffrey joue à Massy en Pro D2 et Philippine, sa fille, a créé une équipe dans son école de commerce. Les gènes du rugby sont coriaces.

Philippe Sella vu par :

PATRICK ESTÈVE :

« Contre l'Angleterre en 1984, Carleton a croisé avec un centre et il est entré dans le périmètre de Sella. Il l'a tout simplement défoncé. J'étais là. Et j'étais admiratif de son timing, de sa technique et de sa puissance. »

PIERRE BERBIZIER :

« Sella était un joueur de l'ère moderne. Il était complet, rapide, costaud, courageux, robuste, gentil, dur et défensivement solide, explosif... »

PATRICE LAGISQUET :

« J'ai rencontré Philippe pour la première fois, je n'avais que seize ans. Je jouais pour Cadillac et lui pour Clarac. Après le match, on a parlé. Il jouait arrière et j'étais à l'aile. L'année suivante nous avons couru l'un contre l'autre sur 100 mètres dans une compétition nationale d'athlétisme. J'ai gagné. »

GAVIN HASTINGS :

« Philippe est l'un des meilleurs joueurs de tous les temps. Il était solide et costaud et avait belle allure. »

JOHN JEFFREY :

« Sella évoluait une classe au-dessus des autres centres, sans une once d'arrogance. »

IEUAN EVANS :

« Philippe était l'un des meilleurs joueurs contre lequel j'ai joué. La ligne arrière de 1987 était fabuleuse. Charvet était en embuscade et Sella savait tout faire. »

HUGO MACNEILL :

« Philippe était très concentré avant les matchs. Dans le hall d'un hôtel de Dublin je me souviens avoir vu Lafond et d'autres plaisanter. Mais Sella demeurait imperturbablement concentré. »

NICK FARR-JONES :

« J'ai toujours aimé les troisièmes mi-temps. Je me souviens d'une fête en 1990 où Philippe et moi avons échangé nos vestes. La sienne était une superbe Christian Dior, tandis que la mienne était celle de la tournée 1990. Il m'a offert du Christian Dior en échange d'une jolie veste verte des Wallabies ! Par ailleurs, j'ai joué dans une sélection mondiale à Agen en 1996 contre l'équipe de France entraînée par Villepreux et Skrela. Ils en profitaient pour s'entraîner avant la saison internationale. On a été laminés. Sans doute à cause des bouteilles de vin qu'on avait bues la nuit précédente… »

« la Pintade »
Daniel Dubroca

Né le 25 avril 1954 à Aiguillon - CLUB : Agen - SÉLECTIONS : 33 - POSTE : Pilier ou talonneur
GRAND CHELEM : 1987 - SURNOM : « la Pintade » - NOS RENCONTRES : mercredi 14 février et mardi 3 avril 2018

Peut-on imaginer être invité chez Michel Dussau à Agen par Daniel Dubroca, et dîner à la même table que Philippe Sella et Dominique Erbani ? On m'aurait proposé un bol de porridge assis sur un piquet que j'aurais de toute façon sans doute accepté. Sauf que cette proposition-là, Van Morrison la chante mieux que je ne saurais l'exprimer : *« As sweet as Tupelo Honey, just like honey, from a bee.*[1]*»*

1 - Elle est aussi douce que le miel de Tupelo, comme du pur miel d'abeille. (Van Morrison, 1971)

2 - L'équipe s'est finalement maintenue en Top 14 lors de la saison 2018-2019, terminant à la 12e place.

Daniel est arrivé en premier pour ce repas en provenance de Sainte-Bazeille, situé à quelque 60 kilomètres de là où, avec son frère et sa belle-sœur, il est pomiculteur. Leur récolte avoisine aujourd'hui les 500 tonnes annuelles alors qu'elle avait autrefois atteint les 4 500 tonnes.

« Avec l'âge et l'expérience, on a simplifié l'affaire. »

J'ai tout de suite remarqué sa réserve, son assurance et son intelligence. Daniel me fait la même impression que Sean Fitzpatrick la première fois que nous nous sommes rencontrés. Sans doute cela est-il dû à une certaine conception de la vie et à leur réussite, en tout cas ils possèdent tous deux les caractéristiques qui vont avec : une poignée de main ferme, un regard d'acier, de l'éloquence, de la lucidité et un physique imposant. Ces particularités que l'on retrouve tout au long de leur carrière sportive sont très impressionnantes. Daniel a été tout à la fois chef d'entreprise, capitaine de l'équipe de France, entraîneur, président de club, père et grand-père durant ces quarante dernières années.

Quand on se rencontre, il a les idées très claires.

« Je prendrai ma retraite professionnelle et j'arrêterai mes activités dans le rugby au 31 décembre 2018. Je veux être tranquille, faire du vélo, passer du temps avec mes enfants. J'ai un petit-fils de huit mois et il a déjà des mini-ballons de rugby dans son lit. »

Quand nous évoquons le club d'Agen qu'il aime tant, Daniel se renfrogne parce que lui se morfond dans la zone de relégation et doit disputer un match de barrage pour éviter la relégation en Pro D2[2].

« Je viens à peine de répondre à une interview pour Le Petit Bleu *(le journal d'Agen) où j'ai dit qu'ils devraient plutôt faire travailler leurs hormones que de faire de la muscu. »*

Daniel, qui a remporté trois fois le championnat, est évidemment en droit d'espérer des objectifs plus ambitieux.

« Pas mal de sélections derrière »

Durant sa carrière, on a pu parler de domination française et je veux qu'il me parle des différentes équipes dans lesquelles il a joué et de ses partenaires.

« Au moment où nous atteignons la finale de la Coupe du monde en 1987, nous avons déjà passé beaucoup de temps ensemble, nous avons de l'expérience mais aussi pas mal de sélections derrière nous. Nous imposons le respect à nos adversaires et nous avons beaucoup de joueurs de caractère qui ne reculent devant rien. Des joueurs comme Pascal, Lolo, Garuche et Champ étaient des durs à cuire. Les Basques comme Pascal étaient techniquement très forts et ils faisaient peur, ils intimidaient leurs adversaires.

« Quand on jouait contre lui, on aurait dit un vérin hydraulique. »

Un joueur comme Champ avait une telle confiance en lui qu'il devenait notre point de référence quand nous étions en difficulté. Ce mélange de talent, de maturité et de présence physique était très difficile à battre.

Garuet pouvait pousser très bas, tourner les épaules et perturber le talonneur adverse. Il était très puissant et te rentrait dedans. Dans beaucoup de matchs, il prenait le dessus sur son vis-à-vis qui avait l'air d'un agneau qu'on menait à l'abattoir. Quand on jouait contre lui, on aurait dit un vérin hydraulique. S'il t'enfonçait, c'était fichu. De plus, c'était un joueur intelligent. Tellement qu'il étudiait son adversaire de façon à l'attaquer sur son point faible.

Pascal était mentalement inébranlable. C'est une des caractéristiques des Basques. Il était lui aussi très malin et techniquement très fort. »

L'ancien pilier gallois Stuart Evans, qui joua la première Coupe du monde, me racontait ce que cela faisait de se retrouver face à Daniel et la première ligne française.

« Jouer contre ces types était comme de passer dans un hachoir.

Ils étaient tous rugueux et durs. En 1985, j'ai joué contre Doxpi, Dintrans et Garuet. Doxpi a commencé par vouloir me tester, alors je lui ai balancé un bon direct qui s'est écrasé sur son nez. Il m'a juste fixé du regard, a grogné et m'a dit : "Continue comme ça, jeune homme et je vais t'arracher la tête." Dintrans avait une tête grosse comme celle d'un cheval. J'enduisais la mienne de vaseline pour pouvoir la glisser dans la mêlée.

Puis, en 1987, j'ai joué contre Ondarts, Dubroca et Garuet. Ondarts était costaud, mobile et gonflé à bloc comme s'il était sur le point d'exploser. Garuet, le producteur de patates, était brillantissime en mêlée, il poussait de si bas que notre talonneur ne pouvait pas talonner vers l'arrière. Et Dubroca était un meneur né, un bon porteur de balle et un joueur habile. Il chargeait à la façon d'un Viking durant tout le match, pour dire qu'il avait du gaz. »

Meneur naturel

Cela a-t-il été aussi simple pour Daniel ?

« On doit pouvoir exprimer ce que l'on est, peu importe la forme que ça prend, c'est nécessaire. Certains crient, d'autres parlent doucement, d'autres montrent l'exemple. Quelle que soit ta façon de faire, l'équipe s'adapte vite et de toute façon nous sommes tous habités par le même état d'esprit. Nous avions aussi d'autres leaders, comme Berbizier, sur lesquels nous pouvions nous appuyer. »

Sous le signe du D

Raphaël Ibañez a pu me décrire les styles respectifs de Dintrans et Dubroca, qui l'ont tous deux inspiré.

« Je n'ai jamais joué contre eux mais je voulais les rencontrer, savoir comment ils jouaient et se comportaient en tant que capitaine. Daniel savait anticiper les situations de jeu. Philippe était comme une bombe, explosif, agressif, physique, il y mettait tout son cœur et se sacrifiait. Philippe aurait tout donné pour l'équipe. Je pense qu'il ferait pareil aujourd'hui. Daniel évaluait la situation et trouvait une solution à tout problème. Ils étaient différents et excellents.

Fouroux a su comment les mettre en concurrence pour obtenir le meilleur d'eux-mêmes. Ils ont des personnalités complètement différentes et je voulais être un peu des deux. Je voulais avoir le courage et le cœur pour me battre jusqu'au bout et rester assez lucide pour prendre les bonnes décisions. »

Juste K.-O.

En 1986, Daniel jouait la finale du championnat contre Toulouse quand il est mis K.-O. Après un choc, inconscient, il manque d'avaler sa langue.

Berbizier réagit très vite et file chercher le drapeau de l'arbitre de touche. Avec le docteur Léo Busquet, un ami de Daniel, ils parviennent à desserrer sa mâchoire et à retirer sa langue.

Il faudra huit semaines de soins/d'opérations pour que Daniel retrouve l'usage de ses doigts qu'il s'était presque arrachés avec les dents.

« Je me suis réveillé vers 9 heures 30 dans un service de soins intensifs. J'ai commencé à me remettre quand ils m'ont placé sur la civière mais je ne me souviens de rien. Ma femme était à mes côtés, évidemment très inquiète. La première chose que j'ai dite en me réveillant fut : "On a gagné ?" J'ai pleuré quand elle m'a dit qu'on avait perdu.

Daniel Dubroca, le 1er mars 1986, à Cardiff (Pays de Galles 15-France 23).

© Bob Thomas via Getty Images

En compagnie
de Jacques Fouroux
en 1987.

© Presse Sports

La vie aurait pu s'arrêter là pour moi. C'était un coup délibéré. J'étais ciblé, Toulouse voulait que je sorte du terrain. »

Daniel ne l'a jamais accepté mais selon sa biographie écrite par Martin Loubet-Murgis, le pilier gauche Portolan était le suspect numéro 1[3]. On le mit au repos plusieurs semaines pour éviter qu'il y ait des représailles.

3 - En réalité, rien n'a jamais été prouvé. Il existe plusieurs versions de cet accident de jeu malheureux.

SUA vs. Racing, 1990

Une autre finale mémorable opposait Agen au Racing en 1990, elle est restée tristement célèbre pour sa brutalité. Franck Mesnel dresse le tableau des événements :

« Le Racing a perdu la finale de 1987 parce que nous n'avions pas été assez durs. Mais en 1990 nous étions plus aguerris parce que nous avions des joueurs comme Michel Tachdjian, Patrick Serrière et Jean-Pierre Genet. Ils ont commencé par casser la gueule à Tolot parce qu'il ne poussait pas droit mais il s'en foutait parce que de toute façon il avait déjà la gueule cassée. Donc, Michel, qui est très intelligent, s'est mis à frapper Seigne qui lui dit : "Arrête Michel, pourquoi tu me mets des tartes ?" Michel lui a répondu : "Lolo, dis à Tolot qu'il arrête de nous faire chier, sinon on va continuer à taper toute la soirée." Ce qu'ils firent. Ils ont si lourdement cogné sur Seigne qu'il n'a pas pu partir en tournée avec la France le lendemain. Michel est un homme adorable mais sur un terrain, il était impitoyable. »

Quand je suis allé voir David Sole pour recueillir ses souvenirs de matchs contre les Français, il se rappelait aussi de Seigne à l'occasion d'une rencontre qui opposait les Barbarians français aux All Blacks en 1989 à Toulouse.

« En arrivant, tous les capitaines des V Nations étaient censés être là mais je n'en ai vu aucun. Je me suis pointé avec une dent cassée que je devais à Laurent Seigne.

Il ressemblait aux méchants dans Tintin. Nous étions dans la même équipe mais ça ne m'empêchait pas d'avoir peur de lui.

Dans le vestiaire, les mecs ont commencé à se mettre des boîtes et à enfiler des protections. Je me souviens que Seigne a frappé McDowell qui a répliqué. Si j'avais joué avec l'Écosse j'aurais moi aussi répondu mais il n'était pas question de mourir en jouant pour une équipe française, d'autant que mon adversaire direct était Richard Loe ! »

Championnat de France 1986. L'accident de Daniel lors du match Toulouse–Agen.

« La première chose que j'ai dite en me réveillant fut : "On a gagné ?" »

Il pleut sur Nantes

Il devait rester quelques traces de sang sur les maillots deux ans plus tard à Nantes parce que Seigne remit ça contre McDowell en 1990.

« Nous étions face à une terrible première ligne composée de Seigne, Armary et Ondarts. Seigne n'a pas laissé un moment de répit à McDowell, il cherchait à le frapper dès que l'occasion se présentait. À l'évidence, il ne savait pas que Steve était ceinture noire de judo et tout à fait capable de se défendre tout seul. Après quelques coups de poing, Steve dit à l'arbitre australien : "S'il recommence, je vais m'en occuper moi-même." Au coup de poing suivant, Seigne restait étendu, prostré, sur le gazon. Je jouais avec Richard (Loe) et Steve et au début j'ai pensé : "Bon, ben c'est reparti pour un tour !" Mais les autres Français n'ont pas insisté, ils n'avaient pas très envie de défendre leur honneur.

Brian Moore aurait pu traduire la capitulation des Français par *« la reddition des singes bouffeurs de fromage »*. Je pense que cet épisode révèle plutôt que Seigne n'était pas très populaire parmi ses propres coéquipiers.

À propos de Brian, qui aime tailler les Français, si je me réfère à quelques conversations que nous avons eues, je pense qu'il leur ressemble assez. Ils sont chauds, émotifs et passionnés comme lui. La seule différence est qu'il est né à Birmingham et non à Bordeaux et qu'il a été élevé à Halifax plutôt qu'à Hendaye.

« Un jour, Dubroca m'a marché sur la tête après une mêlée alors que mes bras étaient coincés et que les Français avaient pris le dessus.

Ça m'a vraiment fait mal mais je ne voulais pas que Dubroca le sache, donc j'ai attendu dix minutes avant que l'on fasse appeler le médecin.

Il m'a recousu dans le tunnel sans anesthésie. J'étais tellement remonté que je n'en avais pas besoin. Je n'avais qu'une envie, revenir sur le terrain pour me venger. Bref, ce soir-là, nous sommes allés chez Castel dans le centre de Paris. J'allais partir, vers 3 heures du matin, quand au moment de sortir j'ai croisé Ondarts et Dubroca qui m'ont attrapé, soulevé, et ils m'ont ramené au bar pour boire un verre. »

Agen capitale

Daniel a joué pour le club qui a été pendant des années la base arrière du pouvoir du rugby français, dans le championnat comme à la fédération.

Agen était la ville et le club d'Albert Ferrasse et de Guy Basquet qui ont eu énormément d'influence sur tous les aspects du rugby de l'époque.

« Tous les jours, à midi et demie, ils jouaient à la belote dans un bar. D'abord chez Dalmolin. Quand l'établissement fermait, ils allaient au bar de Patrick Solé, Le Fair-Play. Ils s'installaient toujours à la même table mais jouaient toujours l'un contre l'autre, ils ne faisaient jamais équipe. Quand l'un d'entre eux n'était pas là, il fallait qu'il se trouve un remplaçant. C'était fou ! Quand ils se sont fâchés dans les années 1990, Basquet n'a plus jamais joué contre Ferrasse et ils ne s'asseyaient plus à la même table.

Guy disait aux joueurs de sa table : "La différence entre moi et Ferrasse, c'est que j'ai joué au Parc des Princes, et lui à Jean-Bouin."

À la FFR, Albert était un diplomate, Guy le flingueur. Si l'on devait exécuter quelqu'un, c'est Basquet qui s'en chargeait.

En 1991, leur amitié de quarante ans a pris fin. Ferrasse a fait copain avec Fabre alors que Basquet avait passé des années à lutter contre ce factieux pour le compte de Ferrasse. En soutenant Fabre, il a effectivement marginalisé Basquet qui voulait conserver sa place et rassembler des gens autour d'un autre ancien équipier d'Agen, Albert Moga, pour être réélu. Ils se sont plantés et leur longue amitié a tourné à l'aigre. À ce moment-là, Ferrasse avait déjà condamné Fouroux. La politique était très compliquée à l'époque ! »

J'ai tenté de localiser Le Fair-Play le jour suivant mais je n'ai trouvé à la place qu'un bar cubain, Le Havana. J'étais très déçu. Cuba ? Quel rapport entre Cuba et Agen ? Le Fair-Play, un monument historique, a disparu pour toujours.

« Sad Crunch »

Un des plus tristes France-Angleterre de l'histoire s'est déroulé en octobre 1991 durant la Coupe du monde. Daniel en fait son compte rendu personnel.

« Dès le premier regroupement j'ai compris qu'on y était. C'était inexorable. »

« Ce match m'a tellement fait souffrir. L'arbitre nous a laissés nous faire massacrer. Les erreurs d'arbitrage étaient si injustes et si flagrantes. Serge a été agressé, piétiné et insulté. Après le match, j'ai chopé l'arbitre par le colback dans le tunnel et je l'ai plaqué contre le mur pour lui dire qu'il était un con. Il s'est vite échappé mais dès que les journalistes ont eu vent de l'histoire, c'était fini pour moi. Bien sûr, après, on regrette, mais sur le moment je me sentais mieux ! Vingt-quatre heures après Ferrasse m'a dit : "Bon, il vaut mieux que tu démissionnes parce que t'as foutu un beau merdier avec les Rosbifs. Le bon côté de la chose, c'est que j'ai pu ensuite me consacrer à 100 % à mes affaires." »

Nantes, conclusion ?

Bien, maintenant, *quid* de la « bataille de Nantes » ? Vous allez me dire : qui est le coupable ? Qui a découpé les noix de Buck Shelford d'un coup de pompe ? Je laisse Buck donner le contexte.

« Dès le premier regroupement j'ai compris qu'on y était. C'était inexorable. Après vingt minutes de jeu, j'ai pris un coup pied au visage et j'ai perdu trois dents. Puis, juste avant la mi-temps, j'étais sur le ballon sur notre ligne d'en-but.

J'ai levé la tête et vu Garuet voler vers moi à toute vitesse à l'horizontale.

Il m'a percuté le front. J'étais totalement raide et il m'a fallu deux bonnes minutes pour me remettre. Jock Hobbs me dit alors que je ne pouvais pas sortir parce que nous n'avions personne sur le banc. Lors d'un troisième incident en seconde mi-temps, j'ai pris un coup de pied dans les couilles dans un regroupement qui m'obligea de fait à sortir. La peau d'un testicule s'était déchirée en deux, et il pendait. C'était Daniel Dubroca. »

Cela dit, puis-je mettre en doute la version de Buck ? J'ai du mal à le croire. Buck était déjà sonné après les deux premiers accrocs ce qui fait qu'il est possible qu'il ait halluciné. Daniel est un *gentleman-farmer* qui a du savoir-vivre, qui est intelligent et loyal. Il ne peut pas avoir fait ça. Quoi qu'il en soit, il s'en défend, comme tous les autres joueurs de l'équipe de France.

Il se fait tard, nous sommes dans les arrêts de jeu. Nous terminons ce qu'il reste de la bouteille de Trévallon. C'est la Saint-Valentin et nous avons passé une très belle soirée ensemble.

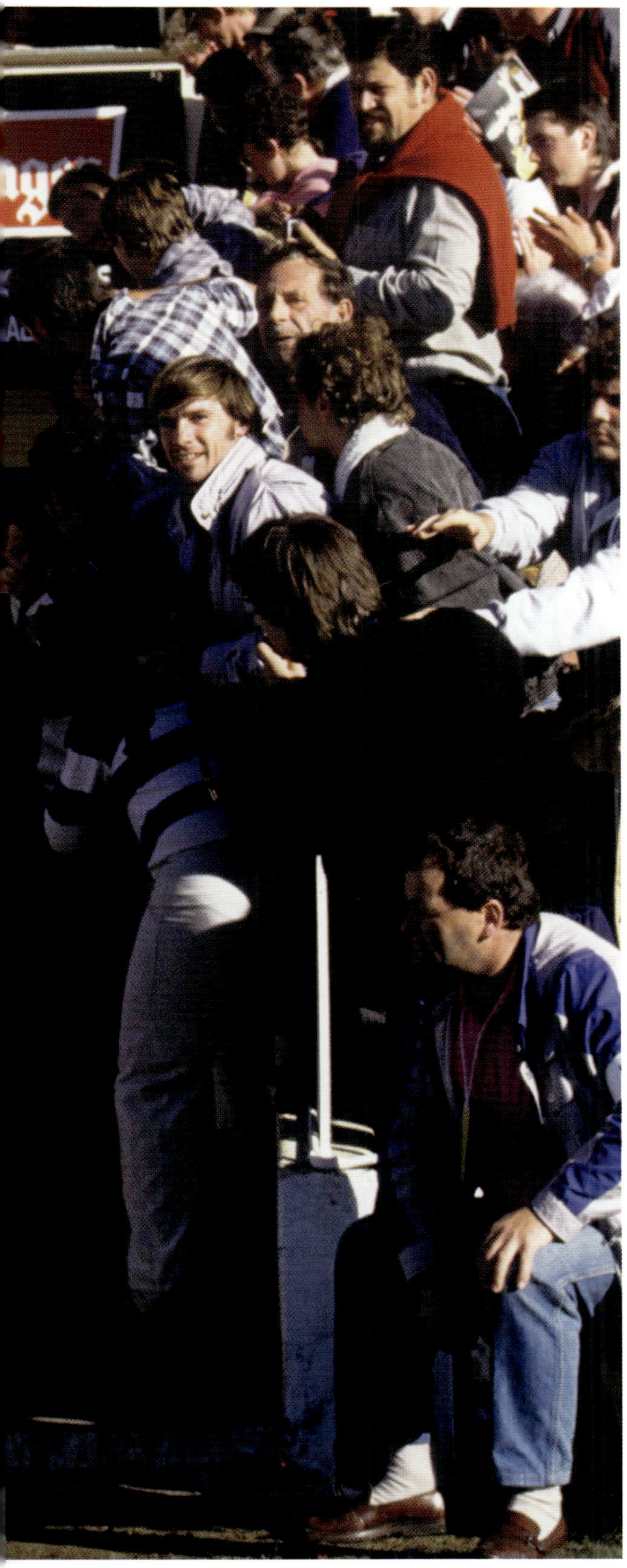

Coupe du monde 1987.
France–Fidji (31-16).
Daniel Dubroca et Pascal Ondarts foulent la pelouse de l'Eden Park.

© Presse Sports

« l'Homme aux trois moustaches » Dominique Erbani

Né le 16 août 1956 à Eymet - CLUB : Agen - SÉLECTIONS : 46 - POSTES : Troisième ligne
GRAND CHELEM : 1987 - SURNOM : « l'Homme aux trois moustaches » - RENCONTRE : mercredi 14 février 2018

Dans le groupe d'avants de l'équipe de France, j'ai toujours vu Dominique Erbani comme un grand contrebassiste. Berbizier aurait pu en être le chef d'orchestre, imposant son interprétation, amenant ses musiciens à jouer sa partition avec Rodriguez au chant et Champ à la guitare solo, mais c'était Dominique Erbani qui assurait les arrières. L'omniprésent bassiste donnant la rythmique et le tempo était très fiable. On ne le remarquait pas trop mais, comme tous les troisième ligne côté fermé, s'il n'avait pas été là, ça nous aurait crevé les yeux.

Je l'ai retrouvé grâce à Daniel Dubroca qui avait suggéré La Table de Michel Dussau à Agen pour dîner avec lui et Philippe Sella. Je ne sais pas si je revivrai un jour cette soirée mais j'espère bien remettre le couvert.

Joueur grand format, sur un terrain, on ne pouvait pas rater Dominique avec ses cheveux noirs frisés, ses sourcils broussailleux et sa moustache en bataille. Patrick Estève m'a dit que Jacques Gratton, l'ancien troisième ligne d'Agen international, l'appelait « l'Homme aux trois moustaches » en honneur aux appendices pileux ornant son visage.

Rucks & mauls

Dans les rucks et les mauls, il faisait le gros du boulot ingrat et était rarement considéré dans cet art obscur du troisième ligne qui consiste à libérer la balle pour ses partenaires afin qu'ils marquent des points. Ses anciens partenaires relèvent qu'il était sélectionné quand d'autres étaient blessés ou absents.

Daniel Dubroca me glisse qu'avant la « bataille de Nantes » en 1986, Alain Carminati était arrivé en retard à un entraînement et il n'avait pas voulu jouer côté ouvert. *« Donc, Jacques l'avait dégagé et mis Dominique à sa place. Radical. »*

Quand bien même, Dominique a bien roulé sa bosse et sa fiabilité et sa régularité lui ont permis d'accumuler 46 sélections entre 1981 et 1990. Il a également remporté deux fois le Bouclier de Brennus.

Comme le confirme Dubroca : *« Il n'a jamais fait un mauvais match. Il répondait toujours présent quand on avait besoin de lui et il abattait un boulot monstre. C'était l'équivalent d'un Richard Hill pour l'Angleterre. Il était notre police d'assurance. »*

Black bloc

Dominique ayant joué sept fois contre les All Blacks, je lui demande de me raconter quelques souvenirs.

« Avant de les affronter, la première fois, Robert Paparemborde m'a dit : "Tant que tu n'as pas joué contre eux, tu n'as pas vraiment fait tes preuves, tu sais pas ce qu'est le rugby." Je me suis dit : "Merde alors. Je me suis tapé les Anglais, les Gallois, les Irlandais et les Écossais et c'était déjà très difficile. Jouer contre les Blacks devait

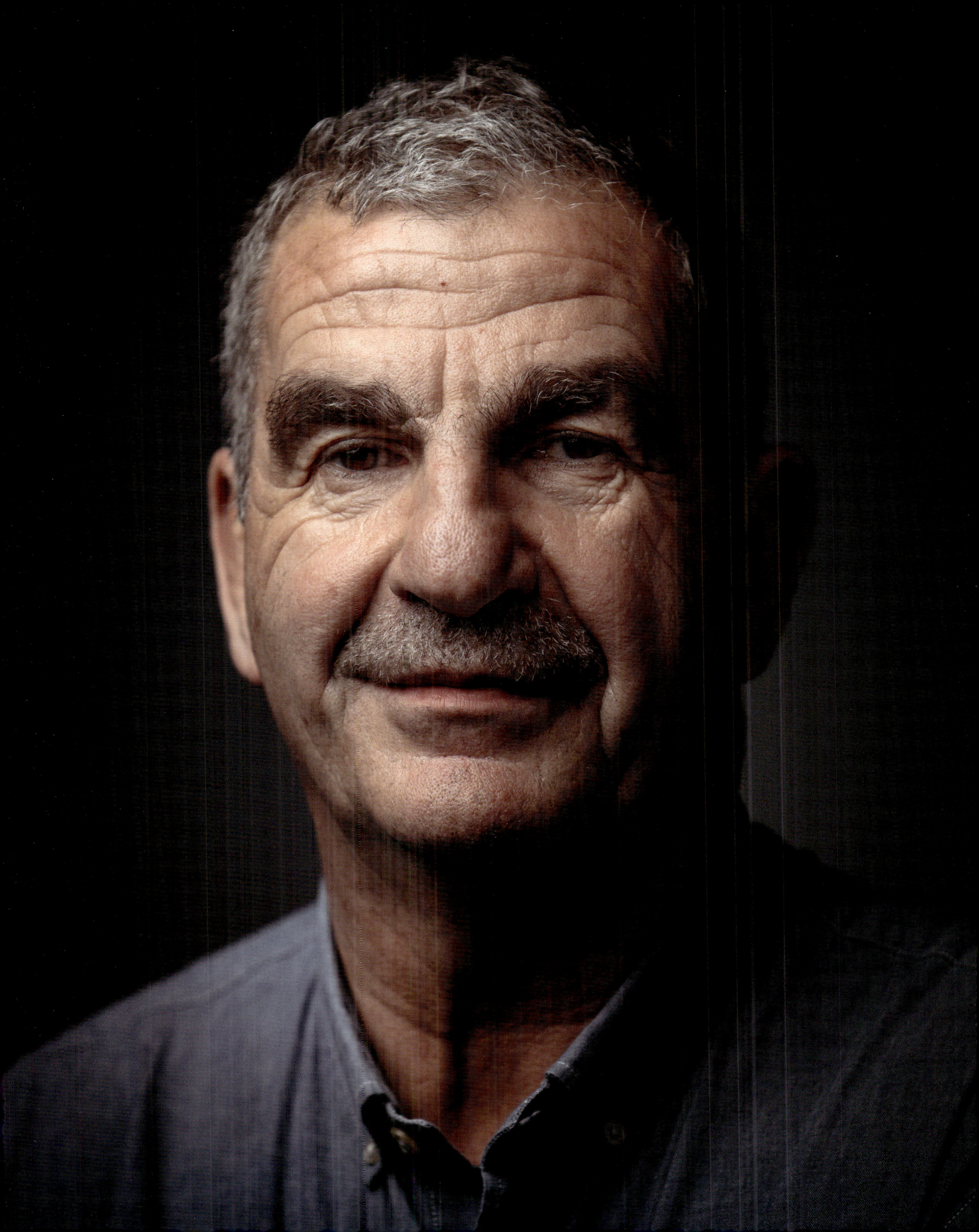

« La semaine avant le match, Jacques a donné le meilleur et le pire de lui-même. »

Coupe du monde 1987. Dominique Erbani, un flanker debout face à l'Australie.

© George Gobet/AFP/Getty Images

être un cauchemar !" Ils étaient et sont toujours une équipe magique.

La seule fois que je les ai battus, c'était à Nantes en 1986 où nous les avons littéralement "battus", de la même façon qu'eux-mêmes avaient l'habitude de le faire contre nous. La semaine avant le match, Jacques a donné le meilleur et le pire de lui-même. Il pouvait être adorable, attentionné et drôle mais aussi très exigeant et dur avec les joueurs. Il les poussait à bout, physiquement et émotionnellement.

Après les matchs, dans ses bons moments, Jacques usait d'un tour qui l'amusait : te piquer ta montre quand tu lui serrais la main. Puis, un peu plus tard, il venait te demander l'heure sans que l'on se soit aperçu que c'était lui qui te l'avait prise. Après la finale de la Coupe du monde, Serge Kampf est venu se joindre à nous pour le banquet et Jacques lui a tiré sa montre, avant de la lui rendre, bien sûr. Cela a donné une idée à Serge Kampf. Revenue en France, toute l'équipe a été invitée à un dîner à Agen où il nous a offert à tous une montre Patek Philippe. C'était un grand supporter du rugby français.

Personne alors ne savait qui était vraiment Serge Kampf mais Yves Noé, le manager de l'équipe, était ravi qu'il vienne aux banquets avec nous parce qu'il payait les boissons.

En tournée, la FFR donnait un budget au manager pour nous payer des trucs et s'il le dépensait au bar, en clopes ou à faire la fête, alors il avait de bonnes chances de garder sa place pour la tournée suivante.

Noé n'était pas fou, donc, bien sûr, il acceptait les largesses de Serge Kampf. »

Afrique du Sud, 1982

Je veux qu'il me parle d'une certaine tournée en Afrique du Sud en 1982 qui devait marquer l'inauguration de l'Ellis Park. Rives était blessé et, donc, Dominique le remplaçait. John O'Driscoll m'a raconté que Dominique était alors très jeune et que Willie Duggan le prit sous son aile. « *Willie se préparait au match en buvant des pintes et en clopant. Je ne pense pas que Dominique ait jamais rencontré auparavant un mec comme Willie.* »

© Presse Sports

1986. Au Parc des Princes face à l'Irlande (29-09).

La sélection en question s'appelait *Overseas Invitation Team*, j'ai réussi à me procurer le programme du match qui eut lieu le 17 juillet 1982. Dominique raconte :

« J'ai aimé cette tournée parce qu'on a pris du bon temps sur et en dehors du terrain. Serge et moi-même étions les deux seuls Français au milieu de joueurs comme Fergus Slattery, Phil Orr, John O'Driscoll, Willie Duggan, Terry Homes, Clive Woodward, Les Cusworth et Jim Renwick. Les Irlandais ont pris une chambre dans l'hôtel pour en faire un bar réservé aux joueurs.

Nous sortions tous les soirs et les Irlandais, les Gallois, les Écossais et les Anglais nous ont impressionnés par leur capacité à se coucher tard, à boire énormément tout en étant capables de se lever le lendemain et de livrer un match parfait.»

À propos des Irlandais, en passant trois heures avec Ollie et Phil à Dublin, les anecdotes et les blagues ont fusé. J'étais allé les voir pour écouter les histoires qu'ils avaient à me raconter sur les Français mais ils avaient aussi des choses à dire sur le grand et regretté Willie Duggan et sur Moss Keane. Voici quelques extraits, à lire (ou sous-titrer) avec l'accent irlandais du Sud.

Ollie se souvient que Moss lui a raconté un jour qu'il était allé se baigner à poil. *« Je lui ai dit : "Moss, je croyais que tu ne savais pas nager." Il répondit : "En effet, je n'avais de l'eau que jusqu'aux genoux." »*

Le même à propos de Willie Duggan qui a fumé une clope à la mi-temps qu'il écrasait sous le talon de ses crampons. Slattery demandait : *« Qu'est-ce que tu fous Willie ? »* Il répondit : *« Ce mégot m'a collé aux basques pendant toute la première mi-temps. »*

Phil assure que Willie Duggan a toujours été en retard pour tout, *« même pour son enterrement »*. Et il n'a jamais aimé s'entraîner. *« Il disait qu'il s'économisait pour les matchs. »*

L'équipe d'Irlande s'est rendue à Twickenham en 1980 et Ollie raconte qu'elle fut accueillie par Bill Beaumont qui dit : *« Bienvenue à Twickenham, Moss. Que la meilleure équipe gagne. »* Moss lui a répondu : *« Billy, j'espère bien que non. »*

Hugo MacNeil me racontait, lui, un match au Parc des Princes. Quelqu'un dans la foule a crié en direction de

Moss Finn, le superbe ailier irlandais : « *Moss, tu es fini !* » Moss a répliqué : « *Ouais, Finny, c'est moi.* »

Dominique a également joué l'affreuse rencontre de 1983 contre l'Australie le jour où les Français avaient décidé de se payer McBain pour venger Crémaschi qui avait eu la mâchoire brisée deux ans plus tôt lors d'une tournée à laquelle il avait aussi participé.

« Toute l'équipe était remontée pour les deux tests. Le premier, on a fait match nul mais nous avons gagné le second et il y a eu quelques belles bagarres. »

Bob Dwyer s'en souvient aussi.

« En touche, ça ressemblait à une baston de dockers. Je me souviens du match "de préparation" à Strasbourg parce que dès la première touche Steve Tunyman était ceinturé par l'un d'eux. Dans ces matchs de "préparation", les équipes étaient appelées les "XV du Président" mais elles n'avaient rien de présidentielles. En général, les Français sélectionnaient toujours une équipe de voyous pour nous affaiblir avant de disputer le test-match. Je prévenais les joueurs avant les matchs que s'il y avait une bagarre ils ne devaient surtout pas reculer parce qu'on leur aurait donné de l'allonge pour nous filer des coups de pied ou nous mettre des poings dans la figure. Il fallait au contraire aller vers eux et les faire reculer. À un moment donné, des coups sont partis dans nos 22 mètres et nous avons terminé dans les leurs. Les Français ont écrit dans les journaux que c'était la "bataille de Strasbourg"… »

Le dîner est exquis et je sais que Dominique apprécie : il travaille dans le commerce de vin.

Il est, comme je m'y attendais, modeste, loyal et discret nonobstant sa taille. Je comprends d'autant mieux pourquoi Fouroux l'a sélectionné autant de fois dans son équipe.

Dominique Erbani vu par :

L'ÉCOSSAIS **FINLAY CALDER**, QUI L'ESTIME BEAUCOUP :

« Il était dans tous les regroupements et tous les mauls, capable de ralentir nos sorties de balles ou de les récupérer pour ses avants au profit de ses arrières. C'est un joueur qui a été sous-évalué. »

L'ANGLAIS **JON HALL**, QUI PENSE QU'IL N'ÉTAIT PAS QU'UN « BRAVE GARÇON » :

« Je ne me souviens pas de grand-chose du match contre la France en 1985 parce qu'Erbani m'a filé un coup de pompe dans la tête et que j'ai dû sortir. »

« le Mortel finisseur » Érik Bonneval

Né le 19 novembre 1963 à Toulouse - CLUB : Stade toulousain - SÉLECTIONS : 18 - POSTE : Ailier, centre, arrière GRAND CHELEM : 1987 - SURNOM : « le Mortel finisseur » © David Beresford

J'ai eu la chance de rencontrer Érik deux fois. D'abord, un soir d'hiver glacé dans un bar d'Heathrow bondé et bruyant après le report d'un Saracens-Clermont de Coupe d'Europe. Je lui avais dit que je n'avais aucun doute sur l'issue de cette rencontre : *« Les Saracens sont bien trop forts pour les Auvergnats. »* Que n'avais-je dit ! Les Saracens ont été étouffés 46 à 14 ! La deuxième fois, nous nous sommes vus plus tranquillement aux environs du John's Club, à côté de l'impressionnante enceinte du Stade toulousain.

Né et élevé à Toulouse, Érik était un joueur fin et puissant. Il est arrivé au Stade toulousain la même année que Denis Charvet, avec lequel il s'épanouira sous la houlette du talentueux duo d'entraîneurs composé de Pierre Villepreux et de Jean-Claude Skrela. Dès ses débuts en équipe nationale, Érik débordait de talent. Les ailiers étaient alors Estève, Lagisquet, Pardo et Bérot, les centres Sella, Codorniou et Charvet et, à l'arrière, Blanco et Lafond pouvaient aussi être d'excellents ailiers. « Pas mal, non ? »

Bizarrement, Érik était aussi arrière quand il est arrivé au Stade mais il glissait au centre. Quand Codorniou à son tour a rejoint le club, en 1988, Érik se décalait sur l'aile. Il était polyvalent.

Trois essais

Didier Codorniou m'a confié que *« si Érik ne s'était pas blessé, il aurait été un des meilleurs joueurs de sa génération. En réalité, il l'était de toute façon, en dépit du fait que sa carrière ait été contrariée par sa blessure aux genoux, c'était un joueur exceptionnel ».*

On peut vérifier cette appréciation en regardant les trois essais qu'il a marqués contre l'Écosse en 1987. La télévision française disait du match qu'il avait été « de toute beauté ». Et louait la « détermination, le dynamisme et la fraîcheur physique » de l'équipe.

Le premier essai démarre sur le côté gauche du terrain par une course dans l'axe et une passe somptueuse du Prince des centres, Denis Charvet. C'est le genre d'essai qu'un grand joueur doit marquer sans surprise mais la doublette Charvet-Bonneval y ajoute une pincée de poudre de Perlimpinpin. Ça paraît tellement facile.

Le deuxième est un mouvement fluide de la droite vers la gauche. Mesnel redouble avec Sella et passe à Serge qui surgit dans la ligne, élimine deux défenseurs et passe à Érik qui doit encore passer Hastings pour marquer.

Alors que les deux premiers essais révélaient la vitesse de pointe de Bonneval, le dernier mettait en valeur la vivacité de son jeu de jambes et sa puissance. Il rattrape une balle mal ajustée après que Charvet a débordé et passé un défenseur, Érik parvient à mystifier quatre défenseurs pour marquer son triplé.

Érik m'en dit un peu plus :

« Quand j'ai marqué ces trois essais contre l'Écosse en 1987, au banquet d'après match, quelqu'un a demandé à l'arbitre s'il n'y avait pas eu une passe en avant sur l'un d'entre eux. Il a juste répondu : "L'action était si rapide et si belle que j'ai estimé que je devais l'accorder." Tout le monde dans la salle a applaudi ! C'était plaisant de voir le French Flair *s'imposer à l'arbitre. »*

Finlay Calder se souvient avoir tenté de l'attraper du bout des doigts sur le premier essai « *mais il était trop rapide et puissant. C'est un joueur fabuleux* ».

Les autres essais, que je n'ai jamais oubliés, furent ceux contre l'Angleterre en 1986 et 1987. À la dernière minute du match, les Français percent de leurs 22 mètres et le majestueux Érik Bonneval s'envole sur 40 mètres en un clin d'œil. Il envoie une superbe passe vers Denis, qui évite la ligne de touche et un placage pour redonner intérieur à Philippe qui marquait là son quatrième essai consécutif dans le Tournoi qui actait le Grand Chelem.

« Le truc drôle, David, c'est que ça n'a pas été un grand match, Laporte tapait tout le temps. On n'arrêtait pas de lui hurler : "Passe ! Passe là !" et, enfin, Guy se décida. »

En 1987, à la sortie d'une mêlée, une redoublée ouvre un espace pour Champ qui sprinte dans l'axe et passe à Bonneval qui déploie sa puissance pour marquer malgré le placage de deux défenseurs.

« Durant toutes ces années passées à regarder le Tournoi à la télévision avec mon père, les Anglais l'emportaient tout le temps, ce qui fait a fait naître une grande rivalité entre nous, ils étaient nos ennemis jurés ! Ces essais contre l'Angleterre ont donc une saveur toute particulière. »

Premières gloires

Je lui demande de me parler de ses antécédents.

« Mon père jouait au TOEC (Toulouse olympique employés club) avec quelques fortes personnalités comme Jean Salut, ce qui fait que maintenant, avec Hugo et Arthur, nous en sommes à la troisième génération de rugbymans de haut vol !

Mon père était pilier gauche, je ne suis donc pas certain de l'origine génétique de la deuxième et troisième génération !

Mon père adore aller voir jouer ses petits-enfants. Je lui demande souvent ce qu'il pense de la façon dont ils jouent et même quand ils ne touchent pas un ballon il les trouve toujours "géniaux".

Dans les jambes de Mike Harrison. Tournoi 1988, France–Angleterre.

© Presse Sports

En 1982, je suis allé au Stade toulousain en même temps que Denis. Il jouait demi de mêlée et j'étais arrière mais Pierre remarqua chez nous quelque chose qui le faisait nous positionner tous les deux au centre. Notre premier moment de gloire a été de remporter le Bouclier de Brennus en 1985. L'année précédente, j'avais fait mes débuts en équipe de France en Nouvelle-Zélande où je remplaçais Codorniou, j'avais marqué un essai. »

Intelligence situationnelle

« Nous aimions jouer avec Pierre et Jean-Claude. Le jeu était basé sur l'intelligence des joueurs et leur propre philosophie dite "Intelligence situationnelle". Selon la position où se trouvait un joueur sur le terrain, il devait prendre ses responsabilités. On ne pouvait se référer uniquement à ce qui avait été dit dans le vestiaire avant match. Nous avions bien sûr un cadre général mais nous devions nous débrouiller sur le terrain en fonction de ce qui se passait. Nous n'étions pas là pour mettre en œuvre le plan de jeu des entraîneurs. Quand je commente les matchs, aujourd'hui, je suis capable d'analyser très vite une situation et de savoir quels choix devrait faire telle équipe. On doit faire des choix instantanément et se concentrer sur nos points forts.

Quand on s'entraînait avec le Stade, c'était un vrai plaisir. Nous menions souvent les séances nous-mêmes et ils se contentaient de nous observer. Robert Bru, le manager, était un intellectuel et il avait une grosse influence sur nous tous. »

Brillantissime

En 1986, il a joué six matchs internationaux d'affilée contre Galles et l'Angleterre dans le Tournoi puis deux fois contre l'Argentine et l'Australie en tournée. Puis l'équipe est allée en Nouvelle-Zélande pour affronter les Baby Blacks le 28 juin, le jour où Sean Fitzpatrick revêtait pour la première fois le maillot noir. Mais Érik n'avait pas été sélectionné.

« J'avais rencontré une fille en Argentine en 1985 et je lui avais demandé de me rejoindre en Nouvelle-Zélande en 1986. Jacques a pété les plombs ! Il m'a dit que j'étais distrait et il ne m'a pas retenu. »

En 1987, juste avant le début de la Coupe du monde, le destin lui a joué un mauvais tour lors d'un entraînement.

« Nous étions 36 sélectionnés ce qui fait qu'il nous manquait quatre joueurs pour des petits matchs d'entraînement.

> *Nous avons demandé à des gars du coin de jouer avec nous et juste au moment de marquer un essai, un de ces péquenots m'a pris de côté et m'a coupé en deux. Ligaments croisés déchirés, la tournée était terminée pour moi.*

Je n'ai même pas eu droit au trophée des perdants (une chope !) après la finale. Jacques m'a dit de monter en prendre une en tribune mais Ferrasse m'a vu et il m'a dit : "Non." Si j'avais joué pour Agen, il m'aurait laissé la prendre. »

Après une salade au poulet arrosée de quelques bières, Érik me fait visiter le stade Ernest-Wallon qui est la mémoire des grands faits d'armes de Toulouse. Je le laisse sous le soleil, équipé d'une bouteille du domaine de Trévallon qu'il pourra déguster à la prochaine victoire de la France sur l'Angleterre.

Jeannot « la Bombarde »
Jean-Patrick Lescarboura

Né le 19 janvier 1961 à Monein - CLUB : Dax - SÉLECTIONS : 28 - POSTE : Demi d'ouverture
GRAND CHELEM : 0 - SURNOM : Jeannot « la Bombarde » - RENCONTRE : mercredi 7 mars 2018

Je me souviens très bien du jeune Jean-Patrick. C'était un grand beau gosse élégant qui possédait un coup de pied phénoménal. Il envoyait au diable vauvert les gros ballons pansus Adidas avec lesquels on jouait alors en France. « Rapha » Ibañez m'a raconté que le public avait pris l'habitude de siffler quand il tapait, imitant le son d'une bombe tombant du ciel, avant qu'il n'aille lui-même chercher la balle avec des amis, perdue quelque part hors de l'enceinte du stade Maurice-Boyau. J'ai pu joindre Jeannot grâce à Pascal Ondarts et nous nous retrouvons dans un bar de Capbreton par une journée humide.

J'adorais ces ballons Adidas parce qu'ils étaient lisses et ventrus comme des bulbes. Par temps sec, on pouvait rater des passes de vingt mètres alors même que ton arrière arrivait à point nommé. Sur les terrains plus secs que ceux de la côte Atlantique, autour d'Avignon, on pouvait taper par-dessus la défense et la balle avait une chance de te rebondir dans les mains et, dans le meilleur des cas, marquer. Je pouvais taper des transformations de bien plus loin qu'en Angleterre, surtout quand j'avais le Mistral dans le dos. Jamais de pénalités, bien sûr, puisqu'on jouait tout à la main. Ces ballons étaient faits pour le « rugby champagne ».

Arrivé à Capbreton, j'explique à Jeannot comment, en tant que patron de ma sélection, il s'est retrouvé dans mon équipe de France de rugby imaginaire. Il a un large sourire et dit : « *David, merci de m'offrir ma 29e sélection.* » Je lui demande de me raconter comment ça se passait à son époque à Dax.

À la landaise

« J'ai débuté à dix-huit ans et j'y ai joué pendant dix ans. La culture était alors celle du jeu à la main. Comme à Mont-de-Marsan, on sollicitait beaucoup les arrières pour marquer de beaux essais. Ça ne marchait pas à tous les coups, mais on essayait.

Les années 1980 furent moins violentes que les années 1970, même si ça restait viril. En 1991, on joue contre le Racing, à Biarritz, un quart de finale de championnat. Au coup d'envoi je tape une chandelle, très haute, immédiatement suivie d'une bagarre générale. Normalement, ça ne durait pas. Les avants tentaient d'intimider leur adversaire direct, de purger leur trop-plein d'adrénaline, puis ça retombait. Sauf que là, ça a duré tout le match. Franck Mesnel est venu vers moi pour me dire : "Il faut que ça cesse." Ils avaient des types vraiment très durs, comme Tachdjian, Serrière et Blond, qui aimaient se battre. Deux joueurs furent expulsés.

« Les petites villes ne peuvent plus s'imposer dans le rugby moderne. »

Jean-Patrick Lescarboura, le 2 mars 1985, à Dublin. Match nul contre l'Irlande, 15-15.

© Presse Sports

Dax a joué pendant cinquante ans dans l'élite mais ce n'est plus le cas depuis des années. Le club a conservé sa culture mais les petites villes ne peuvent plus s'imposer dans le rugby moderne. Il suffit de regarder ce qu'il s'est passé dans d'autres villes comme Tarbes, Lourdes, Bagnères, Auch et Mont-de-Marsan. »

La poigne

Qui étaient les meilleurs joueurs avec lesquels il a joué et ceux qu'il a affrontés ?

« J'aimais jouer avec Lolo Rodriguez.

Crois-moi, je préférais l'avoir dans mon camp qu'en face, comme la première fois où je l'ai affronté quand il était encore à Mont-de-Marsan.

Par ailleurs, il avait pour habitude de te broyer la main quand il te la serrait. C'était un joueur exceptionnel à cette époque parce qu'il était doté d'une extraordinaire force naturelle. L'ennui c'est que quand il te serrait la main t'étais obligé de te mettre à genoux pour le supplier d'arrêter ! Au bout d'un moment je me suis contenté de lui faire une bise sur la joue… Quand nous étions en tournée, il participait à diverses réceptions officielles. Il s'amusait à faire craquer les phalanges de l'ambassadeur en lui serrant la main. Il détestait faire de la musculation et il s'en foutait complètement. Bon, il n'en avait pas besoin.

À mon poste, Christian « Coco » Delage d'Agen était aussi un joueur exceptionnel qui possédait l'instinct du jeu. Il voyait les trous et les exploitait grâce à sa vitesse, sa technique et son habileté balle en main. Il me mettait souvent dans le vent. Il m'a toujours impressionné.

Rives était lui aussi brillant. J'ai joué avec lui lors de mon premier match international, en 1982, à Cardiff. Il n'avait pas besoin d'en dire trop, il suffisait de le suivre. Il mettait sa tête là où on ne mettait pas nos pieds et, généralement, il était toujours le premier dans un regroupement, même quand il avait été le dernier à se relever du précédent. Il était très courageux et modeste, son charisme provenait du fait qu'il donnait vraiment l'exemple à suivre.

Garder l'esprit clair

Jean-Patrick a vécu une belle série en équipe de France entre 1983 et 1986 mais elle fut gâchée par des blessures en 1983 et 1987 quand il se fractura le tibia.

« Juste avant la Coupe du monde, j'ai été écarté par Jacques après le match de Toulouse en 1986 contre les All Blacks. Il m'a dit que j'avais été nul et par conséquent il préféra Franck Mesnel pour le second test, pour la "bataille de Nantes".

Lescaboura-Joinel,
équipée sauvage.

© Getty Images

Je n'avais jamais vu une préparation aussi intense. Serge avait invité dans le vestiaire son pote José Touré, un international de football qui jouait à Nantes, pour lui montrer comment nous nous échauffions. "Bon Dieu !" C'est un Métis mais il était blanc comme un linge. C'était très tendu. Les premières lignes se filaient des coups de boule entre eux. Après ça, pas besoin de s'échauffer sur le terrain. Jacques était très exigeant, surtout avec les avants. D'ordinaire, nous, les arrières, préférions rester calmes pour garder l'esprit clair. »

Franck Mesnel m'a confié que Jeannot avait été de très bon conseil pour lui quand il obtint sa première sélection, en le soutenant et lui faisant des recommandations.

Un certain M. Jones

De quels matchs se souvient-il en particulier ?

« L'Écosse en 1984. Je n'oublierai jamais l'arbitre, Winston Jones. Il ne parlait pas un très bon anglais et on a eu l'impression qu'à chaque fois que les torts étaient partagés, c'est nous qu'il pénalisait. Il nous sanctionnait constamment et nous volait un autre Grand Chelem.

Je me souviens également du premier test contre les Blacks en 1984 à Christchurch que nous aurions dû gagner.

J'ai raté trois drops et je ne me le suis jamais pardonné.

C'était pourtant une belle tournée. Nous avons joué contre Wellington qui alignait la moitié des trois-quarts All Blacks et nous leur avons passé 30 points. Nous avons perdu les deux tests mais nous avons remporté cinq des six matchs de province. »

Ironie du sort, le précité Winston Jones avait arbitré ce même match. Il est clair que l'orgueil de Jean-Patrick, qui est un compétiteur, en a pris un coup après ces défaites. Mais, pour moi, il a évolué sur la période la plus romantique du rugby français, et dans un club qui en portait les valeurs.

« Braveheart »
Jean-Luc Joinel

Né le 21 septembre 1953 à Saint-Vincent-de-Cosse - CLUBS : Sarlat, CA Brive Corrèze - SÉLECTIONS : 51
POSTE : Troisième ligne - GRAND CHELEM : 1981 - SURNOM : « Braveheart » - NOTRE RENCONTRE : mardi 13 février 2018

Je l'ai retrouvé grâce à Laurent Paquet, un de mes amis rencontré à Paris en 1990, qui est né et a grandi à Brive-la-Gaillarde. Je me souviens de Jean-Luc alors que j'étais encore à Bath. C'était un joueur costaud, rapide et technique. Sélectionné pour la première fois en 1977, il n'a plus quitté l'équipe entre 1979 et 1986. Laurent m'avait dit que c'était un mec « sympa », donc je savais que ça valait la peine de faire tout ce trajet vers Brive.

Je venais de chez Alain Lorieux et j'ai roulé vers l'est en direction du Massif central. Le ciel était parfaitement clair, il faisait froid et sec mais alors que je traversais l'Auvergne puis en entrant en Corrèze en direction de Tulle, il s'est mis à neiger à gros flocons. Après quelques glissades et dérapages sur l'A20 à la vitesse de 20 kilomètres heure, j'arrive à Brive, une chic petite ville à l'est de la Dordogne ouvrant sur le Sud-Ouest, région des amoureux du rugby. Je trouve mon chemin vers le Grand Hôtel où je fais une sieste réparatrice avant de le rejoindre pour une soirée culinaire.

Quand j'entre dans le bar, il m'accueille chaleureusement, secouant ma main de sa grosse patte bien qu'il n'ait pas croisé un Anglais depuis des lustres, du moins pas un qui soit autant épris de rugby français. Aujourd'hui, Jean-Luc a une vie paisible. Retraité, il passe son temps au golf, à faire du vélo et à lire.

Modeste proposition

« David, j'adore cette idée de bouquin. Comment refuser ? Il nous suffit de nous asseoir, de manger, de boire, et de te parler de trente années de bonheur et de la façon dont nous battions les Britiches. »

Comme dans toute bonne négociation, il faut que les deux parties y trouvent leur compte et je me fais tout autant plaisir. Quand j'ai présenté le projet à mon épouse, mes motifs étaient désintéressés puisqu'il s'agissait de reverser à des organismes de charité les bénéfices du livre. Mais elle me posa la question qui tue :

« — Et si ton bouquin est nul, que personne ne l'achète et que tu n'as pas d'argent à verser aux œuvres de charité ?

— Ben, je me consolerais en me disant que j'aurais passé un bon moment. »

Bien sûr, elle savait pertinemment que mes bonnes intentions n'étaient qu'un paravent censé cacher mon envie de déguerpir en France une vingtaine de fois en dix-huit mois.

L'esprit de corps

Je veux que Jean-Luc me raconte sa carrière depuis le début.

« J'étudiais à Bordeaux et je jouais à Sarlat avant de partir pour Brive en 1973. Quitter son club à l'époque était délicat parce qu'il fallait lui demander la permission et en général il n'était pas disposé à t'aider. De plus, cela m'interdisait de jouer pour Brive immédiatement ce qui fait que j'ai joué en universitaire et en équipe de France junior. Je n'ai pu jouer à Brive qu'en 1974. Cette année-là, nous sommes allés en finale où nous avons perdu contre Béziers 12-13.

Jean-Luc Joinel à la lutte aérienne avec Peter Winterbottom. France–Angleterre au Parc Des Princes, le 3 mars 1984. Victoire française 32 à 18.

© Bob Thomas Sports Photography via Getty Images

« Quitter son club était délicat parce qu'il fallait lui demander la permission. »

N'empêche, on m'a appelé en équipe de France et je suis parti en tournée en Afrique du Sud en 1975. C'est là que l'équipe de 1977 a pris corps. Il y avait de l'amitié, de la solidarité et c'est ainsi qu'est né cet "esprit de corps". J'ai été titulaire en 1977 contre les All Blacks que nous avons battus à Toulouse. Je les ai affrontés sept fois et battus deux fois. La deuxième fois, le 14 juillet 1979. »

Deux faits extra-sportifs

J'évoque par ailleurs cette fête nationale mais permettez-moi de relever deux faits extra-sportifs que Jean-Luc a bien voulu me livrer.

D'abord, Guy Colomine, le pilier de Narbonne, mangeait deux poulets par jour. Je vous dis ça parce que cela me renvoie à nos actuels piliers professionnels. Mangent-ils quatre, six ou huit poulets ?

Ensuite, le duo d'entraîneurs de l'époque, Desclaux et Piquet, n'adressait pas vraiment la parole à Jérôme Gallion, dentiste de profession, pas plus qu'ils ne le faisaient jouer. Jérôme avait dit à Jean-Luc : « *Piquet ne me parle que quand il a mal aux dents.* » Il est assez cocasse de savoir que durant cette tournée, Piquet eu une rage de dents et que Jérôme fut sélectionné pour le deuxième test.

Durant ce match, Jean-Luc est au départ d'un des essais. Il fait une percée au milieu de sa moitié de terrain, laissant sur place quatre joueurs pour lancer Codorniou dont la trajectoire de course, la vitesse et la passe étaient somptueuses. Caussade, de Lourdes, se saisit de la balle et bifurque vers la gauche avant de passer intérieur vers Averous qui s'y reprendra à trois fois avant d'arriver à marquer. Encore une manifestation du *French Flair*, une action menée sur le fil du rasoir. Tous les joueurs furent excellents ce jour-là mais l'exploit de Caussade etait remarquable.

Vrai ou faux ?

Jean-Luc a fait ses débuts en 1970 et je veux donc savoir si le « jeu dur » était un mythe ou une réalité.

« Toutes les équipes avaient leur tueur à gage dans les années 1970. Quand on jouait contre Béziers, c'était Senal. C'était un drôle de type qui se chargeait des « tâches obscures ».

Il n'y avait pas de remplacement à l'époque et certains joueurs étaient ciblés. Quand on perdait un joueur, c'était plus difficile. On se mettait des coups de lattes dans la tronche.

Brive n'était pas privé de mauvais garçons comme Roger Fite et le regretté Jean-Claude Rossignol. Je me souviens d'un match contre Narbonne en 1975, une demi-finale de challenge Du Manoir à Toulouse. Jean-Claude n'arrêtait pas de frapper Raymond Canaguier sous la mêlée. À la fin de la partie, son visage était noir, bleu, tout ensanglanté.

Jean-Claude savait aussi être drôle. Un jour, contre Tarbes, leur pilier n'arrêtait pas de pousser de travers. Jean-Claude lui dit poliment : « *Ce serait bien que tu arrêtes maintenant.* » Le pilier droit a continué à provoquer et donc il l'avertissait une deuxième fois :

> *« Écoute, continue comme ça et je vais t'arrêter, moi, puis tu ne sentiras plus rien. »*

Le pilier a recommencé une dernière fois avant d'être évacué inconscient sur une civière.

Dans ces années-là, les dirigeants qui sortaient d'un long déjeuner étaient avachis dans les tribunes et Jean-Claude profitait de leur « sommeil ». Si un joueur criait « dehors ! » ou « perdu ! » après une mêlée ou un ruck, on entendait le son de la piqûre d'anesthésie qu'un adversaire prenait dans la gueule.

L'autre stratégie consistait à descendre un joueur pendant qu'il courait pour aller à la touche suivante. Comme l'arbitre ne regardait pas, on entendait son coup de sifflet retentir quelques secondes après le coup de poing. C'était notre homme de main, il était très efficace.

Contre Narbonne, il y a eu quelques grosses bagarres. Pierre Salettes, leur talonneur, avait décidé d'éliminer notre deuxième ligne australien Peter FitzSimons. « *Au bout d'un moment, on a posé le ballon au sol et on s'est battus sur la piste d'athlétisme.* »

Regard extérieur

Peter FitzSimons a joué quatre ans à Brive et quand je suis allé lui rendre visite à Sydney, il m'en a dit un plus sur Jean-Luc.

« *J'ai adoré jouer là-bas. En 1987-1988, on joue Toulon chez eux en nocturne. Ils ont été formidables et nous ont éreintés 63 à 0. Pour le match retour, quelque trois mois plus tard, nous nous sommes préparés dans un château et Jean-Luc a réuni tous les avants. Il s'est adressé à nous un à un. Il m'a dit : "Fitz, tu penses que t'es très bon mais tu passes ton temps à parler aux journalistes. Je ne suis pas sûr que tu sois si bon que ça, etc." C'était terrible, nous étions tous penauds. Mais cela nous a motivés. On a écrasé Toulon.*

Après chaque match à l'extérieur, on grimpait dans le bus et au bout d'une heure il y en avait toujours un pour mettre un film porno. Un soir, le lecteur vidéo est tombé en panne et ça a quelque peu cassé l'ambiance. Mais on a eu du bol. Nous nous sommes arrêtés à une station-service et sommes tombés sur l'équipe de Tulle. En repartant, les bus ont roulé côte à côte, de sorte que nous pouvions voir leur porno de derrière nos fenêtres. Les Français n'ont pas froid aux yeux. Cela n'arriverait jamais dans notre culture anglo-saxonne. »

« Third Half Glory »

Jean-Luc a joué le match contre l'Angleterre de 1982 devenu célèbre pour sa troisième mi-temps. Clive Woodward m'a réservé la primeur de sa version des faits.

« Après le match, nous sommes allés au banquet qui se déroulait dans le sublime décor du château de Versailles, tenue de soirée obligatoire, les Français portaient le smoking et une écharpe blanche. Sur une table, on avait disposé des présents dont des briquets, des souvenirs et des bouteilles d'après-rasage données par un sponsor du XV de France. Maurice Colclough, qui avait joué en France, connaissait le sens de l'hospitalité des Français et il n'a pas perdu son temps en vidant sa bouteille d'après-rasage pour la remplir de vin. Au dîner, il se leva et avala le contenu de sa bouteille et mit au défi Smarty (Colin Smart, pilier Anglais) de faire de même. Smarty se levait à son tour, descendait la bouteille, mais à l'évidence, il ne s'est pas senti très bien. Après avoir renversé la table, il est tombé par terre inconscient et nous avons appelé les médecins. Les médecins anglais qui l'ont accompagné dans l'ambulance ont dû expliquer aux infirmiers ce qu'il avait bu... Il est resté à l'hôpital une semaine. Nous avons vite oublié Smarty et nous avons atterri dans un cabaret de french cancan avec les joueurs français. Fran Cotton s'est retrouvé sur scène à lever la jambe et à chanter. Cette soirée était complètement folle.

À cette époque, les réseaux sociaux n'existaient pas et ce n'est qu'une fois revenu à Leicester un jour plus tard que j'ai appris les détails de l'affaire à la radio.

Par-dessus le marché, le seul membre de l'équipe écarté pour le match suivant était Marcus Rose. Il n'avait pas bu une seule goutte d'alcool. »

© Presse Sports

« Il n'y avait pas de remplacement à l'époque et certains joueurs étaient ciblés. »

Joinel, à l'impulsion, suivi de Rives et de Lacans. Tournoi 1988, France-Angleterre.

Well the summer time has gone
And the leaves are gently turnin'
And my love I wanna take
To the place heart-is-yearnin'
Will you go, lassie go?
And we'll all go together
In the wild mountain thyme
All around the blooming heather
Will you go[1] *?*

Van Morrison, *Purple Heather*, 1973

© Shutterstock

La section montagnarde

« Que serait le bonheur de la chaleur d'un été sans le froid de l'hiver pour lui donner sa douceur ? » Quand je pense aux montagnes françaises, elles me rappellent toujours la jolie prose de John Steinbeck. Autant le dire tout de suite, pour des raisons personnelles, j'ai adoré les Alpes, mais il y a quelque chose de plus sauvage et de brut dans les Pyrénées. Peut-être est-ce le vent et la pluie en provenance de l'Atlantique qui peuvent si rapidement les balayer ? Pour moi, les Pyrénées ont une âme, du Béarn à la Catalogne, qui reflète ses multiples influences historiques. Et voyez comme elles ont donné naissance à tous ces grands joueurs et ces équipes, comme à Lourdes (les frères Prat, Caussade, Garuet, Armary), Tarbes (Dintrans, Crémaschi, Crabos), Pau (Paparemborde), Lannemezan (Berbizier, Rodriguez), Lavelanet (Estève) ou Bagnères (Gachassin, Bertranne, Gourdon, Aguirre). Dans les Alpes, les grandes équipes étaient moins présentes au haut niveau, on n'y trouve *que* Grenoble (Lorieux, Kacala, Brouzet, Merle et Landreau) et Bourgoin (Cécillon). Excusez du peu !

1 *« Eh bien, c'en est fini de l'été / Et les feuilles doucement pâlissent / Et mon amour, je veux t'emmener / Là où mon cœur insiste / Viendras-tu Lassie, viendras-tu ? / Et irons-nous ensemble/ Dans le thym des montagnes sauvages / Dans la bruyère en fleurs / Viendras-tu ? »*

« Galipe »
Louisou Armary

Né le 24 juillet 1963 à Betpouey - CLUB : **Lourdes** - SÉLECTIONS : **46** - POSTE : **Pilier ou talonneur**
GRAND CHELEM : **1987** - SURNOM : **« Galipe »** - RENCONTRE : **samedi 24 novembre 2018**

J'ai retrouvé Louisou Armary grâce à Nathalie Tonon, de Bun, près d'Argelès-Gazost, qui m'avait logé dans son charmant gîte. Il habite cette petite ville qui se trouve à une quinzaine de kilomètres au sud de Lourdes. Argelès-Gazost est un endroit que j'adore. En parcourant différentes régions de France, je me sens toujours incapable de dire quelle serait ma préférée. C'est un peu comme avec ses enfants, on les aime tous de la même façon.

Sa maison est idéalement placée dans une bourgade, agréablement ouverte sur le Val d'Azun. Au fur et à mesure que j'approche, je sens l'odeur du feu de bois sortant des cheminées. Pour le lecteur, il se peut qu'Armary soit l'un des joueurs les moins connus de cette époque alors qu'il était un féroce concurrent au poste de pilier ou de talonneur de Dubroca, Dintrans, Garuet et Ondarts. En outre, il a aussi participé à trois Coupes du monde et compte 46 sélections. À mon arrivée, Louisou m'accueille chaleureusement. Il est affûté comme une lame de couteau, son corps semble sculpté dans le granit local. Il a le visage tout ridé et, nul doute, son nez de boxeur est déformé par d'obscures et frontales confrontations.

Le professeur de mêlée

Louisou a grandi dans les contreforts des Pyrénées et était un bon skieur, en descente comme en slalom, disputant des compétitions alors qu'il avait entre 6 et 14 ans. Le ski était un sport qui coûtait cher et le manque de professeurs et de structures d'accompagnement faisait que ses parents devaient lui payer la totalité de son équipement. Il n'y avait pas beaucoup d'argent à la maison et, en conséquence, il arrêta. Mais le rugby récupérait ce que le ski venait de perdre. Toujours à l'école, il commença à jouer « en ovalie » et ses talents furent vite remarqués.

« Mes parents avaient une petite ferme et ils ne tenaient pas à ce que je m'éloigne de Lourdes parce qu'ils avaient besoin de mes bras musclés pour les aider. Ils acceptaient à la limite que je puisse jouer au rugby mais je n'avais pas le droit de rester pour la troisième mi-temps !

Lourdes était alors une grosse équipe avec un passé incroyablement riche et une kyrielle de joueurs de renom – les frères Prat, Caussade, Garuet, Crémaschi, Gachassin, Mir, Crauste, Rancoule, Lacaze, Campaes, Bergès-Cau et tant d'autres. En 1958, tous les arrières de l'équipe de France étaient de Lourdes.

J'ai eu la chance de jouer avec Jean-Pierre Garuet. Il avait dix ans de plus que moi et donc, quand j'ai joué mon premier match avec lui, il avait vingt-neuf ans. C'était un pilier monumental, fort et brillant techniquement. Il était très efficace pour rentrer dans le talonneur d'en face. L'avantage d'être bien plus jeune que lui a été d'apprendre énormément de sa part. Il était mon professeur de mêlée et j'étais son élève. »

Puncheur moderne

Louisou était aussi un excellent joueur. Surnommé « Galipe » par ses coéquipiers pour ses prouesses à la course, c'était un pilier moderne – rapide, mobile, costaud et toujours disponible. Quand j'ai parlé de lui à

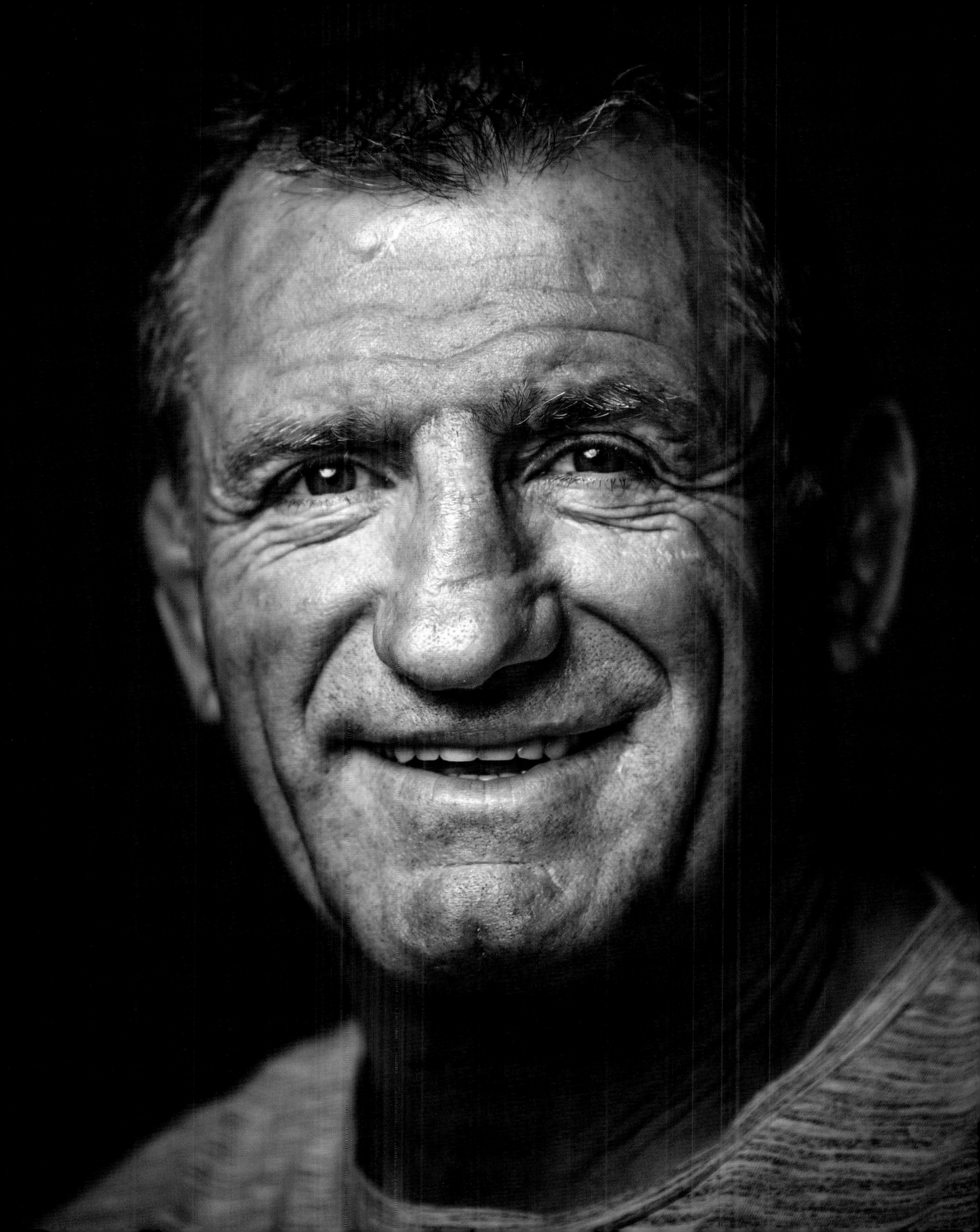

« À quelques kilos près, il était aussi fort qu'un bœuf. »

Daniel Herrero, il a souligné l'importance de joueurs comme Louisou qu'il décrivit comme un « puncheur » capable de franchir la ligne d'avantage et de gagner du terrain pour son équipe. Il n'était certainement pas le plus lourd des piliers mais, à quelques kilos près, il était aussi fort qu'un bœuf.

Il existe quelques vieux terrains de rugby mythiques que je voulais découvrir et le stade Antoine-Béguère était un de ceux-là (les autres étant Sauclières à Béziers, Jean-Dauger à Bayonne et le stade Guy-Boniface à Mont-de-Marsan).

J'aime me trouver dans ces temples sportifs imprégnés d'histoire dans lesquels d'illustres joueurs ont laissé leur magie agir sur foules.

Quand la nostalgie donne du plaisir, c'est tout bénéfice. Cela provoque chez moi enthousiasme et passion et mon cœur bat plus vite. Il ne s'agit pas de n'importe quels vieux stades et les joueurs qui s'y produisaient n'étaient pas n'importe qui. C'étaient des géants de ce jeu, qui allaient inspirer des centaines d'autres joueurs, et une des raisons fondamentales pour laquelle nous continuons à pratiquer et aimer ce jeu.

Le grand Lourdes

Quand je rencontre Pierre Villepreux et André Boniface, ils ne tarissent pas d'éloges sur le grand Lourdes, en reprenant le fil de leurs souvenirs.

Pierre :

« Le jeu de Lourdes des années 1950 m'a fortement influencé. Ma mère était croyante et un jour elle m'a emmenée à la grotte de Lourdes, mais je voyais plutôt ça comme l'occasion d'aller voir le stade des grands champions français et d'essayer de les apercevoir. J'étais fasciné par la façon dont l'équipe attaquait, elle jouait très vite avec un très haut niveau de technicité. Les avants et les arrières de Lourdes étaient interchangeables et ils enchaînaient les actions très efficacement. Toute l'équipe jouait avec un enthousiasme collectif tel et de façon si fluide qu'aucune autre équipe pouvait les imiter, à l'exception, peut-être, de Mont-de-Marsan qui pouvait se vanter de posséder le génie des frères Boniface. »

André :

« D'avoir Maurice Prat dans les lignes arrière et Jean qui jouait devant, cela contribuait à l'harmonie de l'équipe. Si les avants gagnaient la balle et que les arrières la perdaient, Jean était là pour soutenir son frère et il ne l'engueulait jamais. À Mont-de-Marsan, les avants auraient fait la gueule, et c'était encore pire quand j'étais à Dax ! Lourdes avait cette culture de s'entraîner très sérieusement et de jouer magnifiquement, du rugby fait de courses, sous la houlette de Jean. Je me souviens avoir joué un match de poule au stade Antoine-Béguère et il y avait 25 000 personnes dans les tribunes. C'était fabuleux. Jean était très exigeant avec son équipe et il faisait parfois pleurer certains joueurs parce que son propre niveau était très élevé. Je l'aimais beaucoup. »

Les gros morceaux d'époque

Je demande à Louisou ce que ça lui faisait de jouer à son époque, ce qu'il pensait de ce mélange de brutalité et de ruse dont l'exemple le plus parfait était l'équipe de France dirigée par Jacques Fouroux.

« Gagner à la maison était très important. Le cœur du rugby battait dans les villages, il fallait donc se défendre avec orgueil, y mettre tout ce qu'on avait.

Jouer contre Tarbes, Bagnères et Pau était particulièrement corsé parce que nous étions des rivaux localement mais aussi parce que nous possédions beaucoup de joueurs exceptionnels et durs comme Dintrans, Paul, Paparemborde, Aguirre, Pourtal, Torossian, Duhart, Bertranne, Gourdon, Cigagna et tant d'autres encore.

Mais ça jouait dur partout en France. Par exemple, nous avons joué une fois contre Toulon en 1989-1990 quand ils étaient au sommet avec des joueurs comme Champ, Orso, Louvet et Melville. Garuet et le pilier toulonnais Manu Diaz ont été expulsés pour s'être battus de l'en-but jusqu'à la ligne médiane. Mais, après, ils sont devenus amis !

Bègles aussi était aussi un gros morceau à l'époque. Ils avaient Vincent Moscato en première ligne qui avait une réputation épouvantable mais il n'était pas méchant. Ce rôle était dévolu à Serge Simon qui distribuait des gnons à la

Louis Armary contre l'Écosse, le 6 février 1993 (victoire 11 à 3).

© Bob Thomas Sports Photography via Getty Images

ronde en se foutant du monde ! Ils avaient aussi des joueurs qui sont restés relativement peu connus de la presse et du grand public mais ils étaient superbes, comme Mougeot, Berthozat, Conchy, Courtiols et Alibert. Laporte était un joueur moyen mais un grand meneur d'hommes, dans le genre de Fouroux. »

À l'ancienne

Je me souviens alors d'une série de tests joués en France contre l'Australie en 1989, et les matchs retours chez eux en 1990. « Bon Dieu ! », c'était un mélange de très bon rugby, d'essais magnifiques et de bastons. Je demande à Louisou de m'éclairer.

« Kearns[1], nous a chipé plusieurs fois la balle irrégulièrement, je lui ai donc donné un petit coup de tête. En France, on ne s'empare pas du ballon de l'adversaire comme ça, on a plus de respect pour l'adversaire ! Et tout a démarré comme ça, dans ces tests – Condom et FitzSimons, Benazzi et tout le pack australien, Gallart et Sella. C'était du rugby à l'ancienne, on s'est bien amusés mais personne n'a été blessé ! »

1 - Le talonneur australien, Phil Kearns.

Et en ce qui concerne l'Angleterre ?

« Les Anglais ont toujours été futés et j'ai beaucoup de respect pour eux.

Probyn était un joueur intelligent et Leonard super drôle. Moore était pénible, toujours en train de parler et de nous provoquer, d'habitude il démarrait durant la semaine et continuait à chaque mêlée. Comme ils nous battaient régulièrement entre 1989 et 1995, nous les trouvions un peu arrogants et irrespectueux envers nous. »

Dubroca, Armary, Lorieux et Condom sont dans leur bulle de concentration alors que retentit l'hymne. Galles–France, Tournoi 1988.

© Presse Sports

« On s'est bien amusés, personne n'a été blessé ! »

Les Sud-Africains essayaient toujours de nous dominer physiquement mais quand ils envoyaient le ballon derrière, ils pouvaient être très bons. Uli Schmidt[2] *avait la réputation d'être un vrai salopard mais il n'a pas été sélectionné pour la Coupe du monde 1995. »*

Le nom d'Uli Schmidt allait revenir quelques fois durant mon voyage, prouvant par là qu'il avait marqué les esprits (dans le bon comme dans le mauvais sens du terme). La plus belle histoire que je connaisse à son propos m'a été racontée par Wade Dooley[3] (avec son terrible accent de Blackpool) :

« Je ne sais pas comment il est aujourd'hui mais, putain, à l'époque, je le détestais et je vais te dire pourquoi. Je jouais un match avec les Harlequins contre le Transvaal quand Schmidt, le sale bâtard, m'a assommé par-derrière. Je suis tombé à genoux et je voyais trente-six joueurs sur le terrain. À cet instant je veux me venger mais je ne pourrais plus m'approcher de lui durant tout le reste du match. Donc, je le note, et je me promets que le jour où nous nous reverrons j'aurai ma revanche. Quelques années plus tard, me voilà en Afrique du Sud pour jouer un match de gala en l'honneur de Rob Jones[4]*, un XV mondial contre les Springboks. Nous sommes toute une bande de l'équipe d'Angleterre, Teague, Guscott, Richards, Ackford, Winterbottom, Leonard. Je jette un œil sur la feuille de match et je vois son nom. Je ne peux m'empêcher de sourire. Je me dis : "Alors toi, mon con, ton compte est bon." Il n'y a rien de pire qu'une rancune tenace, n'est-ce pas David ? Durant le match, Uli s'empare du ballon et passe dans l'axe mais Jerry (Guscott) l'amène au sol. Parfait, me dis-je, voilà le moment que j'attendais. Je pique un sprint pour arriver sur lui avant qu'il ne se relève pour lui filer le plus terrible coup de pompe de sa vie. Mais Teaguey (Teague), Winters (Winterbottom), Deano (Dean Richards), Ackers (Paul Ackford) et d'autres m'avaient devancé. À l'évidence, ils le haïssaient aussi. On lui a filé la branlée de sa vie. Oh ! Qu'est-ce qu'on s'est marrés après ça. Il est sorti du terrain et on ne l'a jamais revu. »*

Avec Louisou, nous avons discuté près du feu en buvant une bière en attendant le déjeuner, et, à midi, nous nous dirigeons vers le restaurant du coin, Chez Pierre D'Agos, à Agos-Vidalos : les fondamentaux d'une saine cuisine rustique et des vins locaux, le tout à un prix raisonnable. Le genre d'endroit où vous avez l'impression d'être déjà venu cent fois auparavant dans les années 1980. Nous y avons passé trois heures supplémentaires. Sur le terrain, Louisou n'a jamais eu cette hargne que possèdent d'autres piliers mais les apparences sont parfois trompeuses. C'était néanmoins un joueur très dur.

2 - Ancien talonneur des Springboks.

3 - Deuxième ligne international anglais.

4 - Demi de mêlée gallois.

« Berbize »
Pierre Berbizier

Né le 17 juin 1958 à Saint-Gaudens - CLUBS : Lannemezan, Lourdes, Agen - SÉLECTIONS : 56 - POSTE : Demi de mêlée
GRANDS CHELEMS : 1981, 1987 - SURNOM : « Berbize » - NOTRE RENCONTRE : mercredi 7 mars 2018

De tous les anciens que j'ai rencontrés, il est le plus clivant. Pas en tant que joueur : chacun salue ses compétences et son intelligence. Les différentes opinions concernent sa manière d'être. Pour certains, il fait autorité, il est volontaire et consciencieux. Pour d'autres, il est autoritaire, impétueux, têtu et borné. Quand je le rencontre à Bayonne, dans son bureau du mythique stade Jean-Dauger, c'est en tant que directeur de la section rugby. Pierre est très accueillant et très impressionnant à la fois. Et d'emblée très clair sur le chapitre dans lequel il veut apparaître.

Pyrénéen de coeur

« Je suis originaire des montagnes, pas du Pays basque. Je suis de Lannemezan, j'ai joué là-bas, j'y ai été à l'école et mes amis y vivent. J'ai joué à Lourdes dix ans. Je suis pyrénéen de cœur. »

Je lui assure que je le placerai bien volontiers dans la partie réservée aux montagnes, bien qu'il soit installé au Pays basque, pourvu qu'il me dise tout ce qu'il sait du rugby et de ses anciens coéquipiers. Dès la première phrase, nous faisons mine de nous jauger. Cet échauffement terminé, on passe à autre chose et il déroule :

« Lannemezan a une bonne réputation, le club a produit des joueurs tels que Laurent Rodriguez, Philippe Bérot, Cyril Baille, Antoine Dupont et moi-même. En 1975, j'avais seize ans, Lannemezan a battu Toulon pour devenir champion de France cadets. C'était une des plus belles années de ma vie – le collège était de l'autre côté du stade, les filles organisaient des fêtes et de temps en temps nous allions en cours. Après cette victoire, je n'y suis pas allé pendant quinze jours. Les 6 000 habitants de la ville sont tous sortis de chez eux pour fêter ça avec nous. Normalement, le match aurait dû se dérouler en lever de rideau de la finale qui opposait Béziers à Brive cette année-là mais il y avait un problème avec le revêtement du stade ce qui fait que nous avons joué à La Croix-de-Berny, à Antony. Trente ans plus tard, ce serait le terrain d'entraînement du Racing 92 dont j'étais devenu le coach. J'étais de retour. C'est le destin !

Quand je jouais à Lannemezan nous étions en deuxième division et je voulais jouer au plus haut niveau, il fallait donc que je choisisse dans quel club de l'élite je voulais aller. Je ne voulais pas jouer à Tarbes parce que c'était notre plus grand rival. Par conséquent, j'ai rejoint Lourdes parce qu'à l'époque c'était un club emblématique, qui avait une longue tradition de grands joueurs et un palmarès étoffé. J'ai d'abord joué au centre puis je suis passé à la mêlée parce que je me suis rendu compte de l'importance de ce poste dans le contrôle et l'organisation stratégique du jeu. Je pouvais décider de la tactique et je voulais toucher la balle.

J'étais professeur d'EPS et je vivais à Saint-Gaudens tandis que ma femme enseignait à Paris, donc, courant 1985 nous en avons eu assez de tous ces voyages, il était difficile de s'organiser. La France partait en tournée en Argentine mais j'ai dit à Jacques que j'arrêtais de jouer à Lourdes et que, donc, je ne partirais pas. Ni Lourdes ni la FFR ne m'ont cru. Avec l'aide de Jacques et de la FFR, je suis allé à Agen, ce qui me rapprochait de ma femme qui venait de trouver un poste à Toulouse. J'étais triste de quitter Lourdes qui avait une belle équipe et pas mal de bons jeunes joueurs comme Armary qui montait et je m'étais régalé pendant cinq ans à leurs côtés. »

« Il m'a dit : "J'aurai toujours 5 cm de retard dans ma vie." »

Pierre Berbizier crochète contre l'Écosse, le 7 mars 1987.

© Mark Leech/Getty Images

Souvenirs Wallabies

Pierre était une pièce maîtresse dans la hiérarchie de l'équipe de France et Jacques voulait absolument qu'il joue la Coupe du monde 1987 et particulièrement la demi-finale contre l'Australie.

« J'étais persuadé que nous allions gagner cette demi-finale. J'avais été blessé durant le match contre les Fidji, on m'a posé dix points de suture dans le pli de la fesse, et il était assez improbable que je joue. Jacques se battait contre la presse qui était très négative à notre sujet, particulièrement après avoir évité de justesse la défaite contre les Fidji. Avant la demi-finale, j'étais au bar quand il passa près de moi et nous avons eu une petite discussion :

— Jacques, j'ai vu l'entraînement. Nous sommes vraiment très forts. Nous devrions nous concentrer là-dessus et laisser tomber la presse.

— D'accord. À condition que tu remontes dans le bateau et que tu joues. Avec quel demi d'ouverture veux-tu jouer ?

— Laporte.

— Mesnel jouera à l'ouverture et Cambé à l'aile sera notre buteur.

Jacques était comme ça – têtu mais perspicace. Il savait comment battre les Australiens. Il fallait maîtriser Lynagh et taper toutes les pénalités et Franck et Cambé, en tant que buteur, ont fait cela à la perfection.

Après la demi-finale, j'ai joué un match avec Tommy Lawton, le très grand talonneur australien qui n'avait pas pu empêcher Serge de marquer ce fameux essai en coin. Il m'a dit : "J'aurai toujours 5 centimètres de retard dans ma vie." »

L'urgence et la patience

Une des polémiques que la presse alimentait très tôt dans la carrière de Pierre était de savoir s'il valait mieux le faire jouer lui ou Gallion.

Jérôme était un joueur explosif, un missile de poche qui entretenait la flamme du French Flair.

Pierre était davantage dans le style de ce qu'avait été Jacques – un leader, un stratège et un tacticien. Il savait comment contrôler une partie et la gagner. Longtemps, la presse a aimé entretenir ce genre de conflits, que ce soit en s'en prenant à l'entraîneur, aux sélectionneurs, à l'équipe ou aux joueurs ou encore en cultivant les reproches des uns et des autres. Et ils étaient nombreux : la presse française contre Fouroux, les frères Boniface contre les sélectionneurs, Fouroux contre Astre, Codorniou contre Fouroux.

Pierre explique :

« Nous nous entendions bien avec Jérôme. C'est la presse qui a monté toute cette histoire et Jacques l'a encouragé. Jacques se servait des conflits avec la presse pour nous protéger, nous, les joueurs, mais aussi pour nous mettre la pression. Il était très stressant mais il a démontré qu'il pouvait être très efficace, dans la "bataille de Nantes" contre les All Blacks en 1986 comme durant la Coupe du monde 1987.

Quoi qu'il en soit, tout ce débat dans la presse sur notre style de jeu était faux. Dans les années 1980 la presse opposait la force au French Flair *sauf que nous avions les deux. Nous avions de la puissance devant et de la vitesse et du flair derrière. C'était une des meilleures équipes de France de tous les temps mais Jacques avait une très forte personnalité et il aimait l'adversité. Notre plus grand adversaire, c'était nous-mêmes, nous laissions beaucoup d'énergie dans ces joutes orales, mais cela renforçait grandement l'équipe. Si vous pouviez aligner aujourd'hui nos lignes arrière vous ne verriez pas beaucoup de joueurs prendre le meilleur sur Blanco, Sella, Charvet, Lagisquet, Estève, Cambé ou Bonneval sur 25, 50, ou 100 mètres. Jacques a été l'homme clé des années 1980 dans le rugby français. Sa préparation des matchs pouvait être exceptionnelle. »*

Une des caractéristiques des leaders est d'être capable d'afficher de la confiance même dans la difficulté. Sean Fitzpatrick fait partie de ceux-là. Il avait toujours cet air sûr de lui, plein d'autorité. Mais « avoir l'air » peut être trompeur. Il m'a confié qu'avant les coups d'envoi, il était extrêmement nerveux, doutant souvent de lui-même et de la capacité de ses coéquipiers à remporter un match. Pour nous, simples mortels, ces joueurs nous apparaissent comme des êtres surhumains mais ils ont les mêmes doutes que nous. Bien sûr, ils se distinguent par leur aptitude à grimper au sommet, d'y rester et de contenir leur peur de l'échec.

« Notre plus grand adversaire, c'était nous-mêmes. »

Pierre Berbizier s'ouvre le chemin de l'essai contre l'Écosse, le 18 mars 1989.

La confiance et le doute

Pierre évoque avec moi ses propres doutes :

« Jusqu'à ce match de 1981 contre l'Angleterre à Twickenham pour le gain du Grand Chelem, je me demandais si j'avais la capacité à jouer au niveau international. Est-ce que j'étais suffisamment bon ? Est-ce que Gallion était meilleur que moi ? Est-ce que j'avais le mental ? Est-ce que je commettrais la faute qui nous coûterait le match ? Après ce match et en particulier par mon implication dans l'essai marqué par Pardo, je me suis dit que j'étais assez bon. J'ai percé mais au lieu d'ouvrir, j'ai dû jouer intérieur puis changer de côté et lancer le ballon suffisamment fort à cause du vent pour atteindre Laporte. Cet enchaînement qui passait par moi, Rives, Laporte, Codor et Pardo est l'un de mes meilleurs souvenirs. La performance de l'équipe et le résultat étaient une véritable récompense pour nous et pour Jacques qui avait dû rebâtir l'équipe après le succès de 1977.

C'est incroyable ce qu'un seul match peut vous faire croire en vous-même. »

Mais outre le doute et la presse, Pierre s'est aussi retrouvé la cible des joueurs du Queensland lors de la tournée 1981 de la France en Australie.

« Ils ont obtenu une pénalité sur la ligne médiane et ont envoyé une chandelle. Shaw, un troisième ligne, m'a pris et, dans le ruck suivant, McBain, le talonneur, m'a piétiné. Je n'étais sur le terrain que depuis 8 minutes. On m'a posé 38 points de suture et j'ai encore des problèmes d'audition. Crémaschi avait eu la mâchoire brisée par un coup de poing. C'était une équipe très dure. »

Les Français n'avaient pas oublié les incidents de 1981 quand, deux ans plus tard, McBain payait l'addition lors du premier test-match de l'Australie en France. Comme Jean-Pierre Garuet me l'a dit : *« McBain est passé au mixeur et l'herbe est devenue rouge. »*

Guerres et paix

En 1989, le climat se tend entre Jacques Fouroux et Pierre. Jacques vise la présidence de la FFR mais il est au bout du rouleau. La France a perdu ses deux tests en Nouvelle-Zélande en 1989 et, de retour au pays, elle affronte l'Australie en novembre mais Jacques écarte Pierre et Lolo Rodriguez pour le deuxième. Lors du Tournoi 1990, Pierre retrouve le capitanat mais son équipe s'incline contre l'Angleterre dès le deuxième match puis il est écarté à la suite d'une dispute dans les vestiaires avec Dubroca après un match à Mont-de-Marsan. Il refuse de partir en tournée en Australie durant l'été pour des raisons professionnelles. Ce seront les derniers matchs que Jacques dirigera. Dubroca est ensuite nommé manager de l'équipe de France mais après deux défaites en novembre 1990 contre les All Blacks, Pierre est à nouveau sélectionné pour le Tournoi en 1991 dans lequel il sera très bon.

Alors, arrive le choc fatal : il ne figure pas sur la liste des joueurs qui disputeront la Coupe du monde 1991. Dubroca écarte son ancien coéquipier et appelle le jeune Fabien Galthié pour le remplacer. Pierre est écœuré.

Cependant, la chance va soudain tourner. Lapasset devient le président de la FFR, alors que Jacques est marginalisé par Ferrasse et la FFR, et Dubroca démissionne après le triste quart de finale contre l'Angleterre au Parc des Princes en 1991. De façon très ironique, la disgrâce de Jacques et Dubroca, deux hommes dont il avait été très proche, lui ouvre la porte du vestiaire de l'équipe de France.

« Ce que je n'ai pas aimé et qui me fait toujours mal est de pas avoir eu la possibilité de choisir moi-même la date de mon départ en tant que joueur. Ceux qui ne me sélectionnaient plus étaient les mêmes qui m'empêchaient aussi de jouer à Agen. Ils m'empêchaient également de partir dans un autre club. Après quinze ans de bons et loyaux services, j'étais rejeté. C'était la fin du joueur, mais pas de l'entraîneur.

Les deux premières années en tant qu'entraîneur furent très difficiles. Je savais que l'équipe avait des problèmes de discipline et quelques semaines avant l'ouverture du Tournoi, j'avais annoncé à la presse que j'allais remédier à ça.

Ce qui allait suivre fut un cauchemar, une vraie débâcle contre l'Angleterre au Parc dans le Tournoi 1992 où Moscato et Lascubé étaient expulsés.

Mais alors nous avons commencé à progresser. Nous avons remporté une série de tests en Argentine en 1992,

© Presse Sports

Coupe du monde 1987, France–Australie. Bill Campbell est au sol tandis que Serge Blanco et Pierre Berbizier laissent exploser leur joie.

fait match nul contre l'Afrique du Sud la même année en France, nous les avons battus chez eux l'année suivante, et puis nous sommes allés battre deux fois les Néo-Zélandais chez eux, avec ce fameux essai du bout du monde.

Cela prend quelques années de construire une équipe mais je remarquais que nous étions de plus en plus forts.

Nous avons fait une très bonne Coupe du monde 1995 en Afrique du Sud, terminant troisième. La Coupe devait finir dans les mains de Mandela, pas dans les nôtres. »

Quand on discute avec Pierre, on a nettement l'impression que les blessures qu'on lui a infligées à la fin de sa carrière de joueur n'ont toujours pas cicatrisé. Tout au long des années 1980, en tant que joueur, son rôle a été crucial mais la presse n'a pas cessé de le critiquer, il a apparemment été délaissé par certains de ses anciens équipiers à la fin de sa carrière, et pense enfin avoir été trahi par la direction de la Fédération et les dirigeants d'Agen. En tant qu'entraîneur, il s'en est très bien sorti mais son contrat ne sera pas reconduit après le Mondial 1995.

© Presse Sports

Analyse de mêlée.
Coupe du monde 1987.

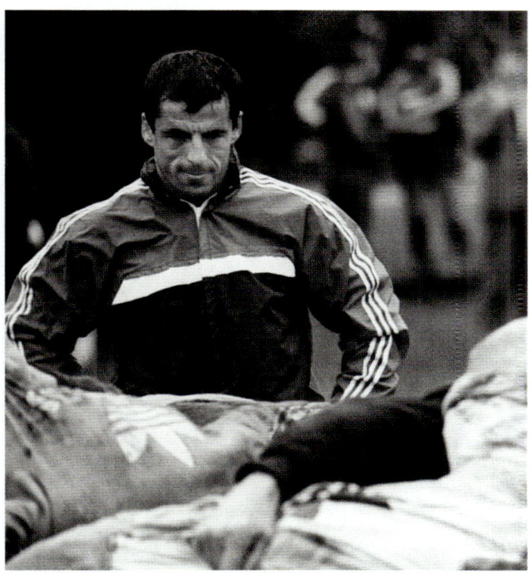

© Presse Sports

Les proches et le lointain

La forte personnalité de Pierre et son style me donnent l'impression qu'il s'est coupé de quelques-uns de ses anciens coéquipiers. Rives, Blanco, et feu Paparemborde, et que des dissensions perdurent. Rives et Paparemborde étaient comme des frères, Rives et Blanco sont de grands potes, Blanco et Dubroca sont comme cochons. Pierre a toujours des amis de l'équipe comme Dintrans et Rodriguez, les gens de la montagne. Tout le monde adore Ondarts, Dospital, Armary et Garuet qui font le lien pour que tous restent ensemble. Valérie Paparemborde m'a confié que « *leurs différends ressemblaient à des disputes de gamines. En 1992, Pierre avait de mauvaises relations avec Robert. Pierre était intransigeant et incapable de faire le moindre compromis* ».

Tous les avis convergent cependant pour dire que Berbize est un homme profondément loyal et qu'il apprécie la réciproque en amitié. Finlay Calder m'a raconté que Pierre lui avait rendu visite dans les Orcades avec d'autres internationaux écossais pour célébrer le vingt-cinquième anniversaire du Orkney Rugby Club. « *Il disait que pour lui, même s'il avait de la boue jusqu'aux genoux, c'était comme d'être en vacances, avec le soleil, la mer et le sable. Il était très agréable.* »

En 2014, Berbizier invitait ses anciens joueurs à Arcachon pour célébrer le vingtième anniversaire des deux victoires en test de la France contre les All Blacks. Il avait invité Sean Fitzpatrick, le capitaine, pour s'adresser à l'équipe. Sean m'a raconté :

« Même en ayant estropié un adversaire, vous pouviez vous en sortir à bon compte. »

« Son équipe jouait contre une sélection des Barbarians français et je devais effectuer la remise des maillots. Il m'en a alors tendu un frappé du n° 2 et il m'a invité à jouer ! J'ai couru un petit peu, sans plaquer, alors que Pierre était encore très compétitif sur le terrain. Nous avons passé un merveilleux week-end à manger des huîtres, à boire du vin avec des gens comme Garuet et Sella. Il nous a formidablement accueillis. Les joueurs qu'il a entraînés lui manifestaient à l'évidence un grand respect. »

La preuve par quatre

En faisant mes recherches sur les joueurs qui apparaîtraient dans mon livre, le parcours de Pierre était celui qui faisait le plus débat et était le plus complexe à traiter, à saisir. Je me demandais pourquoi et je notais quatre raisons : sa grande influence sur le jeu en tant que joueur, sa longue carrière (en tant que joueur, entraîneur et professionnellement parlant), son appétit pour les hautes responsabilités et son caractère.

Son influence sur le jeu et sa longévité étaient assez évidentes à reconstituer. Le décryptage de son parcours en politique à la FFR, lui, reste plus difficile à appréhender.

À l'image de son caractère, résolument intrigant. Le chemin pour parvenir à satisfaire son ambition peut être solitaire et semé d'embûches. Il faudrait un autre livre pour raconter tout cela.

Quant à ses traits de caractère, je ne pense pas du tout qu'ils soient singuliers. Alors, où est le problème ? J'ai rencontré et écouté plusieurs joueurs qui m'ont exposé en quoi Pierre était dur, directif et avide de victoires sur le terrain. Il n'y a rien d'extraordinaire à cela. Après tout, comment voulez-vous qu'un sportif de haut niveau réussisse sans motivation et sans objectif ? Fitzpatrick, Rives, Dintrans, Ondarts, Champ, Fouroux, Mallett, McCaw et bien d'autres étaient comme ça. Gagner était tout pour eux. Sean m'a souvent dit : « *Un bon perdant n'est rien d'autre qu'un perdant.* » Il répète ça à l'envi avec à chaque fois toujours plus de conviction.

Quand je jouais à l'ACBB à Paris en 1991, Bill LeClerc, un pilier kiwi, faisait partie de l'équipe. Je me souviens lui avoir demandé qui avait été son plus rude adversaire. En creusant dans ma mémoire, sa réponse ressemblait à cela :

« Sean Fitzpatrick. Quand je jouais contre lui, il était non seulement exceptionnel techniquement, il était aussi dur, intelligent et un bon capitaine, mais surtout il était brutal dans sa manière de s'exprimer, et cela pendant tout le match. Psychologiquement, il m'a détruit et il a réussi à me faire me demander si j'avais le droit d'être sur le même terrain que lui. Pourtant, ce n'était que du rugby. C'était un gagnant et il n'aurait rien lâché. »

C'est ainsi que ça marche. Sean a pu être cruel et têtu, avoir cette mentalité qui vous pousse à vouloir gagner à tout prix mais aujourd'hui, dans la vie de tous les jours, il est gentil, prévenant, et attentionné, tout en étant un excellent communicant. Il s'est parfaitement adapté à la vie quotidienne après sa carrière, et quels que soient ses torts avec lesquels il a dû composer durant sa carrière, il a laissé le temps faire son travail. Beaucoup de joueurs sont comme ça.

Pourquoi donc Pierre est-il comme il est ? Pourquoi ces tensions entre lui et certains joueurs ? Peut-être Pierre est-il incapable de faire le premier pas et de changer de comportement dans la vraie vie. Ou peut-être a-t-il changé mais ne peut-il pas oublier « les chiens de sa chienne », pour avoir sélectionné des joueurs qui lui ont causé du tort durant sa carrière ? Mais d'un autre côté, il est resté proche de beaucoup d'entre eux. Je ne sais pas. Je n'ai pas tous les éléments en main et je ne suis pas là pour juger un homme.

Quelles que soient les raisons, cela me renvoie à l'humanité du rugby et à la faculté des grands joueurs à s'adapter à la vie une fois leur carrière terminée.

Premièrement, les comportements dans le rugby en lui-même. La beauté du rugby à cette époque résidait dans le fait que vous pouviez, si besoin, fixer vous-même les bornes à ne pas dépasser dans votre attitude, comportement physique ou psychologique, à l'intérieur des limites du terrain. Et quoi qu'il en soit, cela restait sur le terrain. Même en ayant estropié un adversaire, vous pouviez vous en sortir à bon compte parce que cela se passait « dans le cœur de la bataille » et ce n'était considéré que comme « un jeu ». La plupart du temps – je ne dis pas tout le temps –, les joueurs allaient ensuite boire un

Galles–France, 19 mars 1988. Sous la pluie de Cardiff, le XV de France s'impose 10 à 9.

© Presse Sports

coup ensemble, se rabibochaient et sans doute finissaient amis pour la vie. La culture et les valeurs traditionnelles du rugby (solidarité, amitié, fraternité, partage, sacrifice et ainsi de suite) encourageaient cela. Je ne crois pas qu'un autre sport ou une autre activité procurent des comportements aussi paradoxaux. Cette limite faisait que les joueurs étaient capables de séparer deux facettes de leur personnalité ; une sur le terrain, l'autre en dehors. Tout le monde n'en avait pas la capacité mais certains le pouvaient et y parvenaient.

J'écris tout cela au passé parce que le rugby professionnel d'aujourd'hui est très différent de ce que fut l'amateurisme. Maintenant, pour les joueurs, le travail et le rugby sont une seule et même chose, on ne peut pas s'en tirer aussi facilement qu'avant sur un terrain, ce qui fait qu'après match, vous n'avez plus à vous excuser ! Les limites du terrain ne sont plus aussi importantes.

Deuxièmement, il faut changer de comportement après sa carrière. Il est connu que de reprendre le cours normal d'une vie après une carrière dans n'importe quel sport professionnel est difficile pour plusieurs raisons. Je ne parle pas des tourments émotionnels – sentiment de vide, perte de sens et de repères – qu'endurent certains anciens professionnels. Je parle très spécifiquement de la façon dont vous allez adapter vos comportements de façon régulière à un nouveau « code de conduite » dans la vraie vie.

Quoi qu'on en dise, ce n'est pas facile. Les choses ne sont pas évidentes ni dans la vie ni dans le monde professionnel. On ne peut pas si facilement que ça mettre une barrière entre l'un et l'autre. La vie est un mélange de couleurs. Elles se mélangent dans le spectre de l'existence qui est, en même temps, colorée et pluridimensionnelle et nos relations avec les gens qui ne sont pas nos coéquipiers sont plus complexes. Dans ce spectre, à partir de quel moment l'autorité devient de l'autoritarisme ? L'initiative, un caprice ? La volonté, un entêtement ? L'action, une réflexion ? La prudence, de la méfiance ? La franchise, de l'agressivité ? Le secret, une indiscrétion ? Les nuances peuvent être subtiles et notre point de vue extrêmement subjectif parce que tout est affaire de contexte, en fonction du ton que l'on emploie, des personnes en présence. Ou plus simplement, l'effet d'un simple ensemble de règles ou d'arbitrage nous contraint également en dehors du terrain.

Le mystère Berbize

Pierre a sans doute dû passer par tous ces états dans sa vie. Mais je n'en sais pas assez pour en juger. Ce que je sais, c'est qu'entre certains joueurs, des liens se sont distendus.

Il y a des choses que je n'ai pas comprises dans cette affaire. Dans un sport que vous avez aimé, à moins que vous ne vous soyez vous-même trompé délibérément, pourquoi les gens nourrissent-ils de la rancune envers ceux avec qui ils ont passé tant de temps et avec lesquels ils ont partagé des moments si particuliers, souvent dans des circonstances uniques et extrêmes ? Cette question ne s'applique pas spécialement à Pierre. Je la pose à toute l'équipe parce que des dissensions existent aussi entre les autres joueurs.

Sans doute mon œil d'Anglo-Saxon me pousse-t-il à chercher une logique à tout cela, sans comprendre tout à fait l'esprit latin, davantage basé sur l'émotion. Des mots ont sans doute été lâchés au cœur de l'action, des situations maladroitement gérées, les fortes têtes se disputaient une même place, mais plus sûrement, les forts liens qui unissent les joueurs cachent quelque chose d'autre. Ils étaient comme des frères qui auraient fait n'importe quoi les uns pour les autres. Je me répète les mots de Serge : *« On s'aimait et nous nous aimons encore. »*

Pierre Berbizier vu par :

FINLAY CALDER, TROISIÈME LIGNE AILE ÉCOSSAIS :

« Berbizier est sûrement le meilleur demi de mêlée contre lequel j'ai eu l'occasion de jouer. Il était intelligent et est un fin connaisseur du jeu, trouvant des espaces, guidant ses troisièmes lignes, sachant ouvrir sur ses arrières. Sur le terrain, c'était leur stratège et tacticien. »

IEUAN EVANS, AILIER GALLOIS :

« Berbizier était le chef d'orchestre de l'équipe. Ils avaient un pack phénoménal aussi physique que chaud bouillant mais Pierre les empêchait d'aller trop loin. Je n'aimais pas trop quand Champ ou Rodriguez me fonçaient dessus ou d'être happé dans un ruck. La peur est une émotion très sous-estimée. »

DEWI MORRIS, DEMI DE MÊLÉE ANGLAIS :

« Juste avant une mêlée, j'ai poussé Berbizier dans le dos. Il m'a juste regardé plein de dédain et m'a dit : "Ne refais jamais ça." C'était un peu comme d'être repris par le proviseur. Berbize respirait l'autorité et la confiance. Il n'était pas très vif mais il connaissait les faiblesses de l'adversaire. Il offrait de superbes ballons à ses avants, leur permettant ainsi de passer la ligne d'avantage. »

PETER FITZSIMONS, A PU OBSERVER COMBIEN PIERRE BERBIZIER ÉTAIT CONCENTRÉ, UN SOIR OÙ ILS ÉTAIENT SORTIS ENSEMBLE EN PRÉSENCE DE NICK FARR-JONES :

« Tommy Lawton, Nick et moi-même sommes tombés par hasard sur Pierre un soir où nous nous promenions en ville, juste avant un match contre la France. Pierre a immédiatement tourné le dos à Nick et a coupé court à la conversation. C'était sa façon de se préparer pour le match. Il n'avait aucune envie de se lancer dans quelques plaisanteries que ce soit avec son vis-à-vis. »

ALAIN LORIEUX, ANCIEN COÉQUIPIER :

« J'ai vraiment apprécié Pierre. À la Coupe du monde 1987, nous avons parlé près d'une heure ensemble avant le match contre l'Australie. J'étais très nerveux et il m'a vraiment aidé. Nous devrions rester soudés. C'est ce qui faisait que nous étions une grande équipe. C'était aussi un très bon entraîneur pour battre les All Blacks deux fois de suite. C'est un brillant stratège et un grand meneur d'hommes. »

« le TGV »
Patrick Estève

Né le 14 février 1959 à Lavelanet - CLUBS : Lavelanet, Narbonne - SÉLECTIONS : 25 - POSTE : Ailier
SURNOM : « le TGV », « Flint » - RENCONTRE : jeudi 15 février 2018

J'ai retrouvé Patrick grâce à Didier Codorniou, son coéquipier à Narbonne, où les deux magiciens sortaient de leur chapeau de magnifiques essais. Je l'ai rencontré dans la pittoresque ville de Foix, près de Lavelanet où il fit ses débuts. Étant donné ce que les autres joueurs m'avaient dit, je savais que j'allais passer un très bon moment…

Le Vertigo

Nous nous retrouvons devant La Poste et marchons côte à côte dans les rues étroites de Foix, direction *Le Vertigo*, un des restaurants préférés de Patrick et un excellent choix. À notre arrivée, nous goûtons un robuste faugères en guise appétitif. Et pour nous réchauffer, descendons trois ou quatre verres de plus avant de nous mettre à table.

Dans mon souvenir, Patrick est un très beau sprinter, à la course équilibrée et un finisseur qui ponctuait avec aplomb les mouvements fluides de l'attaque française. Il a joué avec des lignes arrière exceptionnelles composées de Mesnel, Codorniou, Sella, Charvet, Lagisquet, Camberabero, Bonneval et Blanco. Comment peut-on défendre face à une telle équipe ? Comme me le disait Hugo MacNeil, *« c'était comme une escadre d'avions de chasse qui venait vers nous dans tous les sens. Ça avait l'air désordonné mais ils savaient d'instinct où étaient les espaces et où se placer les uns par rapport aux autres, quel angle prendre pour faire mouche ».*

Une question de valeurs

Patrick théorise :

« Comme dirait Mozart, "les silences entre les notes sont aussi importants que les notes elles-mêmes". Et ce silence était constitué de passes, d'espace et d'évitements. Les joueurs étaient tellement bons qu'il n'y avait pas de contact. Nous voulions les éviter, prendre les balles sur toute la largeur du terrain et nous servir de notre vitesse. Nous utilisions des feintes, des boucles, des espaces, des angles et temps de jeux multiples pour garder le rythme. Pas du tout comme les ailiers d'aujourd'hui qui sont davantage des troisième ligne, nous étions plus subtils et nous utilisions nos crochets, notre technique et le jeu au large pour passer nos adversaires et marquer.

Mais nous avions aussi besoin d'être durs et physiques sur la ligne d'avantage pour gagner des ballons. Nous possédions également une grande cohésion. Le rugby ne tolère pas la médiocrité émotionnelle et collective. C'est un sport très dur et il faut se montrer solidaire. Si l'on ne s'aime pas ou si on n'agit pas en tant qu'équipe, ça ne marche pas. Dès que les médias et l'argent entrent en jeu, on oublie ses valeurs et ce qui fait que l'on réussit. On mangeait, on buvait, jouait et faisait la fête ensemble. Nous étions comme des frères.

Jacques (Fouroux) jouait aussi un rôle primordial. Il était plus gourou qu'entraîneur. Il nous chauffait individuellement. Il pouvait dire à Doxpi : "Fais gaffe que ton vis-à-vis ne marque pas aujourd'hui, parce que s'il y arrive, cela voudra dire que tu es fatigué et qu'il est meilleur que toi en mêlée." Il pouvait être verbalement agressif, de façon vicieuse, avec des joueurs comme Lorieux ou Garuet, en leur disant que lors du match précédent, leurs adversaires étaient bien meilleurs qu'eux. Il pouvait les exciter ; les rendre dingues. Tandis qu'à Blanco, il pouvait se contenter de dire : "Merci Serge. Merci d'être avec nous aujourd'hui." Il était génial. »

Patrick Estève, alias « le TGV », un surnom qui lui fut donné par Roger Couderc.

© Patrick Jarnoux /Getty Images/Paris Match Archive

L'œil et le geste

En 1984, en tournée en Nouvelle-Zélande, alors qu'ils allaient perdre les deux tests, le *French Flair* de l'équipe s'exprimait dans les matchs de province – le parfait équilibre, jeu de passes et le « timing » de Codorniou, la vitesse d'Estève, le soutien de Bonneval.

Estève glissait comme un « *pur sprinteur* » selon Jean-Baptiste Lafond, mais il était plus que ça.

Il voyait les espaces, ne se contentait pas de courir tout droit, il pouvait aussi tromper ses adversaires et finir l'action.

En tant que joueur, Estève s'est épanoui à Lavelanet puis à Narbonne, jouant avec des gens comme Didier Codorniou et Claude Spanghero.

« Codor avait un radar, il voyait les trous et le moment où les prendre. Il avait cette capacité à cadrer l'adversaire et à passer la balle juste avant d'être plaqué. Toute notre stratégie à Narbonne était faite pour libérer les arrières. Ce n'était que du rugby d'attaque.

Jouer avec lui en équipe de France facilitait les choses parce que je le connaissais parfaitement. Nous avions également Sella. Il avait des qualités extraterrestres – résistance, force, vitesse, technique. Je me souviens en 1984 quand l'Anglais John Carleton s'est mis dans sa trajectoire, il l'a tout simplement explosé comme l'aurait fait un troisième ligne. Toujours en 1984, en Nouvelle-Zélande, les All Blacks ont dit que s'ils avaient pu garder chez eux un seul joueur, ils auraient choisi Philippe. Les autres joueurs aussi aimaient Philippe mais ils l'appréciaient au-delà du rugby, pour son état d'esprit et son intelligence. »

« Flint »

Patrick me raconte une drôle d'histoire le concernant quand il négociait la reconduite de son contrat à Narbonne, dans les années 1980 avec le président du club (ouais, l'amateurisme… nous étions si naïfs, nous, les Anglais). Ça s'est passé à peu près comme ça :

Le président :

« Bon, Patrick, le budget est serré cette année, nous ne pourrons te payer qu'en deux versements. »

Patrick :

« Pas de problème, donnez-moi la moitié maintenant et la seconde juste après. »

Par ailleurs, Flint a donné son nom à une combinaison tactique, quand l'ailier vient prendre la balle à l'intérieur du demi d'ouverture.

Les Mots

Le déjeuner était bien entamé et nous étions en train de descendre une autre bouteille de faugères quand Patrick a commencé à me révéler l'étendue de sa culture en prenant pour sujet de conversation l'influence qu'a le rugby sur la vie des gens, tout en faisant le lien avec la philosophie de Jean-Paul Sartre, l'existentialisme. Pour résumer, vous êtes ce que vous faites et tout ce qui relève des origines ou du destin n'est que – comment dire ? – des conneries.

« Tout d'abord, l'homme existe, apprend à se connaître, s'ouvre au monde et ne se définit lui-même qu'ensuite. Il ne se définit que dans la mesure où il agit et qu'il est responsable de ses actes. »

Tiens, tiens, me dis-je. On récolte ce que l'on seme, comme on fait son lit on se couche, toute action produit une réaction, c'est à l'œuvre qu'on reconnaît l'artisan, on a que ce que l'on mérite, plus tu travailles dur, plus tu es chanceux. Voilà de quoi nourrir une longue conversation qui exigerait que je me penche sérieusement sur le sujet et que je picole moins.

L'après-midi se poursuit, tranquillement. Pendant que nous sommes assis à nous raconter des histoires, on nous sert un digestif, dangereux. Derrière ce qui pourrait passer pour un simple milk-shake se dissimule un tord-boyaux moscovite. En plus fort.

Mais cela n'est rien comparé à la terrifiante décoction que l'on me sert ensuite et qui fait monter en flèche ma température.

« Goûte ça David. Mais juste un petit peu parce que c'est très fort. C'est une recette maison à base de piments. On ne l'utilise que pour tester la résistance des gens et les faire arrêter de boire quand ils ont déjà trop bu. Un jour, quelqu'un en a bu deux fois alors qu'il était ivre. Il a chialé pendant des heures. »

Avec son bel esprit, Patrick conclut :

« Nous ne devons pas oublier tous ces souvenirs et nous devons raconter toutes ces histoires de rugby. Elles renforcent nos vies, nos liens familiaux et amicaux. »

Il me sort cela juste avant de me préciser que je n'ai pas le droit d'écrire toutes les histoires salaces de l'équipe parce que *« ce qui se passe en tournée, reste en tournée »*. Ah ah ! Je connais la chanson Patrick, t'inquiète.

Patrick Estève vu par :

JOHN KIRWAN,
AILIER NÉO-ZÉLANDAIS :

« On aurait dit un savant fou mais quel joueur fabuleux ! Il avait un magnifique crochet extérieur et il était très rapide. J'aimais et je craignais à la fois de l'avoir en face de moi parce que c'était un vrai défi. Il pouvait accélérer et changer de direction en un clin d'œil. L'équipe de France affichait toujours une confiance et une nonchalance incroyables. Pour moi, lui et Lagisquet étaient nos références au niveau mondial. Nous voulions jouer au rugby comme eux. »

JEAN-BAPTISTE LAFOND :

« C'est une légende. J'aimerais bien le voir. Un jour, il m'a dit : “Le courage, c'est d'aimer la vie et de regarder la mort d'un regard tranquille ; c'est d'aller à l'idéal et de comprendre le réel.” C'était une citation de Jean Jaurès. C'est très beau et je ne l'ai jamais oubliée. Patrick est très intéressant, intelligent et drôle. Je devrais l'inviter dans une émission de télévision. »

« le Lorrain »
Philippe Dintrans

Né le 29 janvier 1957 à Tarbes - CLUB : Tarbes - SÉLECTIONS : 50 - POSTE : Talonneur
GRAND CHELEM : 1981 - SURNOM : « le Lorrain » - NOTRE RENCONTRE : lundi 27 novembre 2017

Je n'étais qu'un écolier quand le nom de Philippe Dintrans s'est imprimé dans ma mémoire. Brillant capitaine de l'équipe de France, excellent talonneur, grand meneur d'hommes, il était un joueur réputé déterminé, costaud et loquace qui ne reculait devant rien. Dintrans, la compétition dans le sang !

Je retrouve Philippe sur son lieu de travail, une grande concession Renault à la sortie de Tarbes. Quand j'arrive dans le hall d'exposition, je vois arriver vers moi un Philippe Dintrans rayonnant. Il doit flairer l'Anglais à des kilomètres à la ronde ! Il m'invite dans son bureau, où nous pouvons discuter tandis qu'il garde un œil sur son ordinateur pour surveiller les informations qui lui parviennent en direct.

« David, j'adore diriger et manager une équipe. Ici, j'ai quatre-vingts personnes sous ma responsabilité. C'est mon boulot. »

Saisir sa chance

Il se souvient du moment où il a percé en équipe de France :

« Je me souviens bien de ma première tournée au Canada et au Japon. C'était en 1978. J'avais été pris mais ces matchs internationaux ne donnaient alors pas droit à une sélection officielle. J'ai passé un très bon moment. Je partais avec les vedettes du Grand Chelem de 1977 – Cholley, Bastiat, Rives, Patou. Paco n'a pas pu partir, donc j'ai saisi ma chance. Jean-François Perche, de Bourg-en-Bresse, était aussi du voyage et comme c'était un excellent joueur, il fallait que je m'applique. J'ai pris mes marques à cette occasion puis j'ai été sélectionné pour partir en tournée en Nouvelle-Zélande en 1979.

J'ai joué le premier test entre Patou et Colomine en première ligne. J'ai assez bien joué, j'ai tenu ma place et touché des ballons mais nous avons été battus et je craignais de perdre mon poste pour le deuxième test. La semaine suivante, Jean-Pierre confisquait l'entraînement à Jean Desclaux et il nous a vraiment fait nous dépasser. Il pouvait courir longtemps et très vite. Jean-Pierre a été très exigeant et les entraînements étaient très poussés. On courait dans les bois comme Rambo, décidés à remporter le deuxième test. Si tu ne tenais pas le rythme, tu perdais ta place. J'ai fait en sorte de ne pas quitter cette équipe.

Christian Béguerie s'était fait recoudre une main, il s'était blessé la veille du deuxième test, il serait donc remplacé par Salas. L'ennui avec Salas, c'est qu'il s'était embrouillé avec l'équipe qui jouait les matchs en semaine juste la nuit avant le match. Vers cinq heures du matin, on l'informa qu'il allait jouer n° 8 ce qui était assez inhabituel pour lui, qui plus est contre les All Blacks ! Mais il plaqua à tour de bras et se montra exceptionnel, brillamment épaulé par Jean-Pierre et Jean-Luc Joinel.

Nous avons bien commencé le match et, en première mi-temps, ils ont été surpris. Mais en seconde, ils sont revenus à la charge et Mourie avait suffisamment de jugeote pour décider de raccourcir les touches et nous déstabiliser.

À la fin du match nous étions sur les nerfs. Frédéric Costes a tapé la balle en touche et l'arbitre a sifflé la fin du match, nous avions gagné. J'étais tellement heureux que je suis tombé dans les bras de l'arbitre, l'Irlandais John West. Il m'a dit : « Philippe, bordel, qu'est-ce que tu fous ? » Sur le moment, c'était un réflexe instinctif de joie et de soulagement. Ce même soir, nous n'avions pas prévu de banquet d'après-match – nous voulions juste boire des bières et sortir. Sauf que nous avons fini dans un restaurant où se trouvaient les All Blacks qui se bourraient la gueule. Alors nous avons tout échangé – shorts, cravates, sous-vêtements... Quelle nuit extraordinaire on a passée ! »

« J'étais tellement heureux que je suis tombé dans les bras de l'arbitre. »

Phillippe Dintrans se défait des griffes de Steve Brain à Twickenham, le 2 février 1985. Le match se solde par un match nul, 9-9.

© Mike Brett/Popperfoto via Getty Images

Rester au sommet

La carrière internationale de Philippe débutait bien. Après avoir battu les All Blacks, il marquait un essai contre les Springboks en 1980 (en dépit de la défaite), remporta le Grand Chelem 1981 et demeura le talonneur titulaire de 1979 à 1985. C'est alors que deux événements se produisirent. D'abord, une blessure l'immobilisa en 1985, il s'était déplacé un disque intervertébral qui lui paralysa un bras un an avant la première Coupe du monde. Ensuite, Daniel Dubroca, qui était pilier droit, se convertit au talonnage.

« Jacques Fouroux m'avait demandé qui pouvait jouer à ma place et j'avais dit : "Bernard Herrero", de Toulon. Jacques m'a toujours dit qu'il voulait que je reprenne ma place le plus rapidement possible mais Ferrasse imposa Daniel qui était d'Agen. Ferrasse était le président de la FFR et aussi celui d'Agen, tout comme était dirigeant son vieux copain et adjoint Guy Basquet.

Ils prenaient toutes leurs grandes décisions dans un bar d'Agen en jouant à la belote.

Daniel était certainement un très bon pilier droit mais j'étais meilleur talonneur.

J'aurais dû jouer le match de 1986 à Nantes contre les All Blacks. Daniel n'avait pas été terrible contre eux à Toulouse dans le premier test, mais Jacques est venu me dire que je serais sur le banc pour le deuxième à Nantes. Je lui ai dit : "Tu veux que viennes pour faire ramasseur de balles pour Dubroca ?"
Je suis parti dès que le match a été terminé parce que je n'avais pas aimé la façon dont nous avions joué – on a exagéré, c'était violent.

C'est un des matchs les plus violents que j'aie jamais vus. »

Je percevais chez lui la douleur et la frustration toujours vivace du compétiteur qu'il est, même après toutes ces années.

« En 1988, pour la finale du championnat de France entre Agen et Tarbes, j'aurais bouffé du Daniel au petit-déjeuner. J'ai franchi les lignes, j'ai bien lancé, et je tirais l'équipe. J'éprouve un grand respect pour lui mais à cette époque je

« Daniel était un très bon pilier droit mais j'étais meilleur talonneur. »

voulais prendre sa place et j'ai mal vécu de louper la Coupe du monde 1987. Lors de la finale contre les Blacks, Andy Dalton et moi étions sur le banc et nous sommes sortis du vestiaire en même temps. On s'est pris dans les bras et nous avons pleuré ensemble. Nous pensions tous les deux que nous aurions dû jouer ce match. »

Le grand Jacques

Philippe en revient à Jacques Fouroux :

« Ce n'était pas à cause de Jacques que je n'étais plus titulaire. Il subissait une énorme pression de la part de Ferrasse et Basquet. Ils voulaient qu'un de leurs hommes soulève la Coupe du monde. »

Comme tous les joueurs que j'ai rencontrés, Philippe se souvient de Jacques Fouroux, l'entraîneur de la grande équipe de France, avec beaucoup d'affection.

« Jacques savait motiver les gens, en tête à tête. Il trouvait toujours les mots justes. Il pouvait te cajoler, t'insulter, te blesser, te faire des compliments, tout ce qui servait à motiver quelqu'un. C'était un grand meneur d'hommes, plus encore qu'un grand entraîneur. Il nous manque énormément. »

L'amour et la violence

Je décide de changer de sujet, passant aux rivalités locales qui animaient ce carré de grands clubs, Pau, Lourdes, Tarbes et Bagnères. Quand le rugby était encore amateur, cet antagonisme débouchait souvent sur de violentes bagarres.

« Le match le plus violent que j'aie jamais joué fut contre Bagnères en 1976-1977. Nous jouions des quarts de finale en aller-retour à Lourdes puis à Pau et, lors du deuxième match, tout a volé. Il y a eu envahissement du terrain et les joueurs prirent part à un combat de boxe géant. Tout et n'importe quoi démarra dès le début du match, coups de pied, coups de poing, fourchettes. T'en veux, tu l'auras. Leurs avants étaient tous des cinglés. Ils étaient plus forts que nous au rugby mais nous avons remporté la bagarre ! Torossian et Duhart furent évacués du terrain ensanglantés et tuméfiés. L'arbitre voulait expulser les deux capitaines mais Bertranne, de Bagnères, s'y refusa, disant qu'il n'y était pour rien et qu'il ne se voyait pas expliquer cela à ses trois enfants ! Pour finir, l'arbitre vira Pourtal, de Bagnères, et Paul, de Tarbes. Le match a fait beaucoup de bruit dans la presse et le grand journaliste Christian Montaignac l'avait qualifié de "honteux". »

J'ai rencontré Christian dans sa maison près de Montpellier surplombant la Méditerranée où nous avons passé deux heures merveilleuses à évoquer ses souvenirs des joueurs. Il a été très chaleureux au sujet de Philippe.

« N'importe qui désirerait avoir Philippe dans son équipe. Moi-même, je l'aurais suivi dans n'importe quelle bataille. Il était plein d'enthousiasme et s'est toujours donné du mal pour son équipe mais il n'a pas eu la carrière qu'il méritait. »

Tournoi des Cinq Nations 1986. Philippe Dintrans et Daniel Dubroca se retrouvent dans les vestiaires du Parc des Princes à l'issue du match contre l'Irlande (victoire française 29-9).

© Presse Sports

Andy Haden se souvient que quand il jouait à Tarbes, la FFR était très inquiète du niveau de violence qui gagnait le championnat.

« Ferrasse avait décidé d'instaurer un système d'amendes. Si une équipe se rendait coupable de violence, l'argent était mis dans un pot commun qui serait ensuite redistribué à ceux qui montreraient un comportement exemplaire.

Le souci étant qu'aucun club ne se montrerait exemplaire au seul motif que les autres étaient sanctionnés. C'était un coup de génie de Ferrasse et de ses amis. Je n'ai aucune idée de ce qu'ils ont fait de l'argent mais je sais qu'il devait y avoir un beau paquet dans ce pot ! »

L'art de la finesse

Quoi qu'il en fût sur le terrain et particulièrement en première ligne, Philippe est un exemple supplémentaire qui vient contredire le mythe selon lequel ces joueurs sont juste des gros tas de saindoux qui ne savent pas s'exprimer. Si j'en crois mes pérégrinations en France, en Écosse, en Irlande, au pays de Galles et en Angleterre, rien n'est aussi éloigné de la vérité. D'ailleurs la plupart sont devenus chefs d'entreprise ou responsables de clubs. J'ai aussi été marqué par la finesse de leur pensée et par la manière dont ils parlent, agissent et gèrent leur vie.

Je n'ai pas eu l'occasion de rencontrer Robert Paparemborde mais à écouter ses amis et sa veuve, Valérie, il est évident que c'était un homme d'une grande classe et « finesse ». J'aime ce substantif. Il n'y a pas d'équivalent en anglais. Ce seul mot en français parvient à contenir plusieurs termes anglais comme « élégance », « éloquence », « subtilité », « intelligence », « grâce » et « gros quotient intellectuel ».

Hugo MacNeill m'a une fois raconté comment il avait surpris Phil Orr, l'ancien pilier gauche irlandais, en plein débat alcoolisé avec un Français dans Paris pour savoir qui détestait le plus les Anglais... Du génie à l'état brut.

Mick Skinner a également tout un discours sur la paire constituée par les piliers anglais Jeff Probyn et Paul Randell et la façon dont ils élaboraient différentes stratégies pour affronter les Français :

« Le juge (Paul Randell) faisait ami-ami avec son vis-à-vis, sans doute lors du banquet de l'année précédente. Ils allaient boire ensemble et devenaient copains comme cochons. Il n'avait jamais d'emmerdes avec les Français ou n'importe qui d'autre. Tandis que Jeff, de son côté, n'en avait rien à foutre de tout ça. Il se comportait comme un gangster de l'East End et aurait fait n'importe quoi pour entortiller son adversaire direct. Avec Jeff, c'était toujours la guerre. »

Nous pourrions étendre ces traits d'humour et d'intelligence à beaucoup de joueurs de première ligne – Fitzpatrick, Kearns, Moore, Chilcott, Sole, Milne, Evans ou Windsor.

Philippe est un homme occupé, mon interview est pliée. Il est à l'image de ce que m'avaient décrit ses anciens camarades de jeu et Sean Fitzpatrick : un « *capitaine de combat* », pour citer Jérôme Gallion. J'aurais aimé passer davantage de temps avec lui mais ce sera pour une autre fois.

D'autant que je suis en retard pour mon prochain rendez-vous : un dîner avec Jean-Pierre Garuet à trente minutes de route, à Pontacq. « Que la vie est belle ! » me dis-je.

Philippe Dintrans vu par :

SEAN FITZPATRICK :

« C'était un guerrier, le genre de joueur qui m'a vraiment impressionné. Je l'ai apprécié tant sur le terrain qu'en dehors. »

L'ANCIEN ALL BLACK ANDY HADEN A PASSÉ DEUX SAISONS À TARBES ET NE TARIT PAS D'ÉLOGES SUR LUI. EN 1973, IL A VU À L'ŒUVRE LE JEUNE DINTRANS JOUER AVEC L'ÉQUIPE CADET :

« Il était très bon mais dans ce temps-là, il jouait troisième ligne aile et je lui ai conseillé de passer au talonnage.
Il possédait toutes les qualités pour ça, le physique, la taille, il était adroit de ses mains et avait le goût de l'affrontement. Comme beaucoup d'autres flankers, je savais qu'il deviendrait un bon talonneur. »

La « rivalité » Dubroca-Dintrans vue par…

JEAN-PIERRE GARUET :

« Philippe était dur, fier, dynamique et agressif. Il n'avait peur de rien et ce n'était pas le dernier à s'y mettre. C'était un leader par l'exemple, dans la veine de Rives. Daniel était plus calme, plus réfléchi et calculateur. On entendait toujours la voix haut perchée de Daniel parce qu'elle portait plus loin ! Tous deux étaient de grands joueurs, de grands bonhommes. »

PIERRE BERBIZIER :

« Ferrasse voulait un homme comme Daniel pour diriger l'équipe. Ainsi, il avait son homme de main dans l'équipe et, comme ça, il pouvait savoir ce qu'il s'y passait. Daniel était un pilier droit recyclé qui était un grand joueur mais il ne savait pas lancer, ce qui m'obligeait à le faire. On a vendu ça comme une 'innovation' ! »

FRANCK MESNEL :

« Philippe m'a fait le plus beau cadrage débordement de ma carrière. Il m'a feinté, il est passé et m'a laissé sur place.

JEAN-BAPTISTE LAFOND :

« Dintrans est sans doute le plus grand talonneur que ce pays ait jamais connu. Dubroca était bon mais Philippe était bestial. »

DANIEL HERRERO :

« Dintrans donnait du rythme à l'équipe. Il était dynamique, difficile à stopper et il gagnait toujours quelques mètres. »

RAPHAËL IBAÑEZ :

« Daniel était habile, subtil, technique, lucide, intelligent. Il anticipait les situations. Philippe était une bombe, explosif, agressif, physique, il y mettait du cœur et se sacrifiait. Philippe aurait tout fait pour l'équipe, se serait tué pour elle. Il le ferait encore aujourd'hui. Daniel évaluait la situation et trouvait une solution à tout problème. Ils étaient différents et excellents. »

« la Garuche »
Jean-Pierre Garuet-Lempirou

Né le : 15 juin 1953 à Lourdes - **CLUBS** : FC Lourdes - **SÉLECTIONS** : 42 - **POSTE** : Pilier droit
GRAND CHELEM : 1987 - **SURNOM** : « la Garuche » - **RENCONTRE** : lundi 27 novembre 2017

Pouruoi les piliers font-ils l'objet d'un tel culte ? Les aimons-nous à cause de leur résistance, de leur personnalité, de leur esprit, de leur générosité, de leur apparence physique, de leur force, de leur (grand) appétit ou de leur (manque de) vitesse ? Sans doute un peu pour tout cela.
Si je me base sur ceux que j'ai rencontrés, c'est leur intelligence qui caractérise le mieux ces « déménageurs ». La plupart d'entre eux possèdent cette « finesse » évoquée pour Dintrans. Voyez Garuet, mais aussi Ondarts, Doxpi, Leonard, « Ginger » McLoughlin, Orr, Califano, l'ours Milne, Sole, « Coochie » Chilcott, le juge Rendall et tant d'autres. Ce sont tous des joueurs et des personnages inoubliables.

J'ai retrouvé Garuche grâce à Pascal, le grand directeur des relations humaines. Je vais le voir à Pontacq, à douze kilomètres de Lourdes, au pied des Pyrénées. Quand je me présente à sa ferme, tout est prêt. Le frigo est rempli des indispensables produits locaux – foie gras, saucisson, boudin, œufs, jambon, fromage de brebis et tomme des Pyrénées.

À la vôtre !

Dans le temps, en France, cette nourriture aurait été jugée tout à fait convenable pour un repas d'avant-match, avec un « canon de rouge » et quelques Gitanes. Je ne rigole pas. J'ai eu droit à ce type de préparation à plusieurs reprises. Je me souviens d'une fois en particulier, quand je suivais l'équipe de Bédarrides, près de Châteauneuf-du-Pape, vers 1990. Je ne saurais plus dire pourquoi j'ai intégré l'équipe ce jour-là, mais ce fut après un long déjeuner. Quand nous avons déboulé sur la pelouse, l'équipe ressemblait à un troupeau d'hippopotames, en plus gros. Nous étions fins saouls et avons pris 40 points. Notre pitoyable prestation resta mémorable…

Jean-Pierre se préparait évidemment plus sérieusement que ça. Pour me le prouver, il me raconte le déjeuner qui a précédé la finale de la Coupe du monde 1987.

« L'équipe s'est réunie vers 11 heures et la finale démarrait à 3 heures de l'après-midi. Tout le monde était tendu alors je me suis levé et j'ai dit : "À la vôtre ! Au moins nous pourrons dire que nous avons joué la finale de la Coupe du monde et que nous avons bu une bouteille de vin ensemble." Je pense que nous étions trop nerveux pour boire plus que ça mais je voulais célébrer ce moment. Le vin est une chose importante dans notre culture. Ma mère était de Bordeaux et a toujours bu du vin alors, pourquoi aurions-nous changé nos habitudes ? Après tout, ce n'était qu'un match de rugby de plus ! »

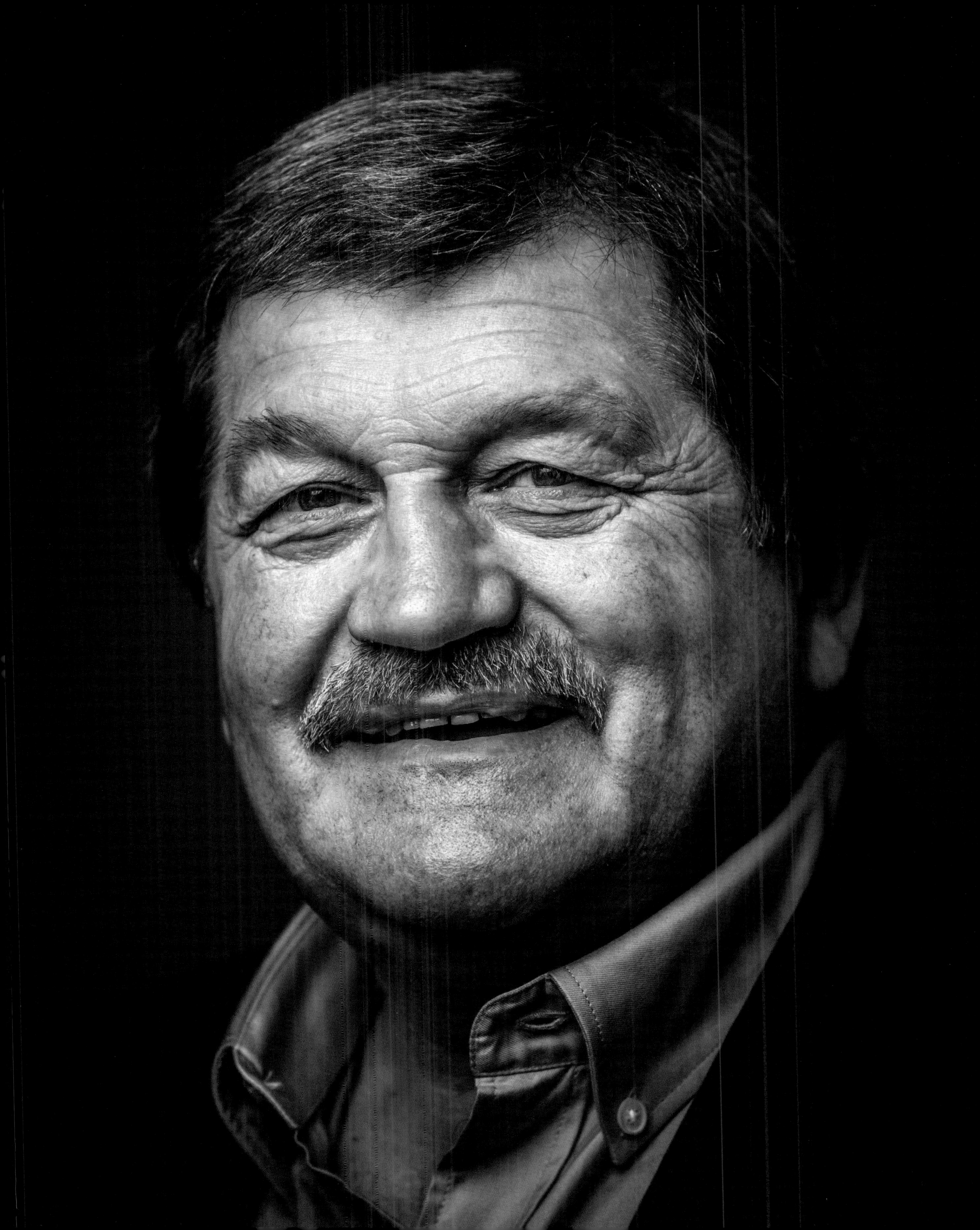

« Pourquoi aurions-nous changé nos habitudes ? Après tout, ce n'était qu'un match de rugby de plus ! »

© Georges Gobet / Staff / Getty Images

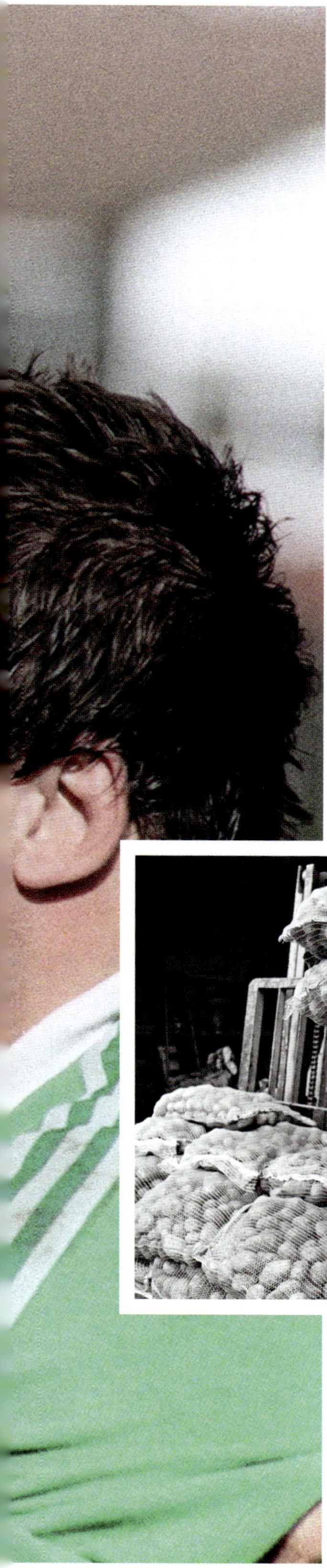

Coupe du monde 1987. À l'entraînement en vue du match contre l'Écosse.

Pénurie de patates

Nous nous sommes assis autour de la table de la cuisine et il m'a servi un verre de jurançon blanc pour m'ouvrir l'appétit. Je m'étais à peine remis de mon séjour impromptu à l'hôtel *Le Viscos* de Saint-Savin le samedi précédent, après ma visite à Louisou Armary. Je me sentais d'attaque. La presse britannique a toujours décrit Garuche comme un « marchand de patates » et je voulais lui demander si c'était vrai ou si cela faisait partie du folklore.

« C'était vrai, David. J'ai commencé par hasard en 1976 parce qu'il y a eu une pénurie de patates après une sécheresse. J'étais en train de discuter avec le voisin qui avait parfaitement irrigué ses sols et qui en faisait pousser, il m'en donna quelques-unes. Les joueurs de Lourdes m'avaient demandé d'en ramener, ce que je fis avec ma 2 CV. Très vite, je me suis mis à fournir les dirigeants de clubs et les hôtels du coin avec mon camion. J'ai alors acheté un entrepôt à Lourdes et j'ai commencé à importer de Hollande, de Belgique, du Maroc et d'autres coins de France, comme la Bretagne ou Montauban. Je venais d'avoir vingt ans et, avec mon frère Serge, nous avions six employés. On ne connaissait rien du tout aux lois du travail, alors on s'est contentés de bosser et on a eu un peu de chance.

Jean-Pierre Garuet fils de la terre, cultivateur.

© Presse Sports

Je me souviens qu'à la Coupe du monde 1987, il m'arrivait de téléphoner en pleine nuit à Serge pour discuter du prix des patates.

Devions-nous acheter ou attendre, les garder ou les vendre, stop ou encore, selon les prix et les variations du cours. Je faisais ça pendant que mes partenaires dormaient ! À un moment donné, nous en vendions dix tonnes par jour.

Nous avons vendu l'affaire en 1991. Porter les sacs est une bonne façon de faire de la musculation. Je me levais à 6 heures tous les matins, lundi inclus après un match. Je me suis toujours levé à l'heure, et je n'étais jamais malade, jamais une angine, jamais une grippe. »

Le Maître de la mêlée

Garuche ouvre le frigo et apporte un assortiment de beaux fromages sur la table.

« Le vin a toujours fait partie de ma vie parce que ma mère est originaire de Sauternes et elle a été élevée

« Flippie Van der Merwe devait peser 140 kilos et je l'ai défoncé. »

près du château de Fargues. Et, bien sûr, nous, les piliers, on aime manger !

Tu sais, David, un jour, j'ai joué un match contre Bourgoin et comme nous avions gagné, Castres n'a pas été relégué. Et pour nous remercier, un boucher de Castres nous a envoyé du jambon. J'adore l'esprit du rugby ! »

Dans les années 1980, il était aussi connu pour être le meilleur en mêlée fermée, un maître. Comment cela est-il arrivé ?

« Jusqu'à vingt-deux ans, je jouais en troisième ligne et j'ai fait une petite halte à Mont-de-Marsan pendant mon service militaire. Nous étions une quinzaine à pouvoir jouer en troisième ligne, donc la compétition était raide. Quand je suis revenu à Lourdes, j'ai annoncé que je voulais jouer en première ligne et j'ai donc travaillé dur pour renforcer mes jambes et mon dos. En 1976, nous avons joué contre Castres en quart de finale du championnat et j'étais face à Gérard Cholley, le géant, l'inamovible totem de l'équipe de France mais je me suis accroché et je ne l'ai jamais regretté.

À Lourdes, il existait une tradition qui faisait que si tu soulevais ton vis-à-vis dans un match, le président payait une bouteille de pastis à toute l'équipe.

Je m'y suis donc appliqué à chaque match, ce qui me permettait de faire ensuite un cadeau à mes partenaires. »

Une question d'impact

Fin août 2018, j'ai le plaisir de revoir Garuche avec son grand pote et gourou de la mêlée, Didier Sanchez, lors de l'événement annuel organisé par Henri Nayrou, l'ancien directeur de Midi olympique jusqu'à 1997, depuis devenu un politicien. Les Rencontres en Séronais se déroulent à La Bastide-de-Sérou.

Didier me confie :

« Garuche et moi pouvons parler du sujet sans arrêt. Les gens s'imaginent que la première ligne est réservée aux gros bourrins et qu'il ne s'agit que de poids et de taille. Pas du tout. C'est aussi une affaire de technique et d'intelligence, chacun des postes fonctionnant en tandem. Un pilier léger peut dominer un plus gros. C'est une question d'impact, de positions axiales individuelles et collectives, de liaison. Tout compte. Il faut étudier ses adversaires, savoir comment ils se lient, se baissent, poussent, et dans quelle direction. Il s'agit alors de trouver une stratégie pour contrer cela et prendre le dessus. Cela demande beaucoup de réflexion. Il n'y a pas de secret, il faut travailler dur. »

Ce soir-là, j'ai décidé d'essayer. Rien de violent, bien sûr, juste faire une mêlée sans opposition à trois. J'ai posé mon cigare et le scotch que Patrick Estève m'avait gentiment offerts et j'ai pris position. Celle de talonneur. Garuche s'est mis à ma droite et Didier à ma gauche. Quand je regarde la photo qui a été prise à cet instant, ce qui me chiffonne n'est pas tant mon manque de technique que le fait que je ne me sens pas à ma place en première ligne. Même si l'image est trompeuse… Bon sang ! Je jouais trois-quarts centre moi, certes, un centre lourd et lent. Mais en réalité, je n'étais pas assez dur et intelligent pour jouer en première ligne.

Revenons à la maison, à Pontacq.

« Je me souviens d'être en mêlée face à Flippie Van der Merwe en 1989 qui devait peser 140 kilos et je l'ai défoncé. Comment ? Si je te le raconte, David, nous allons y passer la nuit. »

Étant donné la profusion de nourriture et de vin devant moi, je n'ai pas peur de rester ici toute la nuit.

« J'aimais bien jouer contre des joueurs comme David Sole. Il était jeune et malin, il fallait faire gaffe. On pouvait le tordre et le faire tourner trois fois mais à la quatrième, il me prenait juste au moment où je cherchais mon souffle. Et comme il parlait un peu français, cela m'aidait. »

Carton rouge

Derrière sa jovialité, sa drôlerie et ses plaisanteries, je sais que Garuche adorait la compétition. À plusieurs reprises, j'ai envie de l'interroger pour connaître la vérité, notamment sur son premier match international où il fut expulsé. C'était contre l'Irlande en 1984.

« Les gros malins d'Irlandais m'ont fendu en deux comme une bûche, Moss Kean et John O'Driscoll. Kean a commencé la bagarre mais c'est moi qui ai été expulsé. Je n'avais que trente ans et c'était mon baptême dans le Tournoi. Voilà comment ça s'est passé.

On avait perdu trois touches de suite alors nous avons décidé de prendre Keane quand il sauterait en l'air, ce que

Jean-Pierre Garuet à Toulouse, le 8 novembre 1986. La France s'incline face à la Nouvelle-Zélande (7 à 19).

© Bob Thomas Sports Photography via Getty Images

nous appelons à Lourdes, une "roulette". En fait, tous les clubs faisaient ce genre de truc quand ils perdaient trop de ballons en touche.

C'était censé provoquer une bagarre générale et calmer tout le monde. On appelait ça faire du "rugby en autogestion".

1 - L'arbitre gallois de la rencontre.

2 - Robert Paparemborde.

Sauf que Clive Norling[1] n'a pas aimé, il nous pénalisa et m'avertit. Comme je ne parle pas un mot d'anglais, il s'adressa à Jean-Pierre Rives qui dit quelque chose comme : "C'est rien, quel crétin de siffler pour ça." Puis nous avons commencé à dominer en mêlée et Orr, Ftizgerald et McGaughlin souffraient. J'entendais Orr s'essouffler. Papa[2] m'avait prévenu avant le match, "je n'ai jamais vraiment réussi à prendre le dessus avec lui, il est dangereux il faut avoir sur lui l'œil du faucon". Mais j'avais la sensation que je lui étais supérieur. Dans une mêlée, je l'ai levé tout droit avec Kean encore accroché à lui.

Lors de la touche suivante, c'est parti. Keane, qui voulait me régler mon compte, provoqua une bagarre et je n'allais pas lui tendre l'autre joue. John O'Driscoll regardait par terre à la recherche de ses lentilles de contact, feignant d'avoir pris une "fourchette". Norling avait besoin d'un coupable et c'est tombé sur moi. Je me souviens de ce que j'ai ressenti quand il a sorti le carton rouge. Je me disais : "il y a cinq minutes encore j'étais à fond et je m'éclatais, et maintenant j'ai honte de devoir sortir." C'était une drôle d'expérience douce-amère. J'étais le premier français à être expulsé dans un match du Tournoi.

Après le match, nous sommes allés au Grand Hôtel *à Paris. Albert Ferrasse m'a fait appeler pour nous réunir avec Yves Noé (patron des sélectionneurs) et Jacques. Ce dernier avait dit à Ferrasse qu'il fallait me sortir de là parce que la mêlée était forte et il y avait une tournée en Nouvelle-Zélande qui arrivait en été, il ne fallait pas que loupe l'avion. J'avais moi-même très envie de le prendre, cet avion. Si j'avais pu jouer le Tournoi puis les All Blacks, je pouvais mourir en homme heureux ! Bien sûr, cela se passait avant la Coupe du monde 1987. »*

Bébert La Godasse

Alors que nous avons déjà pas mal bu, voilà que Garuche se met à imiter Ferrasse, ou « Bébert la Godasse », comme l'appelait Jean Prat. Dans le jargon, « mettre un coup de godasse » signifie donner un coup de pied à son adversaire, que ce soit sur le terrain ou verbalement, et le président de la FFR méritait son surnom. Il en avait un autre : « Tonton. » Garuche fit alors semblant d'allumer un barreau de chaise et commença son sketch, roulant les « r » à la manière de Ferrasse.

« "Bon, Garuche, t'es con, et tu t'es fait choper. Mais je vais me débrouiller. Pour y arriver, il va falloir raconter des histoires, par exemple, que je vais te flageller avec du bois vert, pour leur donner l'impression que je prends ça très au sérieux et que je me chargerai moi-même de te punir.

Je veux obtenir la peine minimale. Devant les Britiches, tu vas prendre une volée de bois vert. Mais t'en fais pas, tu seras avec nous pour la tournée en Nouvelle-Zélande."

Jean-Pierre ne le prit pas très bien parce que Ferrasse m'avait traité d'imbécile mais il n'était pas au courant du jeu que jouait Tonton. J'ai pris trois mois de suspension mais j'étais dans l'avion pour Auckland. »

Le coup de fourchette

En allant à Dublin pour voir Ollie Campbell et Phil Orr, nous appelons John O'Driscoll pour essayer de connaître le fin fond de l'affaire.

Ollie :

« John, c'est Ollie, Phil et David. Nous voulons que tu répondes à la question par oui ou par non. Est-ce que Jean-Pierre t'a fait une "fourchette" ? »

John :

« Bon Dieu ! Je crois que sa main était juste au mauvais endroit. J'y voyais déjà que dalle donc, putain, pourquoi aurait-il voulu me viser ? »

Jean-Pierre me dit qu'avec l'expérience, il avait appris à s'adapter.

« Je prenais conscience qu'il y avait des choses qui passaient dans le championnat de France qui ne passaient pas dans le Tournoi. J'ai appris, grâce aux Anglais, à marcher sur un adversaire en souriant et à lui dire "pardon". »

Garuche était pilier droit, et, comme il fallait s'y attendre, Sean Fitzpatrick s'en rendit compte une fois que ce dernier portait le ballon pour lui rentrer dedans, et si possible, lui casser les côtes. C'était certes le temps de l'amateurisme, mais alors Garuche innovait dans ses méthodes d'entraînement.

« Aujourd'hui, les crampons sont ronds alors qu'ils étaient pointus à notre époque. Si on vivait à la campagne et que l'on avait des chevaux, comme moi, on avait obligatoirement une lime ou une râpe pour entretenir leurs sabots, que j'utilisais aussi pour aiguiser mes crampons. Je m'étais aussi aménagé un endroit où je pouvais soulever des poids dans la grange, au-dessus des tracteurs. C'était assez primaire mais alors ça marchait. »

Il se fait tard mais il y a encore des choses à voir et à apprendre. Jean-Pierre me fait passer dans son « musée », une pièce derrière la cuisine pleine de photos, de maillots exposés, des *caps*, des médailles, une chope de la finale de la Coupe du monde 1987, des livres et autres souvenirs. Un véritable trésor qui retrace toute sa carrière, et où on le voit jouer contre les plus grands comme Jason Leonard, Paul Rendall, Sean Fitzpatrick et Tommy Lawton. Nous passons une heure à examiner les vieux albums et tous ses précieux souvenirs. J'aurais pu passer la soirée avec lui tant il est chaleureux, loyal, généreux et absolument adorable. Se trouver avec lui est comme passer un moment avec votre meilleur ami, votre frère ou un oncle, qui vous racontent des anecdotes à foison, drôles, empreintes de sagesse et de rires.

Il est près de minuit quand je quitte Garuche. Nous nous donnons une accolade virile mais nos bras ne sont pas assez longs pour faire le tour de nos poitrines, larges comme des tonneaux de vin. On aurait fait une belle première ligne.

Jean-Pierre Garuet vu par :

DANIEL HERRERO :

« En mêlée, il était aigre-doux. Il était dur et robuste, un homme adorable en dehors du terrain avec un brin de méchanceté quand il jouait. »

BUCK SHELFORD, ANCIEN CAPITAINE DES ALL BLACKS, SE SOUVIENT DE LA « BATAILLE DE NANTES » :

« Dès le premier regroupement, j'ai compris qu'on allait se friter. Ils ont été impitoyables. Au bout de vingt minutes, j'ai pris un coup de pied au visage et j'ai perdu trois dents. Puis, juste avant la mi-temps, j'avais le ballon sur notre ligne d'en-but. J'ai vu Garuet voler dans ma direction. Il était à l'horizontale et volait littéralement à pleine vitesse. Il m'a percuté au front. J'étais complètement sonné et il m'a bien fallu deux minutes pour reprendre mes esprits. Jock Hobbes m'a dit que je ne pouvais pas sortir parce qu'il n'y avait personne sur le banc. En seconde mi-temps, lors d'un troisième incident, j'ai pris un coup dans les couilles dans un ruck ce qui m'obligea de fait à sortir du terrain. Mon scrotum était ouvert et j'avais un testicule qui était sorti de son enveloppe. »

« le Pompier »
Alain Lorieux

Né le 26 mars 1956 à La Tronche - CLUBS : Grenoble, Aix-les-Bains - SÉLECTIONS : 30 - POSTE : Deuxième ligne GRAND CHELEM : 1987 - SURNOM : « le Pompier » - NOTRE RENCONTRE : lundi 12 février 2018

Je me souviens, Alain m'a appelé alors que j'étais à Toulouse, paisiblement assis en terrasse place du Capitole, enveloppé d'épaisses volutes de Gitane. Dans la fumée et le brouhaha, nous sommes convenus de nous voir quelques semaines plus tard, un peu plus à l'est.

À La Belleysane

Je prends l'avion pour Lyon pour ensuite rejoindre Belley. L'air est glacial alors que je roule vers les sommets enneigés sous un ciel bleu d'hiver. Après une inévitable escale dans un Routier et un plat de paupiettes, j'arrive à destination. Alain est venu me chercher pour aller chez lui, une très jolie résidence bucolique. En chemin, passant devant une maison, il me fait marrer : *« David, tu vois cette maison sur la gauche ? J'ai vécu là avec une de mes femmes. Tu vois, j'ai une vie amoureuse légèrement chaotique. Je me suis marié trois fois, dont deux avec la même femme. »*

Nous ne sommes qu'en milieu de l'après-midi, mais il a rapidement ouvert deux bouteilles de champagne Taittinger, le tout accompagné de saucisson et de chips aux truffes.

« Bienvenue à la maison, David. Tu es le premier Anglais à y être invité. Après tous les matchs que j'ai joués contre les Anglais, je n'en ai jamais invité un seul, sans doute parce que je ne voulais pas réamorcer la guerre de Cent Ans ! En fait, j'aime mieux les Franco-Anglais que les Anglo-Français qui conseillent les Anglais sur la façon de battre les Français. »

Je comprends bien sûr l'allusion à Pierre Villepreux qui avait passé quelque temps auprès de l'équipe d'Angleterre dans les années 1990.

Tandis qu'il verse son nectar doré, il me fait visiter sa cave. Alain est le directeur régional de Taittinger, ce qui lui a donné l'occasion de fréquenter quelques-unes des meilleures tables françaises.

« J'avais l'habitude d'aller chez Troisgros à Roanne et j'avais demandé à Pierre qu'il me dédicace un de ses livres. J'ai ouvert le bouquin pour voir ce qu'il avait écrit et il avait mis : "Bon appétit, Jean-François Imbernon !" Je ne sais pas si je ne le lui ai pas offert. »

Jouer debout, courir

Je sentais que nous allions boire pendant des heures, ce qui m'a fait changer de conversation pour en venir au rugby. Je voulais qu'il me raconte sa carrière.

« J'ai joué au rugby pendant six mois à l'âge de quinze ans puis j'ai arrêté pour devenir pompier. J'aimais aussi l'athlétisme et la natation et je voulais me concentrer là-dessus. Quand j'étais enfant, le ski et le tennis étaient des sports qui coûtaient cher et qui plaisaient à la bourgeoisie. Ma famille n'avait pas d'argent. Même aujourd'hui, je préfère aller dans les montagnes pour boire et manger !

Quand j'ai eu vingt-deux ans, un type qui nous livrait la bière à la caserne m'a dit que j'aurais dû aller jouer à Grenoble. Il m'a présenté Jean Liénard, l'ancien entraîneur de La Voulte qui était le mentor de Jacques Fouroux. Je lui ai dit que je n'avais joué que six mois et que je connaissais à peine les règles mais il m'a répondu : "Alain, si tu signes à Grenoble, tu joueras en équipe de France en moins de deux ans." Et il avait raison.

J'ai joué à Grenoble de 1979 à 1985 tout en étant pompier avant d'aller à Aix-les-Bains jusqu'à ce que je prenne ma retraite en 1992. Ils m'ont offert un boulot, je m'occupais d'un camping, et j'aimais le coin.

En 1992, Jacques Fouroux m'a aidé à entrer chez Taittinger et j'y travaille depuis. C'est ainsi que j'ai rencontré Sylvie, ma fiancée, qui était une de mes clientes.

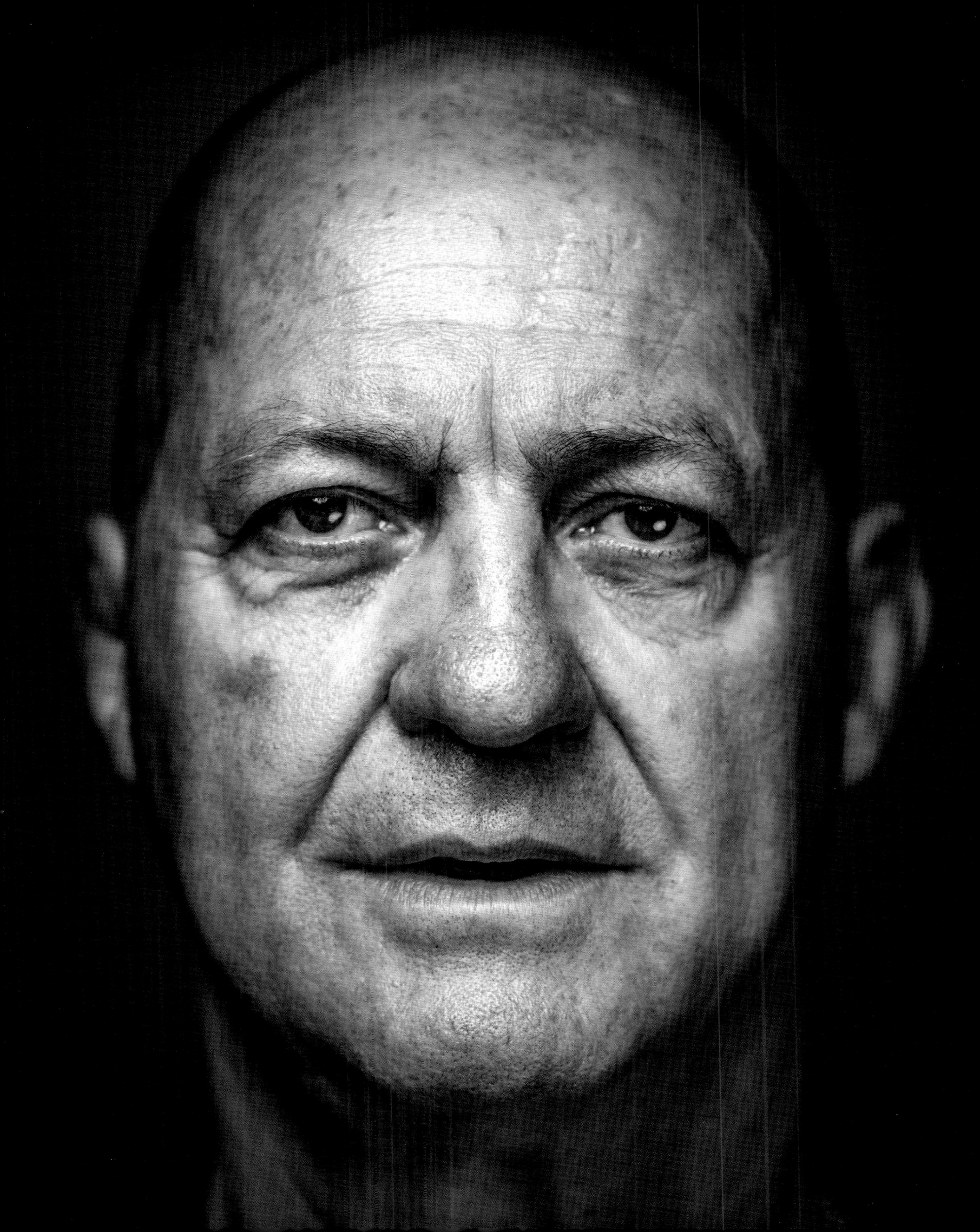

« Je n'avais pas une mentalité d'assassin. J'étais un athlète et un joueur bien élevé avec quelques principes ! »

Coupe du monde 1987. Lorieux et Ondarts à la récupération face à l'Australie.

© Presse Sports

Je dois beaucoup à Jacques Fouroux, pour ma carrière de joueur et mes trente-six ans passés chez Taittinger. Comme Jean Liénard, c'était un avant-gardiste, il lisait l'avenir. Il était très chaleureux et un très brillant conteur. Il nous manque terriblement. Il était si passionné et atypique. Pour lui, le rugby n'était pas une question d'argent. C'était un grand penseur mais il n'allait pas au bout de ses idées. Il changeait souvent d'avis, ce qui est la seule chose que je peux lui reprocher. »

Alain était très différent des autres deuxième ligne des années 1970-1980 tels Palmié, Senal, Estève, Imbernon et Revailler. Il avait un bagage différent, dans ses aptitudes et athlétiquement parlant mais, comme tous les autres, il jouait dur.

« Je n'avais pas la culture rugbystique parce que je n'étais pas tombé dedans tout petit. J'étais un nageur et un athlète qui courait le 100 mètres en 12 secondes. Je n'aurais pas passé la rampe à Perpignan, Narbonne ou Béziers. Traditionnellement, les deuxième ligne français étaient costauds, n'arrivaient à serrer que ceux qui couraient lentement mais ils étaient durs.

Je jouais différemment, je ne rentrais pas dans le moule. Je n'étais pas là pour tuer des gens ou enfreindre la loi, j'étais là pour attraper les ballons et jouer debout et courir.

Jacques m'a pris dans l'équipe alors que j'étais très jeune et cela fit des jaloux parmi des joueurs d'autres clubs. On me reprochait de ne pas être un tueur, de ne pas faire le sale boulot. Alors, les avants jouaient à 3 kilomètres heure, planquaient la balle sous le maillot et frappaient leurs adversaires !

Je n'avais pas une mentalité d'assassin. J'étais un athlète et un joueur bien élevé avec quelques principes !

Quoi qu'il en soit, sur le terrain, c'était la guerre. S'il n'y avait pas eu de solidarité avec les autres, ç'aurait été effrayant. Pour jouer au rugby à l'époque, il fallait être un peu fêlé. Des joueurs comme Palmié et Senal étaient ignobles au-delà de l'imaginable. Au niveau international aussi, c'était brutal et dur.

En 1981, nous avons rencontré le Queensland à Brisbane. Ça a été un des matchs les plus violents que j'aie joué. Leur talonneur a piétiné Berbizier et lui a arraché l'oreille.

« Les avants jouaient à 3 km/h, planquaient la balle sous le maillot et frappaient leurs adversaires ! »

Le bon côté de ces matchs, c'est qu'ils ont ouvert la voie à Lolo Rodriguez. Jacques avait compris qu'il lui faudrait des hommes très durs et Lolo ne l'a pas déçu. Il n'avait que vingt ans mais il était très puissant, courageux et résistant.

Il était alors l'avant idéal mais il le serait encore aujourd'hui. C'était un joueur bestial et le meilleur de tous les n° 8 de l'histoire. Lolo courait balle en main, perçait, plaçait les arrières, plaquait fort et pouvait faire mal à l'adversaire. Il était athlétique, adroit et avait trente ans d'avance, c'était un joueur moderne qui pouvait aussi être méchant quand il le fallait. Il pouvait cogner à s'en péter les doigts ! Mais on ne pouvait pas lui demander d'attraper des balles en hauteur parce qu'elles auraient atterri à deux mètres de lui, en touche il ne sautait pas plus haut qu'à 30 centimètres du sol ! »

Ces deux-là faisaient la paire et partageaient la même chambre, ils avaient le cuir épais mais n'étaient pas des tricheurs, ils sont restés très bons amis et Patrice Lagisquet m'a raconté qu'un jour, Lolo avait découpé les manches du maillot d'Alain.

« Alain portait un maillot sans manches parce que Laurent les lui avait coupées à ras des épaules. On aurait dit qu'il sortait de boîte de nuit. Lolo se marrait comme un tordu au moment de rentrer sur le terrain pour un match des V Nations. »

Avec quelques principes

Je provoque un peu Alain en lui demandant en quoi il pense être *« un joueur bien élevé avec quelques principes »* en lui rappelant qu'il a été expulsé en Argentine en 1988. Il me raconte alors sincèrement ce qui s'était passé.

« Le match était violent ce jour-là au stade José-Amalfitani de Buenos Aires.

Ça a commencé dès le coup d'envoi. J'ai explosé le nez de Iachetti après deux minutes de jeu et nous avons bien profité de la bagarre générale qui a suivi.

Berbizier avait été au sol et Iachetti, ce sale bâtard, lui avait violemment marché dessus, lui cassant le bras. Alors que je suis en train de filer des gnons à Branca, le partenaire de Iachetti en deuxième ligne, lui, désigne son nez, l'arbitre se retourne, me voit et m'expulse. Tandis que je traverse le terrain pour rentrer au vestiaire, le camp argentin hurle et aboie, veut ma peau. Ils m'insultaient et me jetaient des oranges et d'autres saloperies tout le long du chemin ! Branca avait eu ce qu'il méritait. (Alain rigole.) C'est ce que j'appelle être bien élevé et avoir quelques principes. »

Il m'interroge : *« Quand tu as vu Lolo, il t'a parlé de leur talonneur, Courreges ? » « Non. »* Alain rit de plus belle.

« À la dernière action de ce match particulièrement violent, Courreges a filé un coup de boule à Lolo dans un ruck et lui a ouvert le crâne. Le match étant terminé, Lolo ne pouvait pas prendre sa revanche. Vingt-cinq ans après, Courreges se pointe à Biarritz avec un jeune joueur argentin. Il dit " Salut ! " à Lolo sur le terrain mais alors qu'ils se retrouvent dans le vestiaire, Lolo lui balance un coup de poing et lui dit : "Ça, c'est pour 1988 !" »

Alain est mort de rire maintenant : *« Lolo est espagnol et il a la rancune tenace. »*

Je pense pour ma part que Lolo était peut-être plus teigneux sur le terrain que ce que m'ont dit ses anciens partenaires de Dax…

Le plus bel éloge

Alain monte à l'étage chercher la photocopie d'une interview de Martin Johnson dans *Midi olympique*. Il répondait à cette question : *« Si vous pouviez sélectionner un joueur français dans votre équipe, lequel choisiriez-vous ? »* Johnson dit : *« Sans aucune hésitation, Alain Lorieux. »* Alain est fier comme tout de se savoir apprécié par quelqu'un de la Perfide Albion pour ses qualités athlétiques, sa détermination et sa dureté. Johnson faisait l'éloge de la façon dont il avait perçu l'essai de la demi-finale 1987 contre l'Australie et s'épanchait sur les autres avants de l'époque qui étaient aussi doués que rudes – Rodriguez, Champ et Garuet en particulier.

Nouvelle école

Alain Lorieux n'a pas sa langue dans sa poche.

« Le jeu aujourd'hui est très différent de celui que nous pratiquions. Aujourd'hui les joueurs ont des agents dès dix-huit ans, et s'enferment dans leur cocon. Tout ce qui fait un homme – gérer son argent, acheter une maison, trouver un boulot – est maintenant pris en charge par leur agent. Nous jouions et nous travaillions et les deux étaient

entremêlés, nous apprenions de l'un et de l'autre, mais rien de comparable avec ce qui se passe aujourd'hui. Il n'y a plus d'histoires, et leur fiancée, leur femme, les suit partout. À notre époque, les femmes ne venaient jamais nous voir et faire la fête avec nous. C'était exclusivement entre mecs et il n'y avait que comme ça que nous pouvions boire, nous amuser, nous battre et monter plein de mauvais coups. »

Comme il est temps d'aller dîner, Alain, Sylvie et moi sommes allés en ville où nous avons dégusté un navarin d'agneau avec un gratin dauphinois. Je me souviens d'un sublime domaine Rossignol-Trapet Chambertin grand cru 1998.

Alain est un hôte merveilleux. Il est de la vieille école, chaleureux, drôle et intelligent. Je lui ai volé de son temps pour écouter ses drôles d'anecdotes et ses avis tranchés mais il est temps de le quitter. Je pars le lendemain sous un froid soleil pour traverser le Massif central. Direction Brive, où m'attend l'immense Jean-Luc Joinel.

Alain Lorieux donne le tempo. Tournoi des Cinq Nations 1988. France–Irlande (victoire française 25 à 6).

© Bob Thomas Sports Photography via Getty Images

Funny how I find myself in love with you
If I could buy my reasoning, I'd pay to lose
One half won't do
I've asked myself, I much do you
Commit yourself
It's my life.[1]

Extrait de *It's My Life*, du groupe Talk Talk
(M. Hollis/T. Friese Greene, EMI 1984)

© Shutterstock

La mêlée méditérranéenne

C'est dans ces parages que mon cœur chavire. Pour revenir à la fin des années 1980, j'avais à peu près dix-neuf ans, je pouvais passer des heures à Avignon ou dans les villages environnants à discuter avec les gens du coin, prendre le frais dans les cafés et me faire de nouveaux amis. Je suis certain que c'est ici que j'ai perfectionné mon art de la conversation, du flirt et de la procrastination. Et où j'ai appris à apprécier les vertus de la sieste, une des plus grandes inventions du sud de l'Europe. Quand j'y pense aujourd'hui, j'entends encore les gens au marché du mercredi acheter des fruits et légumes. Je demandais timidement au marchand : « *Combien ?* » Sa réponse était à peine compréhensible : « *Quarainte-cinque-frangs.* » « *Poutaing !* me disais-je. *Ça va pas être facile.* »

1 « *En voilà une façon de tomber amoureux de toi
Si je pouvais raison garder, je paierais pour oublier
Je ne fais pas les choses à moitié / Je me suis demandé jusqu'à quel point toi
Tu t'investirais / Ainsi va ma vie.* »

« Casque d'or »
Jean-Pierre Rives

Né le 31 décembre 1952 à Toulouse - CLUBS : TOEC, Stade beaumontois, Stade toulousain, Racing Club de France
SÉLECTIONS : 59 (1975-1984) dont 34 comme capitaine - POSTE : Troisième ligne aile - GRANDS CHELEMS : 1977, 1981
SURNOM : « Casque d'or » - RENCONTRE : mercredi 13 décembre 2017

J'étais chez moi à Winchester quand mon portable a sonné en affichant un numéro français. J'ai eu une montée d'adrénaline en décrochant. Le grand Jean-Pierre Rives m'appelait, moi qui, la veille, lui avais envoyé un mail à propos du livre pour lui demander d'en être. Nous avons bavardé dans un savoureux franglais et, en dépit de son enthousiasme, j'ai dû le rappeler plusieurs fois avant de pouvoir fixer un rendez-vous… « David, je suis à Biarritz, rappelle-moi plus tard dans la semaine. / David, je ne peux pas du mercredi au vendredi parce que je suis en déplacement. / David, je peux mercredi ou vendredi. / David, j'ai une si mauvaise mémoire que je ne me souviens même pas en avoir jamais eu. » Finalement, je me suis dit que la meilleure chose à faire était d'aller à Toulon et, une fois sur place, de l'appeler. J'avais bloqué quelques jours avant de rentrer en Angleterre en me disant que cela pourrait fonctionner. Ce fut le cas.

Jean-Pierre me donne son adresse, à une heure de Toulon en direction de Saint-Tropez, au milieu d'un complexe de golf. Seulement, si le GPS m'indique bien la route, je n'aperçois sa maison nulle part. Je tourne en vain, jusqu'à tomber sur un garçon avec sa mère devant une façade. Je stoppe. C'est un jeune Jean-Pierre Rives d'à peu près dix ans. Vu ses longues mèches blondes flottantes, il ne peut être que son fils, Kyno-John.

À la pointe du combat

Physiquement, à soixante-cinq ans, Jean-Pierre semble avoir gardé la forme. 1 mètre 78, 90 kilos, telles étaient ses mensurations quand il jouait encore. Pas si costaud, à l'époque, même si personne en ce temps-là n'égalait son engagement physique ni sa force de caractère.

Blond, brillant, dévoué, dur et rapide, il a fait ses débuts en équipe de France à l'âge de vingt-trois ans, en fut le capitaine à 34 reprises et joua à fond chaque minute de tous ses matchs. Il étincelait d'un bout à l'autre du terrain, plaquant n'importe qui et mettant sa tête là où d'autres s'abstiendraient. Son mentor, Jean Salut, grand joueur lui-même, était admiratif de sa capacité à plaquer, se relever, et plaquer encore.

Bien sûr, sa chevelure blonde se fait plus rare aujourd'hui et son corps serait incapable d'encaisser ce qu'il subissait alors mais j'ai pu tout de même ressentir sa force physique et mentale. Il est dans le troisième quart de son « aventure humaine », comme il dit, mais heureusement, il lui reste pas mal de chemin à parcourir, même en ayant sacrifié son corps et sa tête pour son équipe et son pays.

Robert Paparemborde, Jean-Pierre Rives et Jean François Imbernon, le 19 février 1983, Lansdowne Road, Dublin.

Techniques d'enquête

En passant du temps avec tous ces anciens joueurs, j'ai vite compris que le mieux était de les laisser s'exprimer, de ne pas les mitrailler de questions préétablies trop précises. Quelques-unes suffisent pour démarrer, puis il faut laisser libre cours à la conversation. Une approche particulièrement déterminante avec Jean-Pierre parce qu'il est un libre penseur et un grand orateur. Autour d'un café et de quelques chocolats, il impose lui-même le premier sujet de conversation. Il se lance très intelligemment dans une plaidoirie en faveur des traditions, disant son admiration pour les Anglais :

« Bien sûr, il faut avoir l'esprit ouvert, mais ce que j'aime chez les Anglais est que vous avez des comportements particuliers, vous respectez le passé et vous vous inscrivez dans sa continuité. Vous obéissez à vos parents et respectez votre histoire et votre environnement. Le progrès est important jusqu'à un certain point mais vous êtes incapables d'oublier le passé. Si l'on ne sait pas d'où l'on vient, on ne peut pas savoir où l'on va.

Vous, les Britanniques, surtout les Anglais, vous respectez votre Constitution, ce par quoi vous êtes passés. Vous savez que cela fonctionne et quoi qu'en disent les autres, cela ne vous dérange pas. Je respecte beaucoup cela, qu'il s'agisse de rouler à gauche en voiture, de ce que vous mangez, des odeurs, de la politique ou de n'importe quoi d'autre.

Ce n'est pas votre genre de faire la morale, vous voulez simplement garder votre indépendance et votre style de vie, et cela signifie que vous avez de la suite dans les idées.

Je trouve ça très bien.

Même en étant français et ayant joué contre les Anglais, je les admire vraiment et j'adore Londres tout comme je pense que Twickenham est un bien joli jardin ! »

Le rugby-prétexte

Jean-Pierre est un vif d'esprit, naturellement humaniste. Il est évident qu'il a passé l'essentiel de son temps à observer les gens et à s'y intéresser.

« Je suis amoureux de l'amitié. Le rugby n'était qu'un prétexte pour me faire des amis et pour vivre une aventure humaine. Je n'aimais pas tant que ça le sport mais j'aimais les mecs avec qui je jouais et leur amitié. Le jeu était un prétexte pour me faire des amis pour la vie. J'ai adoré cette aventure, totalement. C'est la raison pour laquelle je n'aime pas les statistiques que l'on trouve dans le football américain. Le rugby est affaire d'humanité, sans ordinateurs ou de mode d'emploi à suivre.

Si de mon temps le jeu avait été une affaire de statistiques, je n'aurais jamais réussi – j'étais trop petit, trop léger, souvent en retard.

C'est un des jeux auquel tout le monde peut jouer – les petits, les gros, les maigres, les grands, les rapides, les lents – et je trouve que c'est très bien. Tous mes amis ont joué au rugby, et je n'en ai aucun qui soit un ancien camarade d'école, même si j'y ai passé beaucoup de temps. »

Il n'est pas du genre non plus à se souvenir de tout un tas de détails de matchs en particulier. Il se souvient bien mieux des amis avec lesquels il a joué et aujourd'hui il se concentre sur le présent, « ici et maintenant ».

À la fin de son dernier match en 1984 contre l'Écosse, en sortant du terrain, il passe vite et sans encombre à sa vie d'après, celle d'artiste. Dans sa maison, on ne note aucune trace de souvenirs de rugby.

« J'ai offert tous mes trophées. J'aurais fini par les perdre mais je me souviens de tous les joueurs avec qui j'ai joué, et cela est plus important que n'importe quel maillot. Je ne veux pas que cet endroit ressemble à un musée. Les souvenirs sont dans mon cœur. »

« French frères »

Nous parlons de mon livre et je lui explique que si l'idée première était le *French Flair*, il est vite devenu le récit d'une aventure humaine, celle des *Frères d'armes*.

« Bien sûr, dit-il. Nous ne nous connaissons pas mais nous nous reconnaissons entre nous parce que le rugby est notre point commun. Une fois, un homme est venu me voir pour une sculpture et, pendant une heure, il m'a prodigieusement ennuyé. (Jean-Pierre l'imite.) Au bout de cette heure il évoqua le rugby et je lui ai dit : "Merde, t'aurais pu me le dire plus tôt." Je préfère parler de ça à la place. »

© Ray McManus/Sportsfile/Corbis via Getty Images

Jean-Pierre fait partie de ces joueurs hors-norme. Leur talent est inné et ils peuvent faire des choses comme personne. C'est ce qu'ils ont de génial. Ce qui range Jean-Pierre dans la catégorie des sportifs comme Severiano Ballesteros, Georges Best, Ian Botham, Kevin Pietersen, Shane Warne, Andy Ripley, John McEnroe et Ronnie O'Sullivan[1].

La science et les statistiques dans le sport d'aujourd'hui n'en auraient pas fait un meilleur joueur, en tout cas de façon significative. Il était l'équivalent sportif d'un musicien qui ne sait pas lire une partition mais qui peut tout jouer à l'oreille.

En tant que capitaine, Jérôme Gallion le qualifie d'atypique, dans le sens où il n'était pas un grand orateur ni avant ni durant le match, dans le genre de Jacques Fouroux. « Casque d'or » avait l'autorité silencieuse, son magnétisme faisait que les autres suivaient son exemple, il s'engageait complètement, se sacrifiait. Parmi ses contemporains, Martin Johnson pourrait être son *alter ego*.

Considérations actuelles

Jean-Pierre aborde le sujet de l'état de l'équipe de France.

« Le problème en France est que les gens prennent les choses trop au sérieux. Les choses ne vous pèsent pas autant, vous les Anglais, de la même façon, vous êtes capables de prendre les choses plus à la légère que nous.

1 - Qui ont respectivement joué au golf, football, cricket, football, cricket, rugby, tennis et snooker.

« Le rugby est affaire d'humanité, sans ordinateurs ou de mode d'emploi à suivre. »

Jean-Pierre Rives, « Casque d'or » et rouge sang.

© Jean-Yves Ruszniewski/TempSport/Corbis/VCG via Getty Images

La situation actuelle de l'équipe de France est peut-être grave mais pas désespérée. On pourrait même en rire un peu, comme vous le feriez. En France, nous laissons les choses empirer, et nous les laissons véritablement peser sur nos épaules. Elles deviennent un fardeau. La vie chez vous est plus amusante.

Vous, vous paraissez totalement organisés, tandis que nous paraissons totalement désorganisés.

Le rugby est un art, pas une science, et ce sont les joueurs qui sont sur le terrain qui doivent décider quoi y faire.

Ils ne peuvent pas passer leur temps à regarder les tribunes en attendant des ordres. Il faut qu'ils prennent leurs responsabilités. Le rugby fait partie de notre éducation ; il permet aux enfants de devenir des hommes, et permet aux adultes de rester des enfants en s'amusant sur un terrain.

Les joueurs devraient jouer comme ils en ont envie sans avoir à se référer à un plan de jeu rigide. Cela est particulièrement vrai pour les Français qui ne sont pas très bien organisés et structurés de nature. Pour nous, tout provient du chaos ! Dans ce sens, nous sommes totalement différents de vous.

Le style naît du caractère, et le caractère est anéanti par les règles et les consignes. C'est la balle qui devrait être la star, pas les joueurs ou l'arbitre. Les gens veulent voir la balle.

Les règles vous imposent ce que vous devez faire, ceci, cela. Ce n'est plus un jeu. Nous avons des joueurs talentueux alors, laissons-les jouer. Je veux qu'on les libère.

Et je veux voir de la passion et sentir de l'émotion, du panache et de la vitesse. Nous avons un tempérament latin donc, instinctivement, nous possédons largement tout cela.

Il faut être imprévisible. C'est ce qui fait la différence, c'est ce qui procure du plaisir. Le terrain devrait-il être plus grand ? Il a les mêmes dimensions que quand nous jouions mais maintenant ils sont tous plus costauds, plus rapides et affûtés, donc il y a moins d'espaces. Le ballon est la star et il doit circuler et passer d'un bout du terrain à l'autre. Les gens ne demandent que ça. »

La globalisation du jeu

« Le jeu est devenu homogène. Avant, vous n'aviez pas besoin de voir la couleur du maillot d'une équipe pour savoir que vos adversaires étaient anglais, irlandais, gallois ou sud-africains. Aujourd'hui, tout le monde joue de la même façon et les Français sont ceux qui y ont le plus perdu. Nous avons écarté l'invention, le plaisir et l'improvisation. Si Blanco jouait aujourd'hui, nous le ferions travailler à la chaîne, nous en ferions un porteur d'eau ! Bien souvent, il ne savait pas où il allait mais il savait se trouver où il fallait.

Aujourd'hui, nous prenons des joueurs très talentueux, des artistes, et nous les transformons en bêtes de somme.

© Presse Sports

Fair-play de fin de match, Twickenham, 1981.

Au rugby, certains joueurs sont là pour faire le sale boulot mais les autres sont là pour faire rêver et créer de l'inattendu. C'est ainsi que cela devrait marcher. On ne peut pas tous les mettre dans le même sac.

Il faut être imprévisible. C'est notre singularité en France, c'est ce qui nous plaît.

Pourquoi changer d'entraîneur ferait-il la différence ? Tout est formaté dans le même moule – les clubs, l'équipe nationale, la fédération. Si nous avons des bons joueurs je ne suis pas sûr que nous ayons besoin d'un entraîneur. Vraiment ? Qu'est-ce qu'un entraîneur va leur apprendre qu'ils ne savent pas déjà ? Ils s'entraînent tous les jours et le font pendant des années – à ce niveau de compétition, il n'y a aucun doute qu'ils sachent déjà courir, taper, passer, plaquer et tout le reste.

Nous avons besoin d'un leader charismatique, spirituel, un meneur d'hommes pour faire une grande équipe et le meilleur moyen d'y arriver est d'amener les joueurs dans un bar et de les laisser se lier d'amitié. Il faut les laisser décider à quelle heure ils veulent rentrer et s'entraîner le lendemain. »

Magie noire

Je lui rappelle qu'il a battu les All Blacks une fois en 1979, le 14 juillet.

« *Ah ! Ah ! Oui, on l'a fait, même si je ne sais toujours pas comment. C'était un miracle ! je me souviens que nous avions été étouffés lors du premier match.*

Avant le premier test, Patou (Paparemborde) et moi discutions et nous disions :

"On est super forts, on va les mettre sur le cul." À la première mêlée, ils nous ont fait reculer de cinq mètres !

Notre stratégie était foutue et nous n'avions pas de plan B.

Durant la deuxième semaine, des gars disaient : "Allez, on rentre à la maison" mais je leur ai dit : "Certainement pas, nous allons jouer ce putain de match. Et nous allons faire tout ce que nous pouvons pour le gagner."

Au début du match, on a eu un peu de chance et les choses se sont bien passées. De gagner a été formidable, là-bas, sur cette pelouse. Graham Mourie, le capitaine des All Blacks a été magnanime dans la défaite. C'est un homme adorable, même si c'est un dur à cuire sur le terrain. »

Jean-Pierre est très modeste dans sa façon de raconter le match. Selon les témoignages de Codorniou, Joinel, Dubroca et Dintrans, Jean-Pierre a eu une grosse influence sur l'équipe dans la semaine avant le deuxième test, démontrant des qualités de meneur d'hommes. Jean Desclaux, l'entraîneur d'alors était plutôt autoritaire et ce n'était pas la tasse de thé de Jean-Pierre, mais il passa outre, galvanisant l'équipe pour les mener à la victoire.

« *Nous avons gagné, mais nous étions très forts. En vérité, j'avais envie de m'excuser auprès d'eux, de les avoir battus. C'était une étrange sensation.* »

« Nous avons besoin d'un leader charismatique, spirituel, un meneur d'hommes. »

Almost Chelem

Je l'interroge sur ces matchs où les Français sont passés près de réaliser le Grand Chelem dans le Tournoi des V Nations en ne perdant qu'un seul match (1978 contre Galles, 1979, match nul contre l'Irlande et 1984, défaite contre l'Écosse qui faisait le Grand Chelem). Loin de hausser les épaules à la française, il est piqué à vif, son esprit de compétition refait surface, particulièrement en ce qui concerne celui de 1984 où il était capitaine, c'était sa dernière année en équipe de France.

« Nous étions arbitrés par un pitoyable petit arbitre gallois qui n'avait jamais officié dans un match international avant ce jour. L'Écossais John Rutherford avoua devant moi qu'ils étaient en permanence hors-jeu, ce qui leur permettait d'étouffer toutes nos attaques. Après le match, j'étais vraiment en colère, j'aurais pu remporter mon troisième Grand Chelem. »

Après le banquet, Ferrasse, durant son discours, oubliait de remercier l'arbitre et Rives déclarait que le joueur le plus important sur le terrain avait été un Gallois.

Quand j'ai rencontré Jean-Luc Joinel, il m'a raconté que Jean-Pierre a fait une vanne durant son discours qui ne fut pas très bien traduite, aujourd'hui, elle l'est : *« Il existe trois choses inutiles dans le monde, les couilles d'un prêtre, les seins d'une nonne et un mauvais arbitre. »*

Jean-Pierre est sans doute un homme très chaleureux mais, de la même façon, il ne supporte pas la bêtise.

« Nous avons félicité les Écossais, mais Jones avait gâché le match ainsi que la fête des Écossais. Maintenant, ils avaient gagné, et pas nous, et nous devions respecter cela. »

Jean-Pierre était un artiste dans le sens sportif du terme et un libre penseur quand il jouait et il a bénéficié de ces dons et de son instinct, une fois sa carrière terminée.

Les années parisiennes

« J'ai toujours aimé l'art et je voulais faire les Beaux-Arts mais alors, j'avais autour de vingt ans, c'était plein de gens avec des cheveux longs et j'étais issu d'une famille plutôt conventionnelle et sérieuse. Je me suis retrouvé à faire du droit, je ne m'en suis jamais servi. »

Un jour, j'ai rencontré Albert Ferraud, un sculpteur qui utilisait des matériaux de récupération, soit du fer ou de l'acier, qu'il tordait jusqu'à ce qu'il trouve la forme qui lui convenait, et cela a changé ma vie. J'ai décidé de déménager à Paris pour vivre près de chez lui et faire de la sculpture. Je ne suis pas vraiment allé à Paris pour rejoindre le Racing Club de France ! Cela me permettait de partir et de le voir tous les jours.

Avec le Racing, je ne m'entraînais pas, je m'entraînais tout seul dans le jardin du Luxembourg puis dans le parc de Sceaux près de Châtillon. En réalité, un dimanche où nous étions dans le bus pour nous rendre à un match, il y avait là un type tout petit près de nous. J'ai pensé que c'était le fils du chauffeur mais il s'est mis à se déshabiller dans le vestiaire avec nous. J'ai dû demander à Denis (Charvet) qui il était et il me dit que c'était le talonneur ! C'est dire que j'en savais peu sur les joueurs et le club parce que je ne les voyais pratiquement jamais. »

Pour être allé au Racing, Jean-Pierre a écopé de ce que l'on appelait une « licence rouge », ce qui signifiait qu'il n'avait pas le droit de jouer avec l'équipe première durant toute une année. Ce système était censé dissuader les joueurs internationaux de passer de clubs en clubs.

« Quand je m'entraînais seul, je courais dans les parcs avec la brigade des pompiers locale. Ils couraient, couraient, si vite qu'ils m'épuisaient et je pris l'habitude de rentrer chez moi pour dormir un peu. Je faisais aussi du Tai-Chi avec des Chinois. Je m'amusais bien. J'étais en fin de carrière, ce qui fait que je prenais tout de façon très relax.

Mais quelques semaines avant le Tournoi, les sélectionneurs ont tenu à ce que je montre que j'étais en forme, ils m'ont donc fait jouer avec l'équipe, à Colombes, sur un terrain pourri gorgé d'eau et de boue devant plein de gens et des caméras. À chaque fois que je prenais la balle quatre mecs me sautaient dessus ! J'étais crevé.

> *L'arbitre aussi me tapait sur les nerfs, je l'ai poussé et il s'est affalé dans la boue. Je lui ai dit : "Vas-y ! Expulse-moi, sors-moi de cette misère et on n'en parle plus !"*

Il s'en fichait !

Cette année-là, j'ai joué les quatre matchs du Tournoi sans prendre un coup de tête comme cela arrivait dans tous les matchs avec le Racing, j'ai adoré. »

« Pendant les matchs et les entraînements je courais partout comme un dingue. »

La famille, les amis

« Avec Sonia, nous avons eu des enfants tardivement. Elle avait quarante-deux ans quand Jasper est né et quarante-cinq pour Kyno. À cinquante-quatre ans aujourd'hui, elle est plus en forme que moi. »

Il a rencontré Sonia grâce à un ami au restaurant Chez Castel situé près de chez lui, place Saint-Sulpice. Son copain lui avait dit que Sonia était une excellente golfeuse, capable de taper un drive plus loin que Jean-Pierre. Elle l'est toujours. Pour le contredire, son instinct de compétiteur (et de séducteur) piqué à vif, il prit le pari.

« On a pris date. Elle a gagné la compétition de drives mais je lui ai fait des enfants ! »

Durant toute sa carrière rugbystique, Jean-Pierre n'a jamais vraiment bu, simplement parce qu'il n'aimait pas ça.

« Je n'ai été saoul que deux fois dans ma vie. Une fois, avec les Irlandais, ce qui bien sûr est assez banal (il sourit), et une autre fois je me suis retrouvé en train de vomir sur les chaussures de ma mère après un match en Grande-Bretagne. Mes parents étaient venus me voir jouer et après le match, j'étais allé les voir là où ils résidaient. Ma mère a été adorable au point de dire à ceux qui avaient vu ce qui se passait : "Oh ! Il a tellement couru aujourd'hui, il est fatigué et il ne se sent pas bien."

En Angleterre, je ne tenais pas à boire mais après un banquet, on servait du porto. L'archevêque de Westminster était présent, il parle très bien français, et il était surpris que je ne boive rien, d'autant que nous avions gagné. Je lui ai dit que si c'était l'Église qui me le commandait, alors, en tant que bon catholique, je m'inclinerais, j'aime les alcools doux et j'ai donc bu pas mal et j'ai eu beaucoup de difficultés ensuite à prononcer mon discours !

Mon père, Jo, était pilote dans l'armée de l'air et il a passé pas mal de temps en Afrique, nous étions avant tout une famille de joueurs de tennis. J'avais un cousin qui jouait au rugby et mon père trouvait que j'étais amorphe et un peu je-m'en-foutiste. Pendant les matchs et les entraînements je courais partout comme un dingue, cela produisait un effet tant que j'étais sur le terrain mais, ensuite, je redevenais moi-même, ce qui pour lui était un peu déroutant, parce que je restais le même. »

La conversation glisse sur les gens qu'il aime. L'émotion est à son comble.

« J'ai beaucoup d'amis basques qui m'ont appris à jouer à la pelote. À Paris, on avait pris l'habitude de jouer à un jeu qui y ressemblait dans ma cave, on appelait ça le Rives Ball. Oh ! C'était affreux. On jouait avec des similis raquettes de jokari et des balles de squash et tout était permis. C'était la guerre et j'étais très fort. J'étais champion du monde dans ma propre maison et si quelqu'un parvenait tout de même à me battre, il n'avait plus le droit de jouer ce qui faisait que je restais champion.

Nous y jouions tous les soirs avec Yannick Noah, Denis Charvet, Laurent Pardo et d'autres. Si Denis te dit qu'il m'a déjà battu, dis-lui qu'il a dû rêver ! »

Il aime beaucoup le Pays basque, où habitent beaucoup de ses amis.

« J'aime les Basques. La plupart se ressemblent parce qu'ils sont consanguins ! Regarde Doxpi, beaucoup de gens lui ressemblent à Espelette !

Pardo est un vrai personnage, il a dû tomber de son berceau quand il était petit et il s'est fracassé la tête.

Si j'étais Laporte, Pardo est le genre de joueur que j'impliquerais. Il est fou, mais charismatique, comme un clown, mais avoir un clown dans une équipe, c'est tellement important pour l'esprit d'équipe. Il est essentiel dans la bonne marche des Barbarians. Même si tu dois lui mettre des gens autour pour le calmer. »

Maso le héros

« Tous les amoureux de rugby ont voulu être Jo Maso le surdoué, jusqu'à la récente génération des Sella, Codorniou, Charvet, Castaignède. C'était un joueur fantastique qui aurait mérité davantage de sélections. La presse le harcelait parce qu'il était beau et qu'il portait les cheveux longs et la FFR et Ferrasse se conformaient à la presse. Ils étaient vieux jeu et avaient des idées arrêtées, ils étaient trop sérieux. C'était une génération très dure et Jo était et demeure un homme charmant. Je m'en suis sorti avec mes cheveux longs parce que j'ai tenu tête à la FFR. Une fois, Ferrasse m'a demandé de me faire couper les cheveux. J'ai répondu que je le ferais si nous perdions. Et comme nous n'avons pas perdu pendant trois ans, je n'ai pas eu à les couper. »

© Presse Sports

Avec France B contre la Nouvelle-Zélande, en 1973, à Clermont-Ferrand.

Doué ?

Il me surprend avec une phrase à laquelle je ne m'attends pas.

« Je n'étais pas un joueur doué. Je ne savais rien faire d'autre que nettoyer dans les regroupements, plaquer, récupérer les ballons perdus, et mettre ma tête là où d'autres n'osaient pas s'aventurer.

En gros, je n'étais pas terrible. »

Je le provoque sur son incroyable modestie mais il est convaincu qu'il n'était pas un grand joueur :

« Les grands joueurs de mon temps et avant eux étaient des gens comme André et Guy Boniface, Jean Prat, Jean Salut, Jo Maso, Serge Blanco, Philippe Sella, Gareth Edwards et Phil Bennett. Ils couraient, passaient, tapaient, marquaient des essais et en faisaient marquer. Quand j'ai joué avec Gareth Edwards pour les Barbarians, c'était facile. Il courait, perçait et je n'avais qu'à être au soutien. »

Faisons une pause pour considérer un instant ce que Jean-Pierre a réalisé dans sa carrière. Son courage, sa ténacité, sa dureté étaient légendaires. On pourrait en sélectionner beaucoup : ses débuts en 1975, quand la foule a scandé son nom, reconnaissant par là son talent à l'œuvre alors que l'ancienne génération prenait sa retraite ; dans chaque match du Tournoi des V Nations 1977 sa valeur était incontestable ; en 1979 contre Galles, en 1981 contre l'Angleterre, en 1982 contre l'Écosse, en 1983 contre Galles, en sang et couvert de bleus. Mais le match au-dessus des autres est pour moi celui de 1980 contre les Springboks. Rives est séché net. En revenant à lui, il refuse de quitter le terrain et se fait panser, avant de passer le reste du match à courir, planquer et relayer ce qui aboutira à l'essai de Dintrans. Même après cette blessure, sa performance avait été remarquable, une démonstration de style technique, de vitesse et de courage. Prenez un extrait de n'importe lequel de ces matchs, son engagement a toujours été à 100 %.

© Presse Sports

Rives et Condom avancent soudés contre les Anglais. 3 mars 1984.

« Tendres et tactiles parce que nous sommes latins et sensibles. »

La table ronde

C'était l'heure de déjeuner et nous allons en famille à La Table de Didier, à Grimaud, un de ces excellents restaurants locaux. Sonia, Jasper et Kyno sont avec nous et Jean-Pierre a réservé une grande table ronde. Le déjeuner est rapidement servi. C'est délicieux et Jean-Pierre et moi luttons contre la tentation de prendre un dessert, en vain. Nous commandons une tarte tatin, mais à partager. « *Je suis trop gros* », glisse-t-il. « *Moi aussi* », dis-je.

Tandis que la petite famille part au sport, nous continuons à discuter comme deux types ordinaires dans un pub :

« Le Grand Chelem de 1977 a été difficile et stylé, mais nous étions poussés par l'inimitable Jacques Fouroux Palmié et Imbernon faisaient la loi et jamais ne reculèrent d'un centimètre. Ils étaient durs, à l'époque, on pouvait s'en tirer avec pas grand-chose. Ils s'échauffaient dans les vestiaires en se giflant les uns les autres ! Cholley était énorme et il écrasait ses adversaires. Il n'était peut-être pas le plus technique des piliers en mêlée mais il avait Palmié derrière lui, ce qui le faisait avancer. Puis il y avait Patou et Imbernon de l'autre côté. Mon Dieu ! Quelle équipe. Pierre Lacans était également très talentueux, un athlète exceptionnel, un joueur dur et un meneur qui compensait la force brute des autres. »

Les Latins sensibles

Jean-Pierre fait encore le modeste mais il était jusque-là le meilleur et le plus dur de tous. Sa capacité à courir, plaquer, résister à la douleur était sans équivalent à l'époque.

« Il y a différentes manières de diriger des hommes – tu peux être avec eux et les aimer et ils te suivront, ou tu peux être autoritaire. Nous, les Français, nous avons besoin d'amour. Nous avons besoin de nous aimer pour pouvoir prendre des coups et protéger nos coéquipiers. Nous sommes tendres et tactiles parce que nous sommes latins et sensibles, et nous avons besoin de ces émotions pour aller au combat. Nous fermons les yeux, nous pensons à la France et nous partons au combat. Vous êtes différents. Cela a toujours marché comme ça et ça ne pourra pas marcher autrement. »

Le goût de l'aphorisme

Jean-Pierre adore inventer des formules et jouer avec les mots : « *Je sors toujours des énormités mais ça me fait rire.* » Voici un florilège de mes préférées :

« J'ai oublié la moitié de ce qu'était le rugby et l'autre moitié a beaucoup changé. »

« Qu'est-ce que le rugby ? Il faut avoir le cœur plein d'amour et prendre des coups de pied dans la gueule. »

« Si tu veux intéresser les Britanniques à la guerre, dis-leur que c'est un sport. Si tu veux intéresser un Français au sport, dis-lui que c'est la guerre. »

« Je n'étais pas fait pour le rugby mais j'y ai joué quinze ans.

Si je n'avais pas été blond, je ne serais pas ce que je suis.

Et si je n'avais pas été ce que je suis, alors, peut-être, je n'aurais pas joué au rugby.

C'est pourquoi si j'ai joué au rugby, c'est parce que j'étais blond. »

Dans l'antre de l'artiste

Au retour du restaurant, nous passons par son atelier, un patio empli de pièces de métal et de fer rouillé, la matière première de son art. Depuis qu'il a arrêté sa carrière, il est un sculpteur renommé qui transforme le métal en œuvre d'art. Il a exposé partout dans le monde. Il en a fait sa vie depuis une trentaine d'années et c'est ici qu'il cherche l'inspiration et un exutoire à sa créativité.

Jean-Pierre possède une force créatrice et une ouverture d'esprit impressionnantes. Sur les chemins de la vie, il a privilégié un plan de jeu fluide, en se fiant toujours à son instinct et au sens du collectif. Sa vie d'aujourd'hui reflète cela ; les amis qu'il s'est choisis en témoignent, c'est un être positif, libre penseur, aimant les audacieux qui tentent, inventent et prennent des risques. Jean-Pierre a toujours combattu le conformisme. C'est un véritable artiste.

« Cambé »
Didier Camberabero

Né le 9 janvier 1961 à Valence - CLUBS : La Voulte, Béziers ; RC Nîmes, FC Grenoble, USA Perpignan - NOMBRE DE SÉLECTIONS : 36
POSTE : Demi d'ouverture, ailier - GRAND CHELEM : 0 - SURNOM : « Cambé » - RENCONTRE : lundi 11 décembre 2017

J'avais déjà parlé à Cambé lors de mon long déjeuner avec Serge, je l'avais donc ferré avant de le rappeler pour fixer le jour et l'endroit où nous voir. J'ai pris l'avion pour Marseille et conduit jusqu' à Béziers sous une pluie torrentielle pour rejoindre le restaurant La Coupole, situé tout près du Stade de la Méditerranée. Il sert apparemment aussi de club-house pour ce club de légende.

Durant le trajet, j'ai une pensée pour Jerry Collins et sa femme, l'ancien troisième ligne All Black, qui s'est tué dans un accident de voiture en 2015 sur l'A9 près de Béziers. Il a retrouvé d'autres grands joueurs qui ont perdu la vie sur les routes françaises : Raymond Albaladejo, Jean Othats et Émile Carrère (1964), Guy Boniface (1968), René Bergès-Cau (1983) et Pierre Lacans (1985).

Une histoire de famille

Didier descend d'une grande lignée du rugby français, il est le fils de Guy et le neveu de Lilian, qui contribua à ce que la France remporte son premier Grand Chelem en 1968. Son père et son oncle n'ont jamais perdu aucun match quand ils faisaient la paire en équipe de France. Ils sont originaires de Saint-Vincent-de-Tyrosse, dans les Landes, puis ils sont partis jouer pour La Voulte, en Ardèche, équipe avec laquelle ils ont remporté le championnat de France en 1970. Guy a aujourd'hui quatre-vingt-trois ans et il vit toujours là-bas.

Didier a réalisé de remarquables performances avec l'équipe de France mais j'en sortirais deux de mon chapeau à souvenirs. D'abord, la demi-finale gagnée de la Coupe du monde 1987 dans laquelle il fut décisif grâce à de splendides coups de pied. Puis, à Twickenham en 1991 pour avoir mené l'action qui aboutit à un superbe essai entre les poteaux après avoir feinté un joueur et tapé un coup de pied de recentrage en direction de Philippe Saint-André.

Didier a suivi ses parents à La Voulte où il joua de 1980 à 1985 avant d'être embauché au lycée Jean-Moulin de Béziers où sévissait le « Sorcier de Sauclières » comme professeur de sport, Raoul Barrière, le multititré entraîneur des années 1970. Il est devenu international en 1983 alors qu'il était toujours à La Voulte mais se devait d'aller dans un plus grand club pour conserver sa place. Béziers avait la stature idéale. Il y est resté quatre ans avant de partir à Nîmes, puis Grenoble, avant de revenir à Béziers. À la fin de sa carrière, il était entraîneur-joueur de l'USAP.

Le jeu au pied

Il était naturellement doué pour le jeu au pied. Il était plus rapide au démarrage que Sella, savait passer, taper des deux pieds, c'était un joueur complet.

Je suis intrigué par le fait que bien qu'il ait été sélectionné une première fois en 1983, il n'ait plus joué le Tournoi entre 1984 et 1987.

« J'ai joué contre l'Angleterre en 1983 et je me suis blessé à l'épaule. Comme nous avions deux semaines de repos par la suite, j'étais remis à temps pour le match suivant. Toutefois, j'avais mal joué et j'avais raté tous mes coups de pied alors que je passais tout en championnat.

À mes débuts, Jacques me déstabilisait tout le temps. J'ai eu une véritable crise de confiance. Pendant cette période, je n'ai pas eu le courage de lui répondre et de me

« Nous étions comme un seul homme après ces séances. »

Didier Camberabero face à l'Irlande. Paris, 3 mars 1990 (victoire française 31-12).

défendre. Mais la trentaine arrivée, j'y suis parvenu, ce devait être en 1989-1990. Dans le vestiaire avant les matchs il me disait des trucs comme : "Si tu rates tes coups de pied, je te vire. Si tu ne trouves pas la touche, je te sors." À vingt ans, je le vivais mal. Son comportement me perturbait complètement parce que j'aurais voulu qu'il me fasse confiance.

On a atteint le point critique après le premier test contre l'Australie en 1990. Dans ce match, j'ai tapé directement le coup d'envoi en touche, ce qui nous a valu une mêlée au centre. Dans un ruck suivant, Abdel Benazzi était expulsé pour avoir marché sur un joueur. Dans l'analyse vidéo qui suivit, Jacques me rendit responsable de tout ça. J'étais coupable d'avoir fait perdre l'équipe !

Je suis allé voir Serge pour lui dire que cela devait cesser et qu'il nous fallait aller voir Jacques immédiatement.

Nous nous sommes réunis et je lui ai dit tout ce que j'avais sur le cœur et dans la tête depuis près de dix ans.

Jacques était à la fin de son règne et davantage capable d'écouter ce que je lui disais. Fort de cette discussion, Serge a dit que je jouerais dorénavant régulièrement à l'ouverture.

Quand Dubroca a pris l'équipe en 1990-1991, il me comprenait vraiment et je l'adorais. Il est très intelligent et a une bonne connaissance du jeu. Cela m'a redonné confiance.

Ça pouvait être très compliqué avec Jacques ! C'était un meneur d'hommes fabuleux mais si je peux lui reprocher deux choses, ce serait : un, il n'a jamais établi une forme de jeu. Il changeait tout le temps de tactique et cela pouvait être difficile d'être régulier. Deux, ses discours de motivation étaient si efficaces que tout le monde était sur les nerfs avant les matchs. Moi, j'aimais rester calme et lucide, ça ne m'allait pas, mais cela correspondait à d'autres joueurs qui aimaient ça.

Une fois, nous sommes dans le vestiaire avant un match contre Galles et Ondarts et Cabannes étaient en train de se monter le bourrichon comme des dingues. Soudain, Pascal m'a filé un coup d'épaule et j'ai volé sur trois mètres et je me suis cogné contre le mur. Cela m'avait assez secoué et j'ai passé les vingt premières minutes du match à me demander où j'étais. On est quand même parvenus à gagner 36 à 31.

Jacques avait cette force de conviction et elle produisait son effet. Parfois il pouvait être très irrespectueux, sévère et intransigeant durant les entraînements et la préparation des matchs. Puis, après, il pouvait être très drôle et enjoué. L'équipe, alors, appréciait sa compagnie. »

Renaissance

Didier a en fait été repêché en équipe de France pour la Coupe du monde 1987 et ce fut le début d'une renaissance.

« Quand je suis revenu en 1987, je jouais à l'aile. Jacques a commencé à me soutenir un peu plus, essentiellement parce qu'il avait besoin d'un bon buteur.

© Bob Thomas Sports Photography via Getty Images

Jacques avait un problème, il ne possédait pas de buteur fiable. Après le match contre le Zimbabwe, il a tout modifié pour celui contre les Fidji en mettant Laporte à l'ouverture, Franck au centre et Denis sur l'aile mais nous avions failli perdre le match. Après quoi, le mardi avant de jouer l'Australie, il vient me voir et me dit : "Écoute, j'ai besoin d'un buteur mais je ne peux pas te mettre à l'ouverture. La seule solution est que tu joues à l'aile." J'ai répondu que ce n'était pas un problème. Tant qu'il ne me faisait pas jouer en mêlée, j'aurais joué n'importe où !

Cette semaine-là, les entraînements étaient plutôt tendus. Comme nous n'avions pas été terribles contre les Fidji, tout était remis en cause. Jacques a créé une ambiance telle que les joueurs craignaient de perdre leur place et ils ont bossé dur. Il y avait de la concurrence. Je me souviens que Patrick Estève s'est mis à crier après avoir marqué un bel essai. "Je vais jouer la demi-finale !" Mais Jacques préféra me faire jouer. Dans un premier temps je pense que Patrick a été très déçu. Mais nous étions une équipe soudée et nous étions comme un seul homme après ces séances.

© Presse Sports

Didier Camberabero prépare la pénalité à l'Eden Park...

Il n'y avait qu'une tribune au Concord Oval de Sydney. En face, ce n'étaient que des mottes d'herbes, le terrain était ouvert. Il y avait beaucoup de vent et les ballons étaient différents de ceux avec lesquels nous avions l'habitude de jouer. J'ai raté deux pénalités mais j'ai mis tous les autres coups de pied, y compris les transformations près de la ligne de touche après les essais d'Alain et de Serge. Nous étions menés 24 à 21 à la toute fin du match quand j'ai tapé la pénalité pour égaliser.

Pour l'essai de Serge, j'ai dû pousser les câbles de télévision pour taper la transformation mais je savais que je la passerais. Pour la première fois, je me sentais invincible. Rien n'aurait pu m'arrêter. Le type près de moi dans les tribunes aurait pu balancer une bombe, je ne l'aurais pas entendue.

J'étais quand même très énervé parce que la presse n'a jamais daigné reconnaître cet exploit. Lors d'une réception à Paris en 2018, ils n'ont parlé que des essais. Ils n'ont pas évoqué les coups de pied alors que j'avais passé 14 de nos 30 points, quatre transformations et deux pénalités. Si j'avais joué pour l'Angleterre j'aurais été fêté comme Jonny Wilkinson. Quand je provoque les journalistes, ils me disent : "Ce qui compte, c'est le spectacle !" »

Dernière minute

Au milieu de nulle part entre 1984 et 1987, Didier n'a d'abord pas été sélectionné pour la Coupe du monde 1987 mais la France avait des problèmes d'infirmerie et c'est pourquoi il ne fut appelé qu'au dernier instant.

« Je n'ai pas eu la chance d'avoir été sélectionné dans l'équipe de départ mais j'ai eu celle d'être pris dans la dernière. Bérot, le buteur d'Agen, s'était blessé et il fut remplacé par Andrieu qui était ailier !

L'avion pour l'Australie décollait d'Orly en soirée et j'ai reçu à midi un coup de fil pour me dire qu'il fallait que je monte dedans. J'étais à Béziers ! Il y avait des grèves partout et je ne retrouvais pas mon passeport.

J'ai finalement réussi à prendre l'avion mais les joueurs, à l'évidence, ne s'attendaient pas à me voir arriver. Ils m'ont regardé et ont dit : "Putain, mais qu'est-ce que tu fous là ?" »

C'est ainsi qu'il a été sélectionné. Décisif contre l'Australie, il a également marqué 30 points à lui tout seul contre le Zimbabwe dans un des matchs de poules.

« Je me sentais invincible. Rien n'aurait pu m'arrêter. »

Record

En discutant avec Gavin Hastings dans mes recherches préliminaires pour le livre, il me racontait comment il avait battu à deux reprises le record de points marqués dans un match de Coupe du monde.

« Le 2 juin 1987, contre la Roumanie, j'ai marqué 27 points. Notre match débutait à 13 heures et je devais ensuite aller répondre aux questions des médias. Mais au moment même où je quittais le vestiaire, Didier Camberabero avait battu mon record de 3 points contre le Zimbabwe ! Leur match avait démarré à 15 heures.

Puis, en 1995, je marque 44 points contre la Côte d'Ivoire. J'exultais. Quelques jours plus tard, les All Blacks jouaient contre le Japon et Simon Culhane inscrit 45 points dont une transformation à la 79e minute le long de la touche ! J'ai détenu le record des points marqués dans un match de Coupe du monde deux fois en l'espace de quelques heures et de quelques jours ! »

Le petit faible

Comme les Français, j'ai un petit faible pour les Écossais, et il m'est très agréable de rencontrer leurs anciens grands joueurs comme Gavin, David Sole, Ian Milne, John Jeffrey, Derek White et Finlay Calder et de parler avec eux. J'ai vécu une année à Glasgow en 1993 et j'ai joué une saison pour le Hillhead Jordanhill Rugby Club à Hughenden[1]. Mes partenaires m'appelaient affectueusement « le connard d'Anglais ». Selon eux, c'était un signe de grande sympathie. Après quelque temps, ils ont tout bonnement supprimé le mot « Anglais » pensant que juxtaposer « Anglais » et « connard » était pléonastique. « Il est où le connard ? » disaient-ils les fois où je quittais le pub de bonne heure. J'ai vraiment passé de très bons moments là-bas.

L'esprit du lieu

Mais revenons à La Coupole. Quand je pense au *French Flair*, Didier me vient immédiatement à l'esprit. Il n'avait peut-être pas le profil de Sella, Charvet, Blanco, Lagisquet et d'autres, mais sa technique, sa vivacité et sa vision du jeu était exceptionnelles et il est encore mondialement reconnu par ses pairs comme un joueur de grande classe. Didier a joué son dernier match international contre l'Irlande en 1993.

Il pleut toujours à verse tandis que nous nous tapons notre troisième expresso de la matinée. Nous jouons les prolongations, et il faut que je parte pour me rendre à Sète. Chemin faisant je me dirige vers le vieux stade Sauclières, l'ancien terrain de jeu de Raoul Barrière, de l'autre côté de la rivière, sur la rive sud. Je monte dans les tribunes pour mieux imaginer tous les grands joueurs qui jadis honoraient son gazon pelé – Vaquerin, Paco, Palmié, Astre, Séguier, Lacans, Cantoni, Estève, pour n'en citer que quelques-uns. Entre juin 1969 et octobre 1981, Béziers a réalisé une incroyable série de 95 matchs sans défaite. Ironie du sort, c'est La Voulte qui mit fin à cette série, équipe dans laquelle figurait Didier Camberabero.

Vous pouvez me trouver sentimental mais j'adore m'imprégner de l'atmosphère de nostalgie que dégagent des lieux comme celui-ci. Sauclières n'a aucun attrait ou charme particulier mais ce n'est pas le but. Ce n'est pas une question d'herbe ou de ciment. C'est justement sa nudité qui stimule mon imagination. Les endroits tels qu'ici conservent leur âme bien longtemps après les exploits sportifs qui s'y sont déroulés. On peut encore y ressentir l'esprit du grand Béziers – la passion, le sentiment d'appartenance, la fierté de la ville. Sauclières témoigne toujours de cette merveilleuse période, d'une construction humaine et de sa réussite sportive.

1 - Club de deuxième division. Le stade de Hughenden est également aujourd'hui celui de la franchise des Celtic Warriors qui dispute la Celtic League et la coupe d'Europe.

« Arnold »
Marc Cécillon

Né le 30 janvier 1959 à Bourgoin-Jallieu - CLUB : Bourgoin-Jallieu - SÉLECTIONS : 46
POSTE : Troisième ligne centre ou deuxième ligne - GRAND CHELEM : 0 - SURNOM : « Arnold » - RENCONTRE : samedi 17 février 2018

115 kilos pour 1 mètre 91 : Marc était un joueur magnifique et une bête qui dominait les foules qui se retournaient sur son passage où qu'il aille. Marc a aussi longtemps lutté contre l'alcool et la dépression et ses problèmes ont atteint leur point culminant le jour où il a tué sa femme d'un coup de pistolet en 2004, raison pour laquelle il fut condamné à vingt et un ans de prison, peine réduite ensuite à quatorze ans. Son avocat a plaidé le crime passionnel commis sous l'emprise de l'alcool et de la dépression. Il a été libéré en 2011 et depuis il vit près de la frontière franco-espagnole.

Pendant un temps, je me suis demandé si je devais inclure Marc dans mon équipe mais je n'ai pas hésité longtemps. Je savais, instinctivement, que je devais le sélectionner. Certes, il a commis un crime affreux. Je me suis également demandé comment les autres joueurs réagiraient à cette sélection mais c'est mon équipe, et mes critères sont clairement établis dans l'introduction de ce livre. *Frères d'armes* intègre des anciens grands joueurs, quels que soient leurs qualités ou défauts personnels. Marc est un grand joueur qui compte 46 sélections en équipe de France et qui a joué deux coupes du monde en 1991 et 1995. Il faisait de plus partie d'une génération privilégiée, il mérite sa place dans le groupe.

Sélectionné, d'accord, mais il n'en demeurait pas moins quelques questions en suspens : comment le joindre ? Accepterait-il de me voir ? Et si oui, comment allais-je raconter son histoire ?

Comme d'habitude, c'est Pascal Ondarts qui m'a mis en relation avec lui. Il m'a tendu son portable alors que nous étions en train de déjeuner. Marc était ravi de me rencontrer, sans doute parce que son pote lui avait parlé de moi, mais aussi parce qu'il n'y avait aucune raison pour qu'il n'ait pas envie de figurer dans le livre avec les autres vedettes de l'époque. Son orgueil devait l'y inciter.

Pascal, lui, était certain que ma visite lui ferait plaisir parce qu'elle lui permettrait de raviver chez lui de bons souvenirs, et que cela lui ferait du bien de se sentir associé à d'autres anciens joueurs.

Controverse

Pascal a soutenu Marc durant toutes ces années difficiles. Avec d'autres amis, ils ne l'ont jamais abandonné ni lui ni sa famille. Ce qui ne signifie pas prendre fait et cause pour lui, il s'agit de mettre une froide logique de côté et faire montre d'humanité, en tendant une main amicale vers ceux qui en ont besoin.

« J'ai d'abord joué contre Marc en 1977. Nous sommes amis depuis plus de quarante ans. Sur le terrain, nous avons progressé ensemble. J'ai aussi bien conscience de qui il est. Mais on ne peut pas abandonner un ami au moment où il a le plus besoin de soi. Ce qu'il a fait est impardonnable mais que faire ? Le jeter au caniveau ? Ce n'est pas ainsi que l'on doit traiter les gens qui ont besoin d'être aidés, encore moins ses amis. Cela n'aiderait pas Marc, ni ses filles ni sa famille, pas plus que la société, personne en fait.

Sur le terrain, c'était une force de la nature mais il faisait partie de ces joueurs qui ne savent pas ce qu'ils feront

© Presse Sports

Marc Cécillon lors d'un match amical contre l'Afrique du Sud (défaite 15-20), à Lyon, en 1992.

une fois leur carrière achevée. La tragédie était au bout du chemin. »

Parmi les amis de Pascal, tous ne sont pas d'accord avec lui. L'un d'eux m'a dit :

« Je ne le lui pardonnerai jamais. Marc a détérioré l'image du rugby dans la France entière. C'est douloureux. J'ai essayé de défendre l'indéfendable mais je ne peux pas. On a tous fait des conneries dans nos vies mais tuer quelqu'un… C'est autre chose. De plus, il n'a pas purgé l'intégralité de sa peine en prison. »

Mise au point

Je vais abattre mes cartes, je ne suis pas d'accord avec ce discours. Marc n'est pas le seul dans le rugby à avoir commis un crime. Cela n'est pas arrivé parce qu'il jouait au rugby. C'est un assassin et il se trouve qu'il était rugbyman. Il n'y a aucun lien entre les spécificités de ce sport et son crime et je pense que la grande majorité du public peut en convenir. De plus, ce n'est pas la faute de Marc s'il est en liberté. C'est dû au fonctionnement du système judiciaire dans les démocraties occidentales. Les personnes coupables de ce type de crime ne purgent généralement pas la moitié de leur peine en prison si elles se conduisent bien et si l'on estime qu'elles ne constituent plus une menace pour leurs concitoyens.

Tout au long de ce voyage, j'ai appris que la vie ne consistait pas à juger les gens négativement sur de seuls motifs personnels parce qu'on est rarement en possession de tous les éléments qui les poussent à agir de telle ou telle manière. Je n'utiliserais pas les mots « choix » ou « décision » dans le cas précis de Marc parce que cela supposerait qu'il était conscient de ce qu'il faisait au moment où il l'a fait. Le verdict du tribunal a confirmé qu'il ne l'était pas.

Pour moi, l'histoire de Marc se décline en quatre chapitres :

- Le joueur ;
- Un chemin tortueux ;
- La prison et la solidarité du monde du rugby ;
- La réinsertion.

Le joueur

En allant à la rencontre de Marc, je suis nerveux parce qu'il m'est impossible de tenir une conversation avec lui sans jamais évoquer cette terrible nuit où Chantal a perdu la vie. Nous nous retrouvons dans le centre de Collioure par une claire journée d'hiver. On se gèle, et les platanes sont à nu quand l'homme-montagne descend de sa colline. Il m'avait demandé lors d'une conversation téléphonique : *« Comment je vais te reconnaître ? »* Je lui avais répondu

« Mon Dieu, il était tout ce que je voulais que mes avants soient. »

que j'avais « *la tête d'un Anglais* », qu'il ne pouvait pas me rater. Marc est accompagné de sa nouvelle femme, Marina. Ils se sont mariés en octobre 2010.

Je suis arrivé les mains vides. Comment aurais-je pu lui offrir une bouteille de vin ? Cependant, sa première phrase est : « *Salut David, allez, on va boire une mousse* » et nous entrons directement dans un bar. Cela me fait réfléchir à la suite de notre conversation. Assis à une table, je bois lentement.

Marc a débuté à Bourgoin en 1979, il avait dix-sept ans.

« On jouait à Perpignan et on se battait comme des chiens. J'ai été expulsé avec Jacques Tisseyre qui lui avait trente-six ans. Caseneuve, qui était alors le sélectionneur de France A, m'a couru après en hurlant : "Ce n'est pas l'arbitre qui t'a foutu dehors, c'est moi qui lui ai demandé de le faire." J'étais dans le viseur de Perpignan et, apparemment, du sélectionneur. En conséquence de quoi, Lolo Rodriguez qui a un an de moins que moi a été pris en équipe de France où il a conforté sa place. Non seulement j'avais été expulsé mais je prenais dix ans de frigo, je ne serais sélectionné que dix ans plus tard en 1988. »

Tout le monde savait que Marc buvait et qu'il était infidèle mais il n'était pas le seul joueur dans ce cas. Déjà, la violence était un problème. Plusieurs joueurs m'ont dit que quand il était saoul il devenait violent mais qu'ils arrivaient à le contrôler. À Bourgoin, on m'a dit que seul son père parvenait à le maîtriser avec ses mains gigantesques.

La nuit du 7 août 2004, il tue Chantal avec un revolver qui lui avait été donné par un garde du corps alors qu'il quittait l'Afrique du Sud en 1989 au terme d'une tournée. Quand on pense qu'elle est morte à cause d'un « cadeau » qu'on lui fit quinze ans auparavant, cela donne le vertige.

Gilles Cassagne, l'ancien joueur de Bourgoin, fait partie des anciens joueurs que j'ai eu la chance de rencontrer. Tout le monde admire sa patience et la loyauté dont il a fait preuve envers Marc. Lors d'un déjeuner où nous avons été rejoints par Dominique Mazille et Alexandre Chazalet, nous avons évoqué Marc.

« Il était très doué techniquement et avait aussi une énorme présence physique. Il était un joueur essentiel pour Bourgoin, notre homme de main était aussi notre leader. Il ne frappait pas tant que ça mais il avait un direct puissant dont Gary Whetton fit les frais après la victoire de Castres en championnat. Marc et Rodriguez dominaient de la tête et des épaules tous les autres numéros 8, avec peut-être Loppy et Melville juste derrière. Aujourd'hui, à leur poste, les joueurs sont peut-être aussi forts physiquement mais ils n'ont pas toute l'étendue des qualités qu'ils possédaient. »

Dewi Morris avec qui j'ai parlé de Marc à plusieurs reprises se souvient parfaitement de lui.

« Mon Dieu, il était tout ce que je voulais que mes avants soient. En 1991, je me souviens que Winters lui a filé un coup de pied dans la tête et il s'est relevé, il était juste un peu secoué. Il était un peu comme Dean Richards, mais plus beau mec.

On a toujours besoin d'une poutre qui consolide tout l'édifice et Marc était celle-là. »

En déjeunant avec Mick Skinner, il me raconte le « placage » sur Marc Cécillon lors de l'ignoble France-Angleterre de 1991 de Coupe du monde.

« La mêlée était proche de notre ligne. J'avais très peur de leur demi de mêlée mais je savais que je devais aussi surveiller Cécillon s'il prenait la balle. Dans ce cas, il aurait fallu que je le prenne très vite parce que je pressentais que la seule chose qu'il aurait eue à faire était de passer à Galthié pour marquer. Dès qu'il l'a eue dans les mains, je lui suis rentré dedans mais ce n'est qu'en sentant les autres joueurs venir m'aider à le plaquer que je me suis rendu compte qu'il avait encore le ballon. Nous avons obtenu une pénalité lors de la mêlée suivante mais Pascal est quand même arrivé à filer un uppercut façon basque à Jason. »

Je montre à Marc quelques clichés de ce match. Ils lui font plaisir.

Un chemin tortueux

Pour un sportif, l'après-carrière est un cap très délicat à passer surtout quand cette période arrive prématurément, vers la trentaine. Marc n'a pas eu l'intelligence instinctive d'autres joueurs et rien n'a pu stopper sa descente aux enfers.

En 2019, le syndicat des joueurs professionnels anglais a mené des recherches sur quelque 200 anciens joueurs et elles ont révélé que 62 % d'entre eux ont eu des problèmes psychologiques. Certes, Marc a démontré que les siens étaient très graves. Certains s'en sont sortis. D'autres se sont suicidés, comme Dan Vickerman en 2017.

« Vous avez choisi de rester en terrain conquis, où personne ne pouvait s'opposer à vous. »

Mickey Skinner et Mike Teague unissent leurs forces pour contrer Marc Cécillon lors du quart de finale de la Coupe du monde joué au Parc des Princes, le 19 octobre 1991. L'Angleterre remporte le match 19-10.

© Simon Bruty / Allsport / Getty Images

Après la fin de sa carrière, Marc était un homme torturé. Il a joué jusqu'à quarante ans et il continuait à sortir en boîte et dans les bars du coin.

Au tribunal, Marc a admis qu'il avait un problème :

« Quand j'ai arrêté, je ne me suis pas senti à ma place en famille. J'avais besoin qu'on s'occupe de moi. J'ai toujours travaillé mais je n'avais pas d'argent. Ma femme se chargeait de tout. Elle me donnait 200 francs chaque semaine pour m'acheter des clopes. Je n'avais pas de chéquier. Elle me donnait la liste des courses à faire mais c'est elle qui passait payer. »

En lisant tous les témoignages et articles le concernant tout en retranscrivant les trois heures d'entretien, c'est la seule faille que j'ai trouvée chez Marc. Nous voilà encore face à la dualité du joueur, du capitaine, de l'homme fort, adulé par les fans et qui, en dehors du terrain, devient pathétique, se comporte comme un enfant incapable de se prendre en main et de grandir.

Un autre témoignage très éloquent est celui du médecin de famille, qui connaissait très bien la famille. Pierre Berthier, quatre-vingt-deux ans, fait face au jury en s'appuyant sur sa canne.

« Je connais Marc Cécillon par cœur. C'est un homme direct et strict à la fois. Il était trop gentil ; il n'a jamais su dire non. J'ai été longtemps fâché avec lui. Mais ce n'est pas l'alcool qui est responsable de cette tragédie. C'est l'amour. L'alcool ne vient qu'ensuite. Ce jour-là, il s'est rendu compte que Chantal lui échappait. Et c'est parce qu'il ne pouvait pas supporter de la perdre qu'il l'a perdue. Il se sent coupable et il veut qu'on le punisse. Mais je vous en prie, ne dites pas qu'il l'avait prémédité. Ce n'est pas vrai. Ayez pitié de lui. »

Plusieurs joueurs ont critiqué certaines de ses relations qui ont été incapables de le remettre dans le droit chemin. Est-ce que ces amis le manipulaient ? Peut-être laissaient-ils courir parce qu'ils avaient peur de lui ou bien étaient-ils trop en admiration devant lui. À moins qu'ils lui aient dit des choses qu'il n'aurait tout simplement pas écoutées. Il n'acceptait des remarques que de la part de son père ou de ses anciens partenaires.

Au terme du premier procès, l'avocat général a déclaré :

« Vous avez choisi de rester en terrain conquis, où vous pensiez pouvoir faire la loi et où personne ne pouvait s'opposer à vous.

Le problème de Marc Cécillon est qu'il est arrivé trop tard devant ses juges. »

Trois mois avant le drame, Chantal avait confié à des amis que Marc rentrait de plus en plus fréquemment saoul à la maison. Même l'ami fidèle, Gilles Cassagne, m'a dit : *« Évidemment que je regrette de ne pas être allé en parler à Marc. Peut-être que les choses auraient tourné différemment. »* J'étais stupéfait par sa bienveillance.

« C'était un colosse, super-talentueux. C'était le Jean Prat de Bourgoin. »

La prison et la solidarité du monde du rugby

Les amis rugbymans de Marc ne lui ont pas pardonné son geste mais ils ne l'ont pas abandonné pour autant.

D'abord incarcéré à Grenoble dans l'attente de son premier procès puis de l'appel, il est ensuite transféré à la prison de Muret, près de Toulouse, en 2008.

Gilles a organisé deux matchs contre des prisonniers de Muret et quelques joueurs sont venus y assister comme Erbani, Califano, Benetton, Cholley, Sadourny, Armary, Garuet Bérot, Rodriguez, Ondarts. Dom Mazille dit : *« C'est un sacré souvenir. »*

Finlay Calder et John Jeffrey ont écrit à Marc après le meurtre. Finlay m'a dit :

« C'était une lettre de soutien à titre personnel. On a tous déconné et merdé. Certes, son cas est extrême mais la vie continue et il faut aider les gens. Dans ces moments-là, tu vois qui sont tes vrais amis. »

John Jeffrey ajoutait :

« Avec Finlay nous avons joué avec Marc dans une équipe mixte contre les Français. Marc avait enfilé une coquille alors nous lui avions demandé ce qu'il faisait. Il avait répondu : "On ne peut pas faire confiance aux Français, ils sont capables de nous les choper." D'après ce que j'avais pu voir de lui à l'époque, je l'aimais bien. Il était calme, modeste et un bon joueur. Je ne sais plus ce qu'on lui a écrit. C'était une marque d'amitié et de fraternité qui rend ce sport si merveilleux. »

Garuche était un bon ami de Marc.

« C'était un colosse, super-talentueux. C'était le Jean Prat de Bourgoin. Entre nous, on doit apprendre à se connaître et j'ai essayé de gérer son alcoolisme, lui indiquant les quantités qu'il pouvait boire et quoi faire ensuite pour éliminer. Parfois, il s'oubliait et je le remettais à sa place. Il respectait les anciens joueurs. On l'appelait Arnold (Schwarzenegger) parce qu'il était superbe. Il n'était jamais blessé. »

Je peux attester que Garuche était agité et triste. Il ne comprend pas comment un homme qu'il connaissait si bien ait pu faire une chose pareille.

Pascal peut parler des heures de Marc.

« J'appelle Marco tous les ans, le 31 décembre, pour lui souhaiter la bonne année. Après avoir vu le match à la prison de Muret, j'ai voulu aller au vestiaire pour le voir. D'abord, le gardien a dit non. Je lui ai expliqué que je voulais voir le joueur, pas l'homme. Quelqu'un qui tue sa femme n'est pas un homme. Le gardien était d'accord et nous laissa passer. Garuche était avec moi. Je voulais savoir comment il allait. On a discuté un peu mais je ne savais pas trop quoi dire. Je ne voulais pas le blesser. Il était vide, sans réaction.

Je le connaissais très bien, mais sa famille aussi. Je pensais à elle quand je lui demandais comment il allait. Le directeur de la prison nous a invités à rester manger mais nous ne pouvions pas. Nous allions à Toulouse voir Stade toulousain-Biarritz. Mais je n'ai pas arrêté de penser à lui et à sa famille. Je suis parti à la mi-temps et je suis rentré à Bayonne. On avait fait l'effort d'aller le voir mais c'était trop douloureux. Quand je pense à Marc, je me dis : " Quel gâchis." »

Inévitablement, Marc a mal vécu la prison.

« Il y a des gens là-dedans qui ne devraient pas y être parce qu'ils sont malades.

J'avais ma propre cellule, ce qui m'a aidé à me protéger, mais à chaque fois que j'en sortais, je ne savais pas ce qui pouvait m'arriver.

Tout le monde est tellement tendu là-dedans, il y a toujours des problèmes et n'importe qui peut être pris à partie pour n'importe quoi. C'est ce qui rend la chose épuisante. »

Je demande à Marina, qui faisait des visites en prison, comment elle était tombée amoureuse de Marc.

« Je ne m'intéresse pas du tout au rugby mais c'était le cas d'un de mes amis qui me raconta l'affaire. J'avais entendu parler du procès à la télévision et j'étais sous le choc. J'ai vraiment eu de la peine pour lui. Il souffrait terriblement et j'ai sympathisé avec lui avant de commencer à lui écrire. Progressivement, il m'a répondu. J'ai demandé à la direction si je pouvais aller lui rendre visite et j'ai rapidement obtenu leur permission. Quand je l'ai vu la première fois, je me suis dit : "Waouh ! C'est un géant." Il était de la taille de la porte. Au début nous n'étions qu'amis, j'ai commencé à l'aider, émotionnellement et spirituellement. Puis notre relation a évolué. Ça a pris du temps. »

La réinsertion

« Quand j'ai su que j'allais être libéré, Gilles Cassagne était encore là. Il a toujours été là pour moi. Avec Jacques Brunel, ils m'ont aidé à trouver un appartement, un boulot.

En prison, tout va lentement. Quand on la quitte on est submergé par à peu près tout, le bruit, le monde, la circulation, les centres commerciaux. On a l'impression que tout le monde te regarde. Quand on tirait des feux d'artifice, je ne supportais pas le bruit. Je suis traumatisé à vie. T'as l'impression que tout va trop vite. Je n'ai pas pu conduire pendant un moment à cause de la vitesse. C'est primordial d'avoir un appartement et un boulot pour se réinsérer doucement, revenir à une vie normale. »

Quand j'ai vu Marc, il taillait les vignes pour un viticulteur et venait d'être arrêté par la police après une tentative de fuite suite à un accident avec un camion. Il est repassé devant le juge, a admis qu'il avait toujours des problèmes d'alcool et a écopé d'une peine de prison avec sursis.

Quand j'en ai parlé à Gilles, cela l'a mis en colère.

« Je n'appelle plus Marc parce que je veux qu'il m'appelle lui, d'abord. Il n'a pas eu le courage de m'appeler parce qu'il sait que ça me met en rogne. Je n'ai jamais cessé de l'aider mais il semblerait qu'il soit toujours dans le déni avec l'alcool. Quand va-t-il changer ? Le problème est qu'il n'est pas vraiment conscient de ses problèmes. Si tu lui demandes comment il va, il te dira toujours : "Impeccable !" Mais ce n'est pas le cas. »

Je lui envoie de temps un temps des messages pour savoir comment il va. Je lui ai récemment demandé s'il travaillait toujours. Il m'a répondu qu'après ses ennuis il ne travaillait plus dans le vignoble mais qu'il allait bientôt être à la retraite.

Je lui ai suggéré d'entraîner une équipe locale. Ce serait chouette qu'il transmette son expérience en rendant service aux gens du coin. Il m'a répondu : *« Je ne veux plus faire ça. »*

Il me dit qu'il ne voit plus ses deux filles et, en quittant le restaurant après le déjeuner, je lui demande enfin ce qu'il se souhaite à lui-même pour l'avenir.

« Je veux rentrer en Isère, chez moi. Je veux retrouver mes filles mais je ne sais pas si je les reverrai un jour. Je l'espère. »

Marc Cécillon vu par :

LOUISOU ARMARY :

« Marc a été un superbe joueur, un coéquipier monumental. Le rugby a donné un cadre et un sens à sa vie puis il s'est perdu en chemin. »

ÉRIC CHAMP :

« Magnifique joueur. Mais un jour, ta carrière s'arrête. On est dans la lumière pendant un temps puis la lumière s'éteint. Si l'on n'est pas bien encadré, les choses peuvent mal tourner. Les gens autour de lui ont dû lui dire des vérités difficiles à avaler, l'envelopper de leur amour, tout en refusant de lui dire : "Allez, viens, on va boire un autre verre, t'es le type le plus formidable du monde." »

JO MASO :

« Attention, la célébrité peut arriver à n'importe qui. »

« Le barbare de la Rade »
Éric Champ

Né le 8 juin 1962 à Toulon - CLUB : Toulon - SÉLECTIONS : 42 - POSTE : Troisième ligne
GRAND CHELEM : 0 - SURNOM : « Le barbare de la Rade » - RENCONTRE : mardi 12 décembre 2017

J'aimais regarder Éric jouer. Il était grand, mince, athlétique et agressif. Un large menton, le poitrail en avant, il avait cet air du chef et aurait défendu les couleurs de Toulon jusqu'au bout. Nous avons prévu de dîner dans un bar dont il est actionnaire, *Chez Le Brasseur*, à La Valette. Éric n'est pas difficile à repérer parce qu'il n'a pas beaucoup changé, si ce n'est que sa tignasse est grise et que de fines rides soulignent ses yeux.

Nous nous asseyons dans le coin des souvenirs, maillots, photos, là où il ne serait pas dérangé au cas où des gens lui demanderaient un autographe.

« Tu vois tous ces maillots sur le mur, David ? Comme mes filles ne s'intéressent pas au rugby, j'ai tout donné. Va savoir pourquoi, il ne manque que celui de l'Écosse. »

Il se lance immédiatement dans un discours sur la nécessité de gagner quand on joue au rugby.

L'âge d'or

« J'ai vécu deux grandes périodes du rugby français avec la Coupe du monde 1987 et celle de 1991. En 1987, nous avions passé près de six ans ensemble. Nous avions traversé quelques moments difficiles mais nous gagnions beaucoup de matchs. Plus une équipe gagne, plus les liens entre les joueurs sont forts. Bien sûr, il y avait des joueurs talentueux, ça aide. Mais en soi, ce n'est pas suffisant. Jacques savait sur quel bouton appuyer. Il avait créé une formule qui fonctionnait mais c'est la victoire qui a fait de nous des amis. À partir de 1991, j'ai senti une différence. La dimension humaine était moins présente. Sans doute, j'avais tellement été gâté par le passé que je m'attendais à mieux. Mais ce n'était pas la faute des joueurs. J'en conclus que le véritable amour ou ce sentiment de fraternité durable ou de grande aventure sportive inoubliable ne prend corps que si le succès et la victoire sont au rendez-vous. »

Éric le Rouge

Éric est ancré dans la culture toulonnaise, point le plus oriental de la myriade de clubs du Sud-Ouest qui formaient la base du rugby de l'époque.

« J'ai grandi ici, à La Valette-du-Var. On avait créé un club, juste là, derrière le restaurant, où j'ai commencé à jouer à l'âge de sept ans. Papa jouait pour Toulon et entraînait les jeunes. Je faisais beaucoup d'athlétisme et de la voile. On pourrait penser que vivre près de la mer aurait pu me faire préférer la navigation. Mon père m'a mis au rugby pour que je me calme parce qu'à l'école, j'étais agité. Nous vivions au troisième étage d'un immeuble et je jetais des pots de fleurs sur les gens qui passaient en bas. À l'école de rugby, nous devions ramasser tous les cailloux sur le terrain avant de nous entraîner pour ne pas nous faire mal. Le RCT s'entraîne sur ce même terrain aujourd'hui. J'ai joué à Toulon pour la première fois à quatorze ans. »

Éric a joué dans toutes les équipes de France et il se souvient de son premier match en scolaire contre l'Angleterre, il avait seize ans.

« Nous avons remporté ce match et Sella et Cambé étaient dans l'équipe. Pourtant, ce dont je me souviens, c'est d'avoir découvert le foie gras. Mes grands-parents travaillaient au marché de La Valette et chaque dimanche, quand nous partions jouer au rugby, ils me donnaient une tranche de pâté. Au dîner après le match, à Dax, ils nous ont servi ce que je pensais être le même genre de pâté mais

Mike Brewer et Éric Champ dans les airs. France–Nouvelle-Zélande (7–19), Toulouse, le 8 novembre 1986.

© Bob Thomas Sports Photography via Getty Images

« On pourrait penser que vivre près de la mer aurait pu me faire préférer la navigation. »

quand je l'ai mis dans ma bouche, je me suis rendu compte que ça n'avait rien à voir. C'était délicieux. »

Éric a commencé à jouer contre les grandes nations à partir de 1981 quand il fut sélectionné au poste de numéro 8 pour affronter les All Blacks en tournée, c'était à Clermont-Ferrand. Malgré la forte concurrence – à l'époque, il y avait Rives, Joinel, Rodriguez, Lacans et Erbani –, il était parmi eux avant d'avoir été malheureusement banni de l'équipe de France pour trois ans.

« J'étais le capitaine de l'équipe de France junior et nous avions remporté le Grand Chelem mais je devais effectuer mon service militaire. Je ne voulais pas m'éloigner, alors je me suis débrouillé pour être affecté quelque part où je pourrais continuer tranquillement à jouer au rugby chez moi.

À l'époque, le Bataillon de Joinville servait d'équipe d'opposition pour le XV de France les mercredis avant les matchs du Tournoi.

Comme un imbécile, je suis parti rejoindre l'équipe de France à Paris mais le général du Bataillon a appelé la FFR pour savoir pourquoi j'étais parti avec l'équipe nationale alors que je n'étais pas autorisé à me déplacer durant le service. Ils m'ont banni de toutes les sélections françaises pour trois ans !

De retour en 1984, je me suis cassé la main à La Voulte, ce qui m'empêcha de jouer le Tournoi. Quand Jean-Pierre Rives a pris sa retraite, je lui ai emprunté son maillot au numéro 6. Jean-Luc Joinel était également en fin de carrière et Pierre Lacans, le pauvre, est mort en 1985, j'avais donc plus de chances d'être sélectionné. »

Troisième ligne athlétique, Éric était très efficace en fond d'alignement, se servant de sa taille pour lancer les arrières, ou derrière la mêlée où il pouvait permuter avec Mesnel pour trancher la défense adverse. Je me souviens d'un essai en particulier où Champ a transpercé la défense et a passé à Bonneval qui marquait contre l'Angleterre en 1987.

« Les matchs dont je me souviens sont ceux qui étaient tendus et fermés, comme contre l'Angleterre en 1989 et 1991, ou de tous les matchs contre l'Écosse parce qu'ils avaient des joueurs extrêmement forts comme Calder, Jeffrey et Laidlaw. L'Écosse a fait le Grand Chelem en 1984 et a terminé première avec nous en 1986. »

Partenaires

Éric le Toulonnais parle avec passion de ses amis, de ses coéquipiers.

« J'ai été président du RCT. Tant que tu progresses, c'est super, mais dès que tu ne gagnes plus, tout le monde veut couper la tête des entraîneurs.

À ce moment-là, il s'agissait d'Éric Louvet et d'Aubin Hueber qui sont d'anciens partenaires et de très bons amis. J'ai dit que je pouvais les remplacer mais que s'ils partaient, je partirais aussi.

Je comptais aussi parmi mes grands amis Éric Melville qui a joué avec nous pendant longtemps et qui est décédé récemment. C'était un joueur et un homme merveilleux, le plus courageux et le plus costaud de l'équipe.

J'ai la chair de poule quand je parle de lui.

Humainement, c'était un homme admirable qui se sacrifiait toujours sur le terrain pour les autres. Un jour, il a même joué avec la mâchoire cassée.

Il jouait à Mont-de-Marsan la première fois où nous l'avons affronté avec Toulon. On s'était battus et il nous avait vraiment impressionnés. Toulon était une équipe de bagarreurs mais il n'était pas comme ça. Durant un match, Daniel Herrero a vu à quel point il était bon et ce qu'il pourrait apporter à Toulon en termes de physique, de talent et de personnalité.

C'était un protestant pratiquant et il avait une belle philosophie de la vie. Il citait souvent Churchill : "On gagne sa vie avec ce que l'on reçoit, mais on la construit avec ce que l'on donne." »

Daniel Herrero m'a également parlé de façon émouvante de son vieil ami.

« Il était exceptionnel, comme homme, et comme joueur. Il était dur, discipliné, plein d'énergie et technique, sa vie était guidée par un altruisme absolu. Il jouait pour la meilleure des raisons : l'équipe. Pour lui, être efficace était plus important que de briller. Il avait le sens des responsabilités. Pour lui, tout était une affaire de partage et de sacrifice pour le bien de tous. Il me manque terriblement. »

13 juin 1987, Éric Champ exulte à la fin du match contre l'Australie : la France est en finale de la Coupe du monde.

© Bob Thomas Sports Photography via Getty Images

Les maîtres de la Citadelle

Éric a eu la chance d'avoir été entraîné par André et Daniel Herrero et Jacques Fouroux.

« Tous les trois étaient exceptionnels et formidablement intelligents. Quand j'étais jeune, André était l'entraîneur. Il était du même tonneau que Walter Spanghero ou Benoît Dauga. Il était très exigeant mais techniquement, il m'a beaucoup appris.

Daniel travaillait différemment et sa méthode était plus proche de Jacques Fouroux. Il savait que pour gagner, il fallait être physique et dominer l'adversaire, mais il appréciait aussi les purs talents qu'étaient Gallion, Bianchi et Carbonel. Ce qui fait qu'il nous faisait pratiquer un rugby dynamique. Il travaillait également l'approche mentale, en exploitant nos penchants.

Nous étions une équipe de jeunes gens rebelles et pour nous, Toulon était une citadelle imprenable.

C'est pourquoi il y avait autant de grosses bagarres avec des équipes comme Lourdes, le Racing, Agen et Bègles. Contre Bègles, en 1991, nous avons volontairement envoyé la balle en touche dès le coup d'envoi pour obtenir une mêlée au centre du terrain, qui fut suivie d'une énorme générale. Ils ont été pénalisés et cela faisait 3 points pour Toulon. On s'est bien marrés !

Daniel se sent encore très concerné par ce que nous avons vécu à l'époque. Il y pense souvent. Réunis pour fêter nos trente années passées ensemble, il nous a dit : "Si je vous avais entraînés différemment, pensez-vous que nous aurions gagné davantage de matchs ?" J'ai répondu : "Daniel, on s'en tape, ça ne changerait rien du tout." »

À la toulonnaise

C'est Peter FitzSimons qui m'a donné une idée de la mentalité qui règne dans ce coin de France et des personnages émotifs et drôles qui le peuplent. Il jouait à Brive à la fin des années 1980 et qui se rendit à Toulon et dans ses environs à plusieurs reprises. Voici quelques-unes de ses anecdotes.

« Brive joue contre Hyères au début de la saison et l'un de nos adversaires était un type patibulaire, complètement

« Dans les phases finales, le beau jeu laisse la place au jeu dur, au goût du sang dans la bouche. »

tatoué, et il était coriace. Il était connu pour être violent et capable de te marcher dessus, de te crever les yeux, de t'accrocher, de te mordre ou de te filer des coups de pompes. Modin, notre demi de mêlée, me dit que nous devrions le sortir avant que ses mauvaises manières ne prennent le dessus.

Donc, je vais voir cette espèce de voyou et lui dis : "Si tu bouges, je t'arrache la tête."

Et là, j'étais stupéfait, il me balance : "Ah ouais ? Moi, je vais t'enculer à sec." Bien. Il y a des choses qu'on peut se dire entre hommes mais en l'occurrence, je n'avais jamais entendu cette expression auparavant ni même ne l'avais considérée. Pris par surprise, j'ai reculé en lui disant : "OK, pas de problème."

Une autre fois, nous recevons Toulon à Brive. Je suis momentanément coincé du dos et je ne peux plus bouger. C'est le moment que choisit Jeff Tordo pour s'essuyer les crampons sur mon visage. Je vois rouge et, à peine relevé, j'arme mon bras, prêt à lui filer un crochet du droit pour rigoler un peu. Je suis dans une putain de colère. Mais il me voit venir et il me dit : "Pardon." Comment peut-on frapper un type qui vient juste de demander pardon? »

Éric a participé à trois finales du championnat, perdant en 1985 et 1989 contre Toulouse mais en remportant l'édition de 1987 contre le Racing. Toulon battait également Biarritz en 1992 mais il était suspendu pour ce match après avoir été expulsé lors de la demi-finale du challenge Du Manoir, contre Agen.

J'ai toujours aimé le grand carnaval de la finale, les bus, les trompettes, les chants. J'étais présent lors de celle de 1992 et je m'en souviens très bien. C'était le 6 juin et il faisait plutôt chaud. J'ai passé tout l'après-midi au bar à vin Willi's avant de rejoindre la porte d'Auteuil où nous avons fait la fête avec les supporters basques et toulonnais.

C'était un peu Atlantique contre Méditerranée, cidre conte pastis, Sud-Ouest contre Sud-Est.

Cette finale donnait lieu à de grandes réjouissances entre deux grandes communautés de rugby dans une atmosphère de fraternité et de convivialité.

Le beau jeu

J'ai revu récemment des images où Éric dit : « Dans les phases finales, le beau jeu laisse la place au jeu dur, au goût du sang dans la bouche. »

Cela résume tout à fait l'esprit toulonnais. C'est une ville où l'émotion est palpable.

« On les provoquait beaucoup avant, durant et même après les matchs, raconte Franck Mesnel. Une fois, lors d'un dîner, j'ai commencé à balancer des morceaux de pain sur Éric. Il était assis à côté de Denis et on se parlait à distance. D'un seul coup d'un seul, une fourchette est venue se planter dans mon bras. Éric était passé discrètement derrière moi et m'avait poignardé. J'ai gardé la cicatrice pendant dix ans. »

Speak easy ?

Comme beaucoup d'anciens joueurs que j'ai rencontrés, Éric n'est pas en mesure de parler avec ses anciens adversaires britanniques.

« J'aimerais bien pouvoir parler anglais. Quand je suis avec des types contre lesquels j'ai joué, qui ont les mêmes valeurs que moi, d'amitié, d'effort collectif, de respect et de solidarité, la barrière de la langue me frustre. Je voudrais pouvoir parler, rire et échanger avec eux. Mick Skinner m'a tellement fait souffrir que je pense que c'est à cause de lui que je n'ai pas été capable d'apprendre l'anglais correctement. De ne pas parler la langue ne m'a pas aidé dans ma carrière, c'est pourquoi je pousse mes filles à l'apprendre. Je suis trop vieux pour l'apprendre, je compte sur elle pour qu'elles traduisent. »

Tout d'un coup, Éric reçoit un appel d'un ami. Il me passe le portable et la voix me dit : *« Éric ne sait même pas parler français, alors anglais… Laisse tomber ! »*

Éric Champ vu par :

FRANCK MESNEL :

« C'est le Toulonnais typique, avec un gros cœur et une forte personnalité. Il ne se cachait pas. Le Racing étant composé de Parisiens, nous avons toujours eu des relations tendues avec les Toulonnais qui vivent à l'autre bout de la France. On les provoquait pas mal avant et durant les matchs. Ils ne nous aimaient pas, pour eux, nous étions suffisants et arrogants. Je me souviens d'un match où la mêlée s'est écroulée juste devant la tribune présidentielle. J'ai regardé Jean-Baptiste et on a grimacé juste au moment où une grosse bagarre a éclaté. Thierry Louvet, l'autre flanker, et Michel Tachdjian, un de nos durs, étaient face à face, couverts de sang. Louvet avait les dents cassées. Il regardait Tachdjian qui venait de l'exploser et il dit : "Michel, on n'est pas bien, là ?" Voilà, c'étaient les Toulonnais, ils ne reculaient jamais. »

PATRICK ESTÈVE :

« Vaillant, rugueux, guerrier. Un très grand joueur. »

DANIEL HERRERO :

« Champ avait une forte personnalité, guerrier, limite rude et méchant. »

MICHAEL JONES, FLANKER NÉO-ZÉLANDAIS :

« Avec ses petits yeux et ses cheveux frisés, quand Éric jouait, j'en avais peur. »

SEAN FITZPATRICK :

« Champ a été un de mes adversaires les plus durs. »

PETER FITZSIMONS :

« Il m'a fait une telle fourchette que je pouvais voir ma cervelle. Il était énorme. »

NICK FARR-JONES :

« Champ était un voyou. Sale type sur le terrain, mais adorable en dehors. »

« le Petit Mozart »
Didier Codorniou

Né le 13 février 1958 né à Narbonne - CLUBS : Narbonne, Stade toulousain - SÉLECTIONS : 31 - POSTE : Centre
GRAND CHELEM : 1981 - SURNOM : « le Petit Mozart » - RENCONTRE : mardi 12 décembre 2017

Je suis toujours enthousiaste à l'idée de rencontrer un joueur, mais dans mon esprit Cordorniou tient une place à part. Surdoué, ce petit gabarit aux formidables appuis, artiste de la passe, avait le don, balle en main, de toujours éviter les contacts. Il était fascinant à voir et était sans aucun doute l'un des meilleurs de sa génération. Aujourd'hui homme politique, je l'ai rencontré en passant par le bureau de la mairie de Gruissan, près de Narbonne, et nous nous sommes retrouvés dans le très joli port de Sète pour déjeuner.

Après avoir tourné et erré dans la ville – je n'ai aucun sens de l'orientation –, je suis tout de même parvenu jusqu'à Didier qui est aujourd'hui vice-président de la région Occitanie qui comprend treize départements. Avant cela, il a travaillé dans la banque, pour Adidas et a été élu maire de Gruissan en 2001. Son temps est précieux, je sais qu'il faut tirer le maximum de notre courte entrevue.

Ce sont ses pairs et les journalistes qui décrivent le mieux ce qu'a été « Codor » en tant que joueur. Quand j'étais avec Denis Charvet, voici ce qu'il m'a dit de Didier :

« Quand il est arrivé au Stade toulousain, j'ai passé les meilleurs moments de ma vie de rugbyman. Je vivais dans un rêve. Je jouais avec le joueur que j'aurais voulu être. C'est le meilleur joueur avec lequel il m'ait été donné de jouer. Il avait tout : le sens inné du jeu, la vision, l'anticipation, la technique. C'était un magicien. Oui, si on prend tout en compte, c'était le meilleur, un Mozart du rugby. »

Jo Maso m'a dit pour sa part :

« Codor était exceptionnellement doué et passionné par le jeu. Il avait le tempérament nécessaire pour devenir le meilleur parce qu'il était sérieux, faisait attention à lui, il avait une alimentation saine, et il aimait s'entraîner. Durant les matchs, je voulais l'épargner, le protéger, puis je lui passais la balle et il filait. Il a un tel toucher, un tel sens du jeu qu'il lit merveilleusement bien… Il était très fort. »

Christian Montaignac est lui aussi plein d'admiration pour l'homme et le joueur.

« C'était un maître, le Petit Mozart. Il pouvait fixer un joueur d'un regard. Tout étincelait autour de lui et il facilitait le travail de ses partenaires. Il était élégant et gracieux. »

Transmission

Didier arrive pile à l'heure. Je le remercie de s'être libéré pour moi quelques heures. Je lui présente le livre et il reconnaît immédiatement le francophile assis en face de lui.

« Tu parles super bien français ! Avec un mélange d'accent anglais, du centre et du sud de la France. Tu sais, la culture du rugby, c'est net et précis. Ça nous rappelle qui nous sommes et d'où nous venons. On y apprend des valeurs et des vertus dont on a besoin dans la vie. Le rugby te donne une discipline de vie : humilité, travail, sacrifice, sens du collectif, enthousiasme, respect, générosité, caractère, anticipation et ainsi de suite. Tous ces aspects sont utiles et aident à se construire.

C'est aussi un truc intergénérationnel. On peut trouver des joueurs sur quatre-cinq générations pour qui la transmission

© Bob Thomas Sports Photography
via Getty Images

est vitale. Cette notion d'histoire, d'apprentissage est considérable. À Narbonne et ailleurs, j'ai connu des joueurs de toutes générations. L'histoire du jeu est très importante parce que c'est par elle que nous apprenons. Les joueurs de toutes les générations ont besoin de s'y reconnaître, de savoir qui ils sont et de transmettre ensuite ces valeurs à leur tour. Le temps passe très vite.

Je m'inquiète aujourd'hui de voir les joueurs ne pas considérer l'extrême importance du jeu en dehors de leur bulle, de constater qu'ils ne voient pas l'importance du rôle qui est le leur dans la préservation de ces valeurs pour le futur. Le jeu d'aujourd'hui est très différent avec le marketing et l'argent qui l'entourent, mais les joueurs devront faire leur vie une fois qu'ils auront terminé leur carrière, autour de trente-deux ans. La vie peut se révéler dure et solitaire et ils auront besoin de s'appuyer sur des valeurs solides pour s'en sortir. »

L'autodidacte

Didier n'a pas fait d'études, mais il a cette intelligence instinctive dont parle Jérôme Gallion. On peut être intelligent sans être passé par l'université et le rugby permet aussi de développer sa propre façon de penser. Didier est à l'évidence quelqu'un qui réfléchit beaucoup, preuve en est qu'il dirige une région grande comme la moitié du sud de la France.

Nous déjeunons. Un risotto de homard, une bouteille de pic-saint-loup, palourdes, crevettes… Didier et moi en raffolons.

« *En France, il faut faire attention à ne pas perdre nos valeurs. Je ne veux pas donner l'impression d'être un vieux qui radote sur quelques notions romantiques surannées. Mais il semblerait que les Anglais sont arrivés à préserver leur façon de jouer grâce à la discipline.*

Tournoi des Cinq Nations. 2 mars 1985, l'Irlande et la France se neutralisent, 15 partout.

« L'histoire du jeu est très importante, c'est par elle que nous apprenons. »

En termes d'entraînement, de condition physique, de formation, ils ont été plus professionnels en se maintenant au niveau. Tandis qu'en France nous avons perdu notre flair, en essayant de copier un petit peu tout le monde dont les All Blacks, l'Australie, l'Angleterre. Certains commencent à se remettre en question comme le Stade toulousain, La Rochelle ou Bègles-Bordeaux. Sinon tout le monde joue sur l'affrontement encouragé par les règles, avec des défenses qui prennent le pas sur l'attaque. »

Le deuxième test

En parlant des All Blacks, je voulais l'entendre sur la tournée de 1979 et le deuxième test remporté par la France.

« C'était fabuleux. Le deuxième test est le plus grand match auquel j'aie participé pour son intensité, la vitesse du jeu et sa technicité et parce que Jean-Pierre guidait l'équipe. C'était la première fois que nous battions les All Blacks chez eux et ça s'est produit un 14 juillet. Nous étions dans une mauvaise passe parce que la semaine précédente, nous avions perdu. »

Didier a pris plus que sa part ce jour-là en marquant un essai et en étant décisif sur celui d'Averous. Comme d'habitude, il a anticipé l'action se portant au soutien de Joinel dont il récupéra une passe au milieu du terrain. Sa course, sa vitesse d'exécution et sa passe à Caussade étaient somptueuses. Sur son propre essai, Averous récupère la balle à 40 mètres de la ligne et passe sur sa gauche à Caussade qui sprinte le long de la touche. Avant même le déroulé de l'action, Didier a compris qu'il devrait courir pour se porter au soutien intérieur. Caussade fit la passe et il marqua l'essai.

Didier était au sommet, faisant la démonstration de tout ce dont ses pairs pouvaient témoigner.

Il était beau à voir jouer parce qu'il donnait l'impression que tout était simple.

« Mon adversaire direct me rendait nerveux. On disait que Osbourne fonçait tout droit comme un sanglier armé d'un couteau, je n'étais pas rassuré. Nous avions une bonne base pour remporter ce match. Avec Costes, Blanco, Pardo, Dintrans, nous avions déjà joué ensemble dans l'équipe des moins de vingt et un ans, on se connaissait très bien. Nous avons fêté le 14 Juillet deux fois, une fois le 15 avant de quitter la Nouvelle-Zélande, puis une deuxième le 14, à Tahiti grâce au décalage horaire. »

Narbonne-Toulouse

Didier a remporté de nombreuses victoires avec Narbonne, remportant le Bouclier de Brennus en 1979 mais à partir de 1975, il est déçu par les dirigeants au moment de reconduire son contrat et il décide de partir au Stade toulousain.

« Quand je suis arrivé l'équipe était déjà en place, il fallait donc que je gagne ma place ce qui signifiait qu'Erik Bonneval passerait à l'aile. J'ai adoré cette période. Nous avions une liberté totale, on jouait comme on voulait. Villepreux et Skrela nous encourageaient à prendre nos responsabilités

« On jouait sur le fil du rasoir, sans schéma, on s'adaptait en temps réel. »

et à jouer un rugby de mouvement. À Narbonne, c'était un peu la vieille école, il y avait beaucoup d'affrontements. À Toulouse, tout était calme. Cigagna ne disait que quelques mots avant d'aller sur le terrain.

J'aidais Denis à améliorer son jeu et je l'initiais à la musique classique en se préparant avant les matchs.

Denis tentait plein de choses sur le terrain. Il avait une grande confiance en lui. Nous n'avions pas besoin de nous chercher. Erik était brillant. S'il ne s'était pas blessé, il aurait été un des meilleurs joueurs du monde. Ce qu'il était de toute façon. Il possédait quelque chose, et de Sella, et de Blanco. De retour de blessure il était toujours aussi remarquable.

J'ai adoré la façon dont Pierre et Jean-Claude nous entraînaient. Leur objectif était que les joueurs parviennent à gérer le désordre au cours du match. Il nous fallait lire les situations qui se présentaient, réagir et rapidement trouver un espace. On jouait sur le fil du rasoir, sans schéma, on s'adaptait en temps réel à n'importe quelle situation sur le terrain. Les All Blacks jouaient comme ça. J'y ai passé trois saisons et ce furent les plus excitantes de ma carrière avec celle de 1979-1980. »

Quand j'ai rencontré Pierre Villepreux, il m'a raconté pourquoi il a fait signer Didier.

« Certains joueurs étaient inquiets parce qu'ils craignaient qu'il prenne leur place mais on ne peut pas laisser passer un joueur comme Codor. C'est un garçon très intelligent et charmant. Il s'est parfaitement intégré. Novès était en fin de carrière et Bonneval était un très bon joueur qui avait un tel sens du collectif qu'il pouvait aisément passer à l'aile. Codor était très adroit et technique. Il n'était pas costaud mais il y maîtrisait le jeu. »

Prototypes d'excellence

Je veux savoir ce que Didier pense des joueurs avec lesquels il a joué.

« J'ai toujours considéré Sella comme le prototype du joueur moderne. Je l'ai vu jouer pour la première fois à Toulouse, il avait dix-huit ans et j'ai immédiatement pensé qu'il était exceptionnel. Il est le plus brillant de sa génération. J'ai pensé de même pour Dan Carter la première fois où je l'ai vu jouer. Il savait tout faire. J'ai joué avec tellement de bons joueurs, Maso, Rives, Caussade, Sella, Bonneval, Charvet, Gallion, Estève, que j'avais la conviction d'avoir ma place en équipe de France.

François Sangali avait un peu le même profil que moi, se fiant à son instinct et à son audace. Ses points forts étaient son implication, sa discipline et sa précision.

Jo Maso a été mon mentor. J'aurais aimé jouer plus longtemps avec lui. Il a eu une grosse influence sur moi. J'aimais la façon dont il me guidait sur le terrain et dont on rejouait les matchs après. Il était d'une grande sagesse.

J'ai aussi eu le privilège de jouer avec Danny Gerber en Afrique du Sud en août 1992 pour un match en l'honneur de Serge. Il était rapide, technique et puissant. C'était une super-expérience. »

« Biterrois Sweet Symphony »

Narbonne et Béziers étaient des équipes rivales dans les années 1970 et 1980 et Didier me livre ce dont il se souvient :

« Je me souviens d'un match contre Béziers où je voyais du rouge et du bleu partout. On ne trouvait pas un espace où passer. Partout où je regardais, je voyais trois ou quatre Estève, Senal ou Palmié. C'était un quart finale à Toulouse et je n'avais que dix-huit ans. Ces Biterrois étaient effrayants. Dans leur stade de Sauclières, il existait ce qu'on appelait « le couloir de la mort » qu'il fallait emprunter pour aller sur la pelouse. Il se passait toujours un truc louche dans ce tunnel... »

Jacques a dit...

Qu'y a-t-il de vrai dans la disgrâce dont il aurait été victime de la part de Jacques Fouroux avant la Coupe du monde 1987 ? Jérôme Gallion m'a dit que « *Fouroux n'aimait pas le talent pur* ».

« Jacques était incontournable dans le rugby français. Il prônait un style de jeu qui ne convenait pas à mes qualités. Il voulait des hommes forts, physiques. En tournée en Australie en 1981, Jacques m'a dit que je n'étais pas au niveau défensivement et il ne m'a pas sélectionné pour le premier test. À partir de là, on s'est heurtés. Il s'est senti offensé. Je me suis laissé aller à dire à un journaliste de L'Équipe *ce que je ressentais et que tout était très injuste.*

Pardo pour « Codor ».
Angleterre-France,
21 mars 1981.

© Presse Sports

Quand des gens comme Roger Couderc et d'autres célébrités des médias ont eu vent de l'histoire, ils en ont fait tout un plat et la situation a empiré. La presse était très critique sur le style de Jacques et se sentait dépossédée de la tradition de jeu de mouvement du rugby français dont j'étais pour eux l'incarnation. J'étais jeune et j'ai dit des choses que Jacques n'a pas aimées et il m'a mis de côté.

Quand je suis allé au Stade toulousain, en 1985, j'ai disparu des radars alors que j'étais en grande forme à cette époque.

Alors, je l'avais vraiment mal pris, cela allait à l'encontre de toutes les valeurs du rugby avec lesquelles j'avais grandi – loyauté, respect, ouverture d'esprit. Cela correspondait aussi aux premières années passées avec ma femme ce qui fait que j'ai pu avoir du temps pour elle. Pendant des années, j'ai été très rancunier. C'est toujours douloureux mais on apprend à faire avec.

En 1993, je jouais avec les Barbarians français contre les Australiens à Clermont-Ferrand. Jacques m'a pris à part et s'est excusé pour m'avoir aussi maltraité. C'était un moment émouvant. Après le match, Horan, Little et Campese ont demandé pourquoi je ne jouais pas en équipe de France.

Après cette réconciliation, nous sommes devenus assez proches et je le voyais de temps en temps. On a tourné la page et la vie est redevenue belle. Je suis un humaniste, j'aime les gens je ne veux pas être aigri. La vie est un grand tout. »

Jacques Fouroux, selon ce qu'on m'a raconté, avait justifié un jour sa préférence pour les gros gabarits de cette façon : *« Si vous mettez Marc Andrieu et Didier Codorniou dans une pièce et que vous leur lancez une tranche de bœuf, qui sera celui qui la mangera ? »*

« la Petite Fusée »
Jérôme Gallion

Né le 4 avril 1955 à Toulon - CLUB : Toulon - SÉLECTIONS : 27 - POSTE : Demi de mêlée
GRAND CHELEM : 1981 - SURNOM : « la Petite Fusée » - RENCONTRE : mardi 14 décembre 2017

Ancien brillant demi de mêlée aujourd'hui dentiste, Jérôme est un homme très affairé et il m'a fallu insister pour trouver un moment pour le voir dans sa clinique installée dans un immeuble typique du centre de Toulon. La salle d'attente était pleine à craquer. Son assistante m'a offert un café et je me suis enfilé un double expresso pour m'aiguiser les sens. Ce n'est pas tous les jours qu'on rencontre une idole de jeunesse. Je suis passé devant tout le monde et suis entré dans son bureau, à côté de son cabinet.

Jérôme était un de mes héros quand j'étais encore à l'école. À Bath, mon frère et moi nous entraînions à reproduire ses crochets et à nous faire des passes pendant des heures sur la route devant la maison. Rapide comme l'éclair, plein de panache, il filait derrière les mêlées et les mauls à la façon de Gareth Edwards. Mais l'équipe de France avait quelque chose de plus exotique et mystérieux encore que celle du pays de Galles. Nous savions beaucoup de choses sur la grande équipe galloise mais les Français avaient des noms bizarres, parlaient une autre langue et étaient originaires de villes étranges comme Toulon, Biarritz ou Agen.

Le paradoxe

Si l'on regarde les anciennes photos de Jérôme – et c'est également vrai pour d'autres joueurs –, on peut y lire le paradoxe des sportifs de haut niveau : ils sont gentils, modestes et attentionnés en dehors du terrain, mais sont terriblement concentrés et impitoyables quand ils jouent. Ils veulent gagner, parfois à n'importe quel prix, poussés par la peur de perdre. Plus la barre est haute, plus ils s'acharnent comme si c'était une question de survie.

Une image en particulier donne toute la dimension de sa vivacité, de sa puissance, de son implication et de l'intensité du moment. Il joue sous le maillot de Toulon et fait une passe à gauche. Éric Champ est derrière lui au soutien.

Jérôme est doté d'un esprit curieux et c'est lui qui me pose une première question : *« Qu'est-ce que c'est que cette histoire de Brexit ? »* D'un seul coup, il fallait que passe à un français plus technique, forme que je ne pratique que peu. Je peux facilement parler de rugby, de cuisine, de vin et discuter de choses et d'autres, mais parler du Brexit est une gageure. En réalité je ne comprends rien au Brexit en anglais. Donc, en français, laisse tomber.

Medecine Man

L'histoire de Jérôme débute à la fac de médecine.

« J'étais à l'université de Marseille, ce qui déjà en soi n'est pas facile, et comme en plus j'aimais le rugby, je jouais à Toulon. J'ai fait mes débuts en 1975 et en 1977 j'étais sélectionné pour une tournée en Argentine. J'étais très heureux d'y aller, d'autant que je ne m'y attendais pas. J'ai décroché mon diplôme trois jours après avoir décollé pour l'Argentine avec la grande équipe de 1977. Je n'étais pas un premier choix mais plusieurs autres joueurs avaient sauté, dont Astre, et Jacques et moi serions les deux seuls demis de mêlée. Je ne pouvais pas être en compétition avec Jacques et j'étais donc très détendu. J'étais là pour apprendre et regarder le maître à l'œuvre.

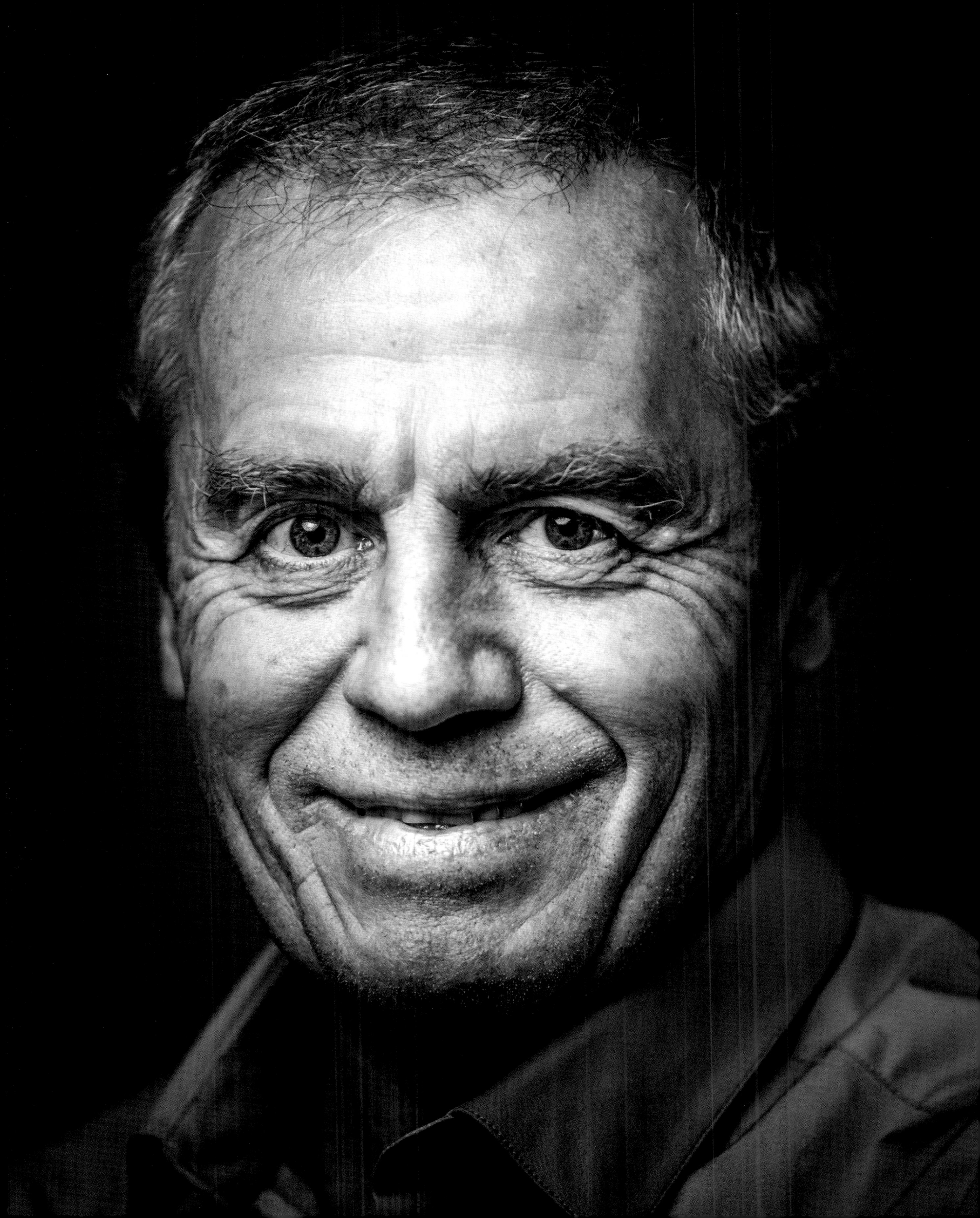

Jacques était un personnage extraordinaire. Petit, charismatique, drôle et il racontait bien les histoires. Il pouvait tenir le groupe uniquement grâce à ses connaissances, sa perspicacité, son baratin et son humour. À côté de lui, et des autres vedettes de l'équipe que j'avais vues à la télévision, je ne me sentais pas à la hauteur.

Puis, en 1978, Élie Pebeyre, le patron des sélectionneurs, a changé la paire de demis. Jacques et Romeu sortis, je faisais mon entrée avec Bernard Viviès. Je me demandais ce que je foutais là. Cet énorme pack avait l'habitude d'être cornaqué par Jacques. Comment aurais-je pu rivaliser ? J'ai fait de mon mieux et nous avons failli gagner le Grand Chelem, on a juste perdu lors du dernier match contre le pays de Galles qui le remportait. »

Jérôme Gallion ouvre le jeu contre l'Angleterre à Twickenham, le 3 mars 1979. L'Angleterre l'emporte 7-6.

Histoires de maillots

Qu'est-ce que cela lui a fait, de se retrouver face à Gareth Edwards ?

« J'étais très intimidé, surtout parce que nous jouions à l'Arms Park. Le boucan et les chants étaient incroyables.

Ils chantaient à pleins poumons parce qu'ils savaient que c'était les adieux de Gareth.

J'en avais la chair de poule. À la fin du match, j'ai voulu échanger mon maillot avec lui, mais je n'étais pas sûr qu'il accepte étant donné que c'était son dernier match. Je suis allé le trouver dans le vestiaire et il n'a pas osé me le refuser. C'est la seule et unique fois que j'ai joué contre Gareth et c'est le seul maillot que j'aie conservé. J'espère qu'il a toujours le mien. »

Qu'est devenu le maillot de la première victoire chez les All Blacks en 1979 ?

« Je l'ai offert. En voilà, une belle tournée et de beaux souvenirs ! À notre arrivée, il pleut des cordes, ce qui devait les arranger. On voulait jouer à la main mais la météo et leur technique allaient nous rendre la tâche compliquée. »

Jeu, test et match

« Les matchs de province sont très durs. Jean Desclaux, l'entraîneur, me demande de ne pas m'échapper au ras de la mêlée de peur que nous dévoilions nos atouts pour les tests. J'ai donc joué contre nature parce que je suis un attaquant. Or, on ne peut bien jouer qu'en fonction de ses qualités, on ne peut pas aller contre son instinct. Et quand la feuille de match fut annoncée, je n'étais pas sélectionné ! Yves Lafarge prit ma place.

On a été écrasés 29-3 et nous avons aussi perdu le match en semaine 11 à 12. Quand Desclaux fut prêt pour annoncer l'équipe du deuxième test, ceux qui n'avaient pas joué souriaient, soulagés, mais aussi parce qu'ils pourraient ensuite faire la fête. On a passé six semaines là-bas en s'entraînant tous les jours. Certains d'entre nous étaient crevés. On avait de très bons joueurs comme Caussade, Codorniou, Aguirre, Averous et Costes.

Durant la semaine, Jean-Pierre prenait en main l'équipe, il avait décidé que nous jouerions un jeu ouvert pour être en accord avec nous-mêmes. Nous voulions prouver qu'en jouant à notre façon nous pouvions gagner. Béguerie, coupé à la main, serait remplacé par Salas, de Narbonne, en numéro 8. Il n'avait jamais joué à ce poste auparavant, donc je lui ai expliqué comment nous devrions défendre quand je serais côté ouvert. D'habitude, il jouait en première

© Bob Thomas Sports Photography via Getty Images

ou deuxième ligne, et avait donc souvent la tête dans la mêlée. Il ne se sentait pas à l'aise pour défendre en troisième ligne.

Il avait tellement peur de rater un placage qu'il courait partout et plaquait tout ce qui passait. Je lui avais dit : " Si jamais tu vois un mec en noir, plaque-le !" Il a superbement joué.

Quand nous sommes arrivés au stade, il était déjà plein. Les Néo-Zélandais sont de fins connaisseurs de rugby. On s'est libérés et on a marqué quatre essais. C'était comme en 1977, la France imposait sa grandeur. On a marqué tôt dans le match ce qui nous a fait prendre confiance, en jouant un beau rugby de mouvement. Joinel, Rives et Salas en troisième ligne ont été extraordinaires. Sur la fin les All Blacks marquaient et revenaient au score.

Mais nous étions si proches du coup de sifflet final que je suis allé dire à l'arbitre que ce n'était pas la peine de jouer les arrêts de jeu.

Jon West était mon arbitre préféré.

Gagner ce match a véritablement changé l'atmosphère de la tournée. Tout d'un coup, tout était formidable. »

Paparemborde, Rives et Gallion. Tournée néo-zélandaise 1979. Le XV de France s'incline 19-24 face aux All Blacks.

© Presse Sports

Lors de ce test, Jérôme a marqué le premier essai. Rapide, il a pu contrer un coup de pied de l'ouvreur. Quand je pense à sa vitesse d'exécution, il me rappelle d'autres joueurs comme Gareth Edwards, Richard Hill, Ben Youngs, Aaron Smith, Antoine Dupont, Dewi Morris ou encore Joost Van der Westhuizen…

« Just Dewi »

J'ai eu l'occasion de passer quelques bonnes soirées avec Dewi Morris et il m'a raconté quelques bonnes anecdotes sur les Français quand il a joué contre eux au Parc de Princes en 1992, dont celle-ci :

« Les Français n'arrêtaient pas de tricher et je suis allé voir l'arbitre pour le lui signaler dans mon meilleur français : " Le ballon ! Le ballon ! Hors-jeu ! En-avant !" Au bout d'un moment, il m'a regardé et dit : "Dewi, je suis un putain d'Irlandais, ce qui veut dire que je parle très bien anglais." »

Capitaines

Je demande à Jérôme l'importance d'avoir eu des leaders de la trempe de Rives et de Dintrans.

« Jean-Pierre était atypique et assez réservé, ce n'était pas un grand orateur avant ou pendant les matchs comme Jacques Fouroux. Jean-Pierre était un leader mutique au magnétisme palpable, ce qui est une qualité censée montrer aux autres l'exemple à suivre en termes d'investissement personnel et de sacrifice.

Il déployait une énergie incroyable sur le terrain alors qu'en dehors, on aurait dit qu'il allait s'évanouir et qu'il lui fallait des vitamines.

Il habitait son personnage avec une grande facilité. Jouer le remontait. Il avait une vitalité de folie et il collait au ballon. Il plaquait tout ce qui bougeait. Nos adversaires le frappaient, lui donnaient des coups de pied, lui tiraient les cheveux, mais il s'en foutait. Contre l'Afrique du Sud en 1980, il y a peut-être laissé 20 kilos mais il n'a pas arrêté.

Dintrans était plus démonstratif, un vrai guerrier, rude, il chargeait en premier. C'était un "capitaine de combat".

Les entraîneurs voulaient que je fasse les lancers en touche mais j'ai de petites mains. Je n'étais pas persuadé

« Mon instinct de compétition, je m'en sers dans mon métier maintenant. »

de pouvoir y arriver, surtout quand le ballon était mouillé. Je m'appliquais à lancer droit mais toujours très légèrement vers notre camp. »

En dents de scie

Une fois mon diplôme en poche, je me suis consacré à la construction de mon cabinet, ce qui fait que dans les années 1980, entre le boulot et les blessures, je ne jouais que par intermittence en équipe de France. J'ai joué trois fois dans des équipes qui auraient pu remporter le Grand Chelem mais je n'y suis jamais parvenu. Puis, j'ai eu trois enfants et comme le dernier n'avait qu'un an, je ne voulais plus partir pour six semaines. J'ai été le seul joueur à refuser des sélections. Bien sûr, j'aurais aimé y aller mais j'avais ma vie à mener. Cette année-là, Toulon a gagné le Bouclier de Brennus, j'ai quand même vécu une belle saison. »

H comme Herrero

Jérôme, comme Éric Champ et les frères Herrero, sont très attachés à Toulon. Je voulais qu'il me parle d'André Herrero que je n'ai pas connu.

« La famille Herrero est pleine de fortes têtes. André était l'un des six enfants, quatre garçons, deux filles. C'était un grand joueur et capitaine, un homme rude et un chef dans l'âme. Il n'a pas fait d'études, il travaillait sur les docks tout en jouant pour un petit club avant d'être repéré par Toulon qui a su déceler son talent. Son intelligence était instinctive, intuitive. Dans la vie ou dans le rugby, il se distinguait par sa capacité à trouver des solutions à tout problème.

Il n'a pas eu besoin d'aller à l'université ou de s'intéresser aux statistiques pour savoir ce qu'il avait à faire. Il savait. C'est tout.

Sur un terrain, c'est essentiel d'avoir cette sagesse et cet instinct et André en avait à revendre. Jacques Fouroux était pareil. Ils voyaient aussi ce que le rugby pouvait leur rapporter et ils ont capitalisé là-dessus. Les gens comme ça ne font pas d'erreur dans la vie. Éric Champ, qui n'est pas lui non plus allé à l'université, comprend cela très bien. Tous les trois sont des finauds. »

Extension du domaine de l'en-but

Le cabinet de Jérôme et de son frère Christophe qui jouait à l'ouverture ou centre à Toulon fonctionne à plein. Il n'a pas eu de problème quand est venu le temps de passer à autre chose.

« J'étais content d'arrêter le rugby et, depuis, je n'ai plus jamais touché un ballon. Pour rester en forme, je joue au football et au tennis, je fais du vélo, je nage, je marche et je fais même du windsurf ; en gros, je fais de tout sauf du rugby. À vélo, je grimpe si lentement que je peux compter les fleurs...

Quand je regarde ma carrière, je suis heureux d'avoir battu les All Blacks, d'avoir joué le Tournoi, d'avoir été champion de France, d'avoir joué quelques finales et d'être parti en tournée. Mon instinct de compétition, je m'en sers dans mon métier maintenant. Il faut savoir sortir de son "domaine" pour l'appliquer ailleurs. »

Les patients, dans la salle d'attente, doivent commencer à se demander quel type de soins je reçois pour avoir besoin de rester si longtemps derrière la porte. Il est temps de terminer l'interview. Jamais je ne suis sorti de chez le dentiste aussi enthousiaste.

« l'Ourson géant »
Jean-François Imbernon

Né le 17 octobre 1951 à Fuilla - CLUB : USA Perpignan - SÉLECTIONS : 23 - POSTE : Deuxième ligne - GRANDS CHELEMS : 1977, 1981
SURNOM : « l'Ourson géant » © David Beresford - RENCONTRE : samedi 17 février 2018

Voilà un authentique produit du terroir catalan. Si Jean-François Imbernon était une bouteille, ce serait un magnum de vin tannique, rustique et chaleureux. Nous nous rencontrons par une froide journée d'hiver, juste devant le stade Aimé-Giral de Perpignan. En arrivant, il tire furieusement sur sa clope. *« Salut David. Comment va ? Ravi de te rencontrer. Laisse-moi deux minutes que je la finisse et on va se faire un bon repas, au chaud. »* Me voilà parti pour un déjeuner de trois heures avec un géant.

Jean-François termine sa Gauloise et nous entrons dans une brasserie pleine à craquer, un lieu saint pour les gourmets et les fidèles du rugby. Je lui demande de me raconter sa carrière.

Au sud de Perpignan

« Je suis né dans un village de montagne qui s'appelle Fuilla près de Villefranche-de-Conflent, pas très loin de Perpignan. Mon père était espagnol mais il est venu en France à l'âge de dix ans à cause de la guerre civile. Des centaines de réfugiés étaient frigorifiés et mouraient de faim dans des camps. Rien qu'à Prats-de-Mollo, au sud de Perpignan, ils étaient environ cent mille. Ma mère venait de la Cerdagne, près de Font-Romeu. C'étaient des gens simples qui vivaient de leurs poules, des œufs, de lapins, de leurs légumes. Il n'y avait pas de farine pour faire du pain donc ils faisaient du troc avec le boulanger, du pain contre des œufs. Ils travaillaient très dur. Mon père faisait 40 kilomètres à vélo pour aller chez le boulanger et autant au retour.

Nous avions un verger dans lequel j'aimais bien travailler plutôt que d'aller à l'école. Les pies venaient manger les fruits et je touchais 5 francs par pie capturée. Nous produisions 100 tonnes de pommes et porter les lourdes caisses servait d'exercice de musculation.

J'ai débuté à Prades avant d'aller à l'AS Bages, au sud de Perpignan. Ils recrutaient les meilleurs joueurs du coin et ils m'ont demandé de venir y faire mon service militaire et ils me payaient 500 francs par mois. Nous étions amateurs mais personne ne disait rien.

À l'AS Bages, je me suis coupé accidentellement le majeur avec une tronçonneuse. Je venais de quitter la caserne, j'avais dix-neuf ans et je n'ai pas pu jouer au rugby pendant six mois. Ce n'est qu'à vingt ans que j'ai joué pour Perpignan. »

La mauvaise réputation

Était-il plutôt joueur ou bagarreur ?

« J'avais la réputation d'être un bagarreur à Perpignan où je n'arrêtais pas d'être suspendu. J'ai raté les phases finales des deux premières saisons. Un jour, je me suis rendu compte

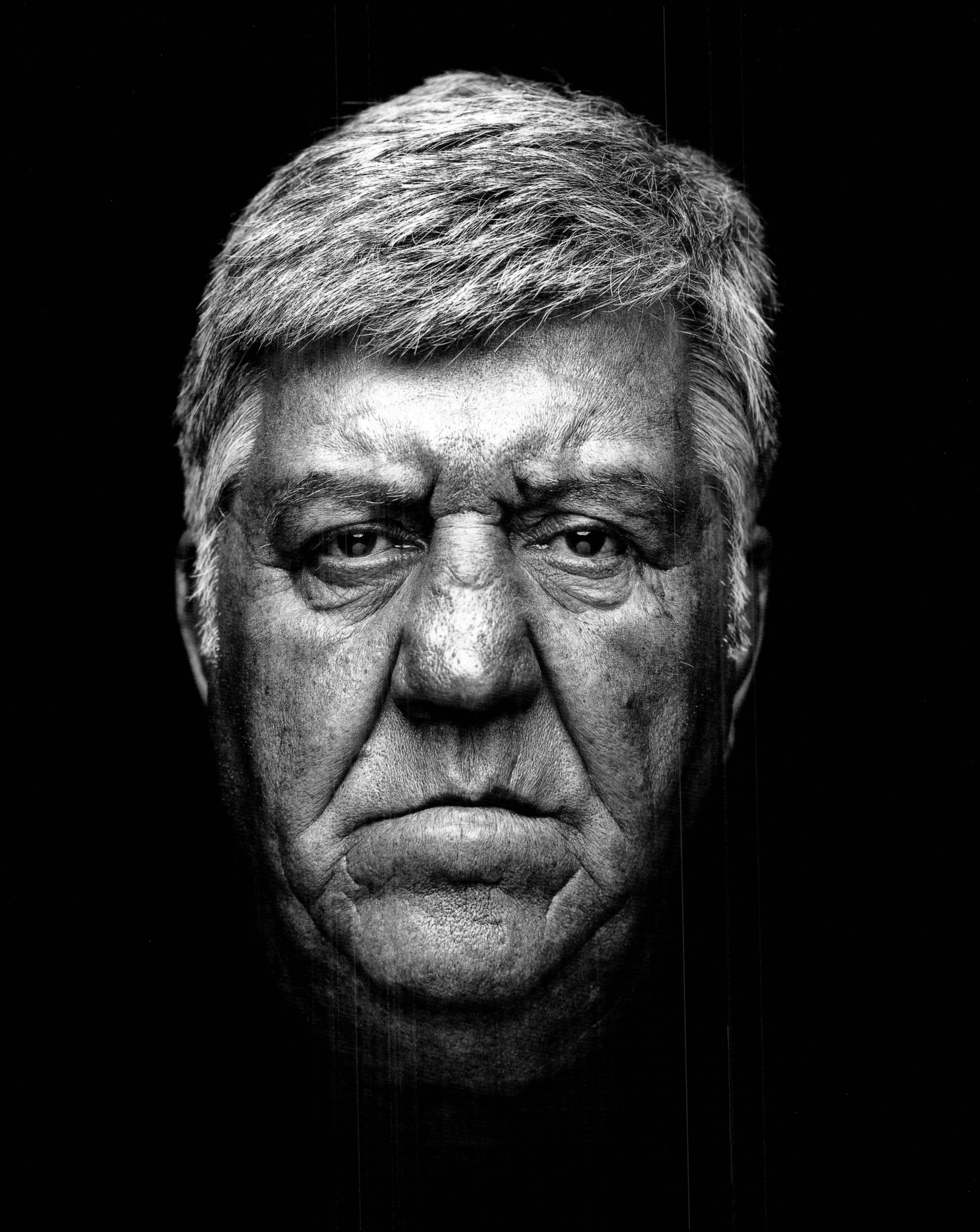

Jean-François Imbernon, deuxième-ligne, figure incontournable du XV de France.

© Pierre Carton

que je pouvais aussi jouer et pas seulement me battre, donc j'ai arrêté de faire le con et j'ai commencé à jouer. C'est à ce moment-là que tout s'est enclenché. J'ai été sélectionné pour le Tournoi 1976. »

Pierre Dospital m'avait dit :

« Cholley, Palmié, Imbernon, ces trois-là étaient des vrais durs. Ils étaient forts et solides. Jean-François était un diamant brut qui était dur mais juste. Il avait la gueule d'un fermier et si tu ne le connaissais pas, il pouvait faire peur. »

Bill Beaumont m'a dit qu'il avait gardé un bon souvenir de ses affrontements avec Imbernon et Palmié :

« Quand on jouait contre eux, on ne pouvait pas se contenter d'être brutal, ils étaient tellement costauds. Il fallait les contourner et jouer de ruses.

Quand on s'alignait dans le tunnel, ils nous fixaient du regard. Ils avaient de grosses mains noueuses, ne se rasaient jamais, portaient des bandages et transpiraient.

J'ai vraiment aimé jouer contre eux au Parc des Princes mais il fallait leur tenir tête. Faire en sorte qu'ils te respectent. »

Je lui demande ce que cela lui faisait, de jouer contre son partenaire en équipe de France, Palmié quand Perpignan affrontait Béziers.

« Palmié était un mec dur. On essayait de s'éviter. Je me concentrais sur Estève ou Senal et lui s'occupait de Goze ! Estève était dur et costaud mais n'était pas vicieux ou méchant comme Senal et Saisset. »

« C'était Jacques »

J'évoque le Grand Chelem de 1977. Il en rougit d'orgueil et se met à rire très fort de sa voix grave.

« C'est grâce à Jacques, le capitaine. C'était un incroyable meneur d'hommes. Il avait du charisme et une grande confiance en lui. Il pouvait être aussi drôle que chiant avec tous ses discours ! »

« Après le premier match remporté contre le pays de Galles en 1977, Fouroux est allé voir Ferrasse et lui a dit : "Il faut garder la même équipe. Ne changez personne et nous allons gagner le Grand Chelem. Je le jure."

Sa technique pour motiver les joueurs est légendaire. Avant les matchs, il rassemblait tous les avants dans une chambre d'hôtel et il nous mettait en rogne. Il avait une stratégie pour chaque joueur et il me disait souvent que j'étais trop gentil ! Ça me blessait profondément.

Et quel caractère ! Contre l'Écosse, sur une touche près de notre ligne, j'ai très mal dévié la balle pour Jacques qui était demi de mêlée. En conséquence de quoi le pack Écossais lui a cassé le nez. Il m'a regardé et m'a crié : "Tu n'es qu'un putain de bon à rien espèce de Catalan, tu m'as baisé." Tandis que le médecin s'occupait de lui, il vit Richard Astre en train de s'échauffer pour le remplacer. Il n'était plus question qu'il sorte. Il dit au docteur : "Mets-moi un sparadrap et dégage !" C'était Jacques – dur, intransigeant, direct et très drôle. »

En 1982, l'équipe de France perdait tous ses matchs et Jacques rappela Jean-François.

« L'USAP devait jouer contre Toulouse et notre entraîneur André Quilis dit : "Je vais te faire jouer. Je sais que tu es incapable de courir pas mais tu peux foutre le bordel. Balance juste quelques gnons."

Durant le match, je ralentissais tellement le cours du jeu que tout le monde était obligé de m'attendre pour entrer en mêlée.

Mais nous avons gagné 6 à 3. Basquet avait vu ça et me dit : "Jean-François, tu as fait un grand match."

Une semaine plus tard, j'étais au bistrot quand "le Nain" (Jacques Fouroux) m'appelle au téléphone. J'avais compris ce qui se tramait et donc j'ai fait l'imbécile : "Quoi ? Tu veux que j'aille à Paris pour prendre une cuite ?" Il me demandait de revenir pour jouer l'ultime match contre l'Irlande. Je lui ai répondu que j'étais énorme et pas du tout en forme mais il

Jean-François Imbernon dans l'alignement face à l'Écosse, le 17 janvier 1981.

© Presse Sports

n'aurait pas accepté que je refuse. Il me dit : "Tu peux marcher ? Bon, tu es sélectionné." Je n'y suis allé que pour lui faire plaisir.

En arrivant Porte d'Auteuil, je voulais acheter du Byrrh. Alors Jean-Luc Joinel me dit : "Tu sais, ce n'est plus comme avant, nous suivons un régime." Je lui ai demandé à quel poste il jouait, ce "Régime". Ils mangeaient des carottes râpées, du céleri, des betteraves, des poireaux, de la chicorée, de la salade, du poisson. Les trucs comme le vin rouge, la viande rouge, les sauces et le fromage étaient interdits. J'ai dit au revoir à Jacques en reprenant mon sac. Je plaisantais bien sûr mais il pensa que j'étais sérieux. J'ai aussi dit à Jeannot Lescarboura qui jouait son premier Tournoi, il avait à peine vingt ans, qu'il n'y avait pas d'Orangina ou de Coca et que donc il devrait se contenter de boire du Picard.

Ce soir-là, au dîner, Jacques m'avait réservé une place à table avec mon nom près d'une assiette de fromage et d'une bouteille de rouge ! Quel drôle d'entraîneur...

Ainsi, durant le match, j'ai filé des marrons, j'ai piétiné les adversaires, j'ai planté des fourchettes à d'autres mais au bout de vingt minutes j'étais claqué. Après avoir filé une fourchette, j'ai cru qu'on allait me foutre dehors mais j'ai levé mes doigts en l'air pour qu'on voie qu'il m'en manquait un en disant à l'arbitre : "Voyez, c'est impossible."

On a fini par gagner le match 22 à 9. Les Irlandais étaient privés de Willie Duggan qui s'était blessé dans une rixe avec un chauffeur de taxi deux jours plus tôt ! »

Nous sommes à table depuis plus de trois heures et j'ai ri tout autant que soigné ma ligne. Jean-François est quelqu'un de très gentil, le parfait parangon du joueur de rugby français : gaillard, dur, rugueux et généreux. On se quitte. Après quoi, je marche longtemps dans Perpignan.

Carnival
The wheels fly and the colors spin
Through alcohol
Red wine that punctures the skin
Face to face
In a dry and water less place[1]

Extrait de *The Unforgetable Fire* du groupe U2
(U2, Island Records, 1984)

© Shutterstock

L'ouverture parisienne

Culturellement, Paris semble être à des années-lumière du sud amouraché de rugby et de ses racines profondes ancrées dans leur terroir, mais Paris abrite le superbe Parc des Princes qui, à mes yeux, est synonyme de *French Flair* et des images de l'équipe des années 1980. En ce temps-là, le Racing Club de France était l'équipe à battre, un club sportif célèbre et fermé empreint de tradition. Plus britannique dans ses mœurs, en somme...

1 « *Carnaval / Tout part en vrille, il y a du vent dans les baux*
À cause de l'alcool / Du vin rouge dans les veines
Nous sommes face à nous-mêmes / Dans un lieu sec et sans eau »

« Lafleur »
Denis Charvet

Né le 12 mai 1962 à Cahors - CLUBS : Stade toulousain, Racing Club de France - SÉLECTIONS : 23 - POSTE : Centre ou ailier
GRAND CHELEM : 1987 - SURNOM : « Lafleur » - RENCONTRE : mardi 23 janvier 2018, mercredi 18 avril 2018

Serge Blanco l'avait appelé alors que nous déjeunions à Hendaye. Il était tombé sur sa boîte vocale et lui avait laissé un message qui donnait à peu près ceci : *« Denis, c'est Serge... Je vais te donner le numéro d'un Anglais. C'est curieux mais c'est un bon mec... Il a joué au même poste que toi... Bref, si tu peux encore te faire passer pour un centre, ce n'est plus vraiment son cas... »* La route était dégagée. Denis me rappelait quelques jours après et l'on se donnait rendez-vous à Paris pour un petit-déjeuner chez Lipp, boulevard Saint-Germain.

Chez Lipp

Denis m'avait appelé quelques jours auparavant pour me dire que Bernard Laporte se joindrait à nous. Je n'avais pas vu ses lunettes à la Harry Potter depuis 1988. À cette époque, j'habitais à Bordeaux et je jouais pour le BEC. Lui à Bègles. Deux bonnes équipes, à ce détail près que la mienne était pleine de charlatans et d'étudiants excités tandis que la sienne était semi-professionnelle. Nous avions un ami commun qui avait organisé un déjeuner et qui m'avait dit : « *Viens, je te présenterai deux amis de Bègles. Ils s'appellent Bernard Laporte et Vincent Moscato. Vincent a la cote et devrait bientôt jouer en équipe de France. C'est un très bon joueur.* »

Nous nous attablons à l'étage de la brasserie. Bernard ne s'éternisera pas, ayant quelques affaires brûlantes à régler à la FFR – c'est-à-dire réactiver l'image romantique et les succès des Tricolores, ce qui, justement, constitue le sujet de ce livre.

Le Cadurcien

Je demande à Denis qu'il me raconte ses débuts à Cahors et son ascension jusqu'au sommet. « *Le rugby a toujours fait partie de ma vie. Mon oncle, André Melet, a été champion de France en 1947 contre Agen avec Toulouse. Lors de cette finale, Albert Ferrasse et Guy Basquet, qui deviendraient les deux hommes forts de la FFR, jouaient alors à Agen. André, lui, passa professionnel à XIII.* »

Cette finale est tristement célèbre parce que Basquet fut expulsé pour avoir donné un coup de pied à un joueur. Qu'importe, les Agenais ont tellement vociféré que le président de la Fédération, Alfred Eluère, quitta les tribunes pour résoudre lui-même cette affaire. On tomba d'accord pour que Basquet sorte du terrain mais puisse revenir en seconde mi-temps ! La paire Ferrasse-Basquet était déjà très influente à la FFR, quelque vingt années avant qu'Albert en devienne le président.

« *J'aimais aussi le football mais j'avais l'impression que j'étais destiné à jouer au rugby. J'avais ça dans le sang et j'étais un compétiteur né.*

J'ai rejoint le Stade toulousain en 1983, la même année qu'Érik Bonneval. Jean-Pierre Rives était déjà parti à Paris mais il m'invita pour un match des Barbarians à Oxford contre la sélection du Major Stanley[1] *en novembre 1985. J'avais joué quelques matchs internationaux contre le Japon et lors d'une tournée en Argentine mais je n'étais pas très connu.*

Jean-Pierre leur avait dit qu'il amenait avec lui un jeune arriviste. Willie-John McBride, Ian Milne et Andy Ripley buvaient des bières dans le vestiaire juste avant le match. Je me suis dit "Qu'est-ce que c'est que ça ?"

1 - Le Major Stanley, ancien d'Oxford, fut un ardent défenseur du rugby à l'université et devint son représentant à la Fédération anglaise au début du siècle dernier.

« J'étais un enfant de la balle. Ça n'a jamais été une question d'argent. »

Heureusement, j'ai fait un bon match. Le lendemain, le journal titrait : "Qui est Charvet ?"

Jean-Pierre était une de mes idoles quand j'étais plus jeune. Il m'a pris sous son aile et il a fait mon apprentissage.

Cahors était et demeure mon club de cœur et quand j'ai commencé à jouer en équipe première, j'ai pensé que j'avais atteint le sommet. Je n'avais jamais eu l'intention de signer à Toulouse. Alors que j'y faisais mes études, j'ai été contacté par Brive et Narbonne. Didier Codorniou, une autre idole, jouait à Narbonne mais quand je suis allé les voir, Didier n'était pas là. S'il avait été là, j'aurais signé. Je suis revenu à Toulouse et j'ai rencontré Pierre Villepreux, encore une de mes idoles. »

Denis Charvet, le 15 mars 1986 contre l'Angleterre. Le XV de France l'emporte 29-10.

© Jean-Yves Rusznievski/TempSport/Corbis/VCG via Getty Images

Professeur Villepreux

« Pierre ne m'avait jamais vu jouer. Je l'ai rencontré après un match universitaire et il m'invita à jouer un match avec une équipe de jeunes. C'est pour jouer en équipe de France que j'ai signé avec eux mais ils avaient déjà de bons centres avec Salsé et Merlos ! Je devais être un peu dingue pour signer mais j'étais un jeune homme déterminé, je n'avais peur de rien. J'étais "un enfant de la balle". Ça n'a jamais été une question d'argent. Le plus important, c'était de jouer et d'avoir des amis. J'étais à fond.

Pierre était "l'éminence grise" et son style de jeu reflète la façon dont il voit le rugby. C'est très utopique. Il m'a tant appris !

Il a taillé le diamant brut que j'étais. Il avait compris qu'à ce jeu, il fallait que l'on prenne du plaisir.

C'est le plus grand entraîneur que j'aie jamais eu. C'étaient des moments magiques. Ça n'a pas de prix.

Il a vraiment profondément réfléchi à la façon dont il fallait pratiquer ce jeu et il communiquait ses idées très efficacement. J'adorais la façon dont lui et Jean-Claude Skrela concevaient l'espace, le contact et la responsabilité du joueur. Il a inventé cette expression : "L'intelligence situationnelle." L'idée était et demeure qu'un joueur pouvant se trouver n'importe où sur le terrain doit s'adapter à la situation. Cela demande de réfléchir davantage et une bonne compréhension du jeu. De l'intelligence. Il faut aussi une bonne défense capable de récupérer des ballons. La difficulté étant, dès que l'on a la balle, de faire les bons choix. À cette époque nous en avions la capacité, tant au Stade toulousain qu'en équipe de France, c'est ce que les Anglais appellent le French Flair*.*

C'est un excellent professeur. Quand je jouais, son "discours sur le jeu" était très argumenté, constructif et parfois révolutionnaire. Ça ne marchait pas tout le temps, il fallait aussi être pragmatiques. On ne peut pas vivre dans un rêve tout le temps. Il m'a donné de la liberté, m'a

« J'ai sauté par-dessus les barrières, j'ai joint les mains et j'ai regardé le ciel. »

encouragé à prendre mes responsabilités, à prendre du plaisir et à être audacieux. Ce n'étaient pas que des mots. Il y croyait vraiment. Ça ne peut marcher que si quelqu'un le dit avec autant de conviction, puis cela devient crédible et on se sent soutenu.

On ne peut pas imaginer à quel point les joueurs ont besoin d'être en confiance. Où vont-ils la chercher ? En l'entraîneur. Pierre nous donnait cette dernière note d'inspiration avant qu'on rentre sur le terrain.

La malchance a voulu qu'il ne soit pas devenu entraîneur de l'équipe de France en 1991. J'aurais beaucoup plus de sélections, peut-être une centaine ! J'aurais peut-être joué encore quatre ans avec Philippe. Je ne le regrette pas, c'est la vie.

Jean-Claude Skrela était aussi formidable. Lui et Pierre étaient très complémentaires. Il était gentil et compréhensif. Il était très attaché au club qu'il aimait et aux joueurs. Je vivais un rêve. Parfois, je me demande si tout cela est bien arrivé. »

En quoi la philosophie de Pierre était-elle différente de celle de Jacques Fouroux ?

« Jacques était un peu paradoxal. Il aimait le rugby passionnément et le beau jeu mais il se limitait lui-même dans une autre conception. La presse n'arrivait pas à concilier son désir de nous voir jouer avec flair avec ce désir de Jacques de gagner, et pour cela il faut être pragmatique.

Bien sûr, l'histoire qui veut que nous n'étions faits que de muscles sans une once de flair est fausse.

Nous avions de la puissance devant et du flair derrière, nous étions aussi pragmatiques et nous pouvions remporter des matchs compliqués, comme le démontre le parcours de Jacques.

Il était habité par le jeu. Je l'aimais bien, même s'il a été dur avec moi. Il m'a offert le plus beau cadeau que l'on puisse espérer humainement, un jour, au tournoi de golf de Robert Paparemborde. On s'est assis, rien que tous les deux, et il m'a dit : "J'ai été dur avec toi et je le regrette." Je lui ai répondu : "Ce ne sont pas les sélections qui vont me manquer. Ce sont les souvenirs que je ne pourrai pas partager avec toi." »

Le dilemme

Denis a eu la chance de jouer avec quelques-uns des plus grands trois-quarts centre, dont Didier Codorniou et Philippe Sella. Je voulais savoir ce qui les différenciait.

« Codor était mon idole mais j'ai hérité de sa place dans l'équipe parce que c'était le choix de Jacques.

Quand Codor est allé au Stade toulousain, nous jouions le plus beau rugby de tous les temps. Je jouais avec les joueurs avec qui je voulais jouer. C'est le meilleur joueur avec lequel j'ai joué. Il avait tout pour lui – le sens inné du jeu, la vision, l'anticipation, la technique. C'était un magicien. Oui, quand on prend tout en compte, Codor, c'était le plus fort ! C'était comme le Mozart du rugby. »

Et Sella ?

« Si l'on parle de la compréhension du jeu, Codor était meilleur mais j'adorais jouer avec Philippe. Il y avait une alchimie entre nous. Il est très difficile de comparer Sella à Codorniou parce qu'ils ne jouaient pas le même rugby. C'est délicat. Quand tu es jeune, que tu aimes ce jeu, tu es davantage attiré par des joueurs comme Codor. On l'appelait "le Petit Prince". J'aimais sa façon de voir les choses – son intelligence, sa sagesse, sa générosité, comme il sentait les espaces, ses passes qui étaient excellentes, son amour du jeu, notre complémentarité. Durant trois saisons, il m'a vraiment aidé à progresser. Mon seul regret, c'est qu'il ne soit pas resté plus longtemps au Stade toulousain. Grâce à lui, j'ai passé un cap. »

Pendant que Denis parlait, je sentais que je lui demandais l'impossible. Ces deux joueurs étaient ceux pour lesquels il éprouvait une grande admiration. Il les aimait tous les deux pareillement pour des raisons différentes.

Toulon, 1989

Je lui demande de décrire ce qu'il a ressenti après son magnifique essai lors de la finale 1989 contre Toulon.

« En étudiant les images vidéo de Toulon la semaine précédente, Villepreux avait remarqué qu'ils étaient mal placés quand ils étaient dans les 22 mètres adverses. Il nous a dit : "N'hésitez pas à tenter le coup." Codor me fit la passe et j'ai pris le trou pour sprinter jusqu'au coin opposé. Gallion et Melville me couraient après mais j'allais trop vite. Ils n'avaient aucune chance de me rattraper !

Galles–France 1986. Denis fait parler sa vitesse sur la pelouse de l'Arms Park de Cardiff.

© Presse Sports

Quand j'ai marqué, tout le stade s'est levé et a applaudi, que les gens soient de Toulouse ou de Toulon.

J'ai sauté par-dessus les barrières, j'ai joint les mains et j'ai regardé le ciel, comme en prière, alors que je ne suis pas croyant. J'ai pensé : "Mais qu'est-ce qui m'arrive ?" Pendant quelques minutes, juste après, j'ai senti que je perdais pied. C'était comme si quelqu'un m'avait donné cette mission, que c'était mon destin. C'était le jour parfait pour ça, le plus gros match de l'année, quelques mois après que Jacques m'avait laissé tomber alors qu'arrivait une tournée en Nouvelle-Zélande.

Quand je suis revenu dans mon camp pour le coup d'envoi mais aussi dans le vestiaire ensuite, je me sentais un peu gêné. C'était une étrange sensation. Je n'arriverai pas à l'expliquer.

Les supporters de Toulon me parlent encore de cet essai aujourd'hui. Ils en ont oublié que j'avais réalisé un triplé contre eux lors de la finale de 1985. »

Toulouse-Paris

Le passage de Denis à Toulouse a été éblouissant mais, en 1990, il prenait la décision de partir à Paris pour jouer au Racing.

« C'est Jean-Pierre qui m'a recruté. Il a appelé Patou, qui était le manager du Racing, et ils m'ont contacté. Ça s'est fait en deux coups de fil.

J'ai adoré la période au Stade toulousain mais j'avais tout gagné. Après les trois titres de champion de France, j'avais besoin d'un nouveau challenge. Toulouse est une

« Ce jour-là, je suis mort une première fois. »

ville de province, ni grande ni petite, je me sentais à l'étroit. J'étais cajolé et j'avais besoin d'aventure, de rencontrer d'autres gens, de me frotter à une autre culture. Quand on vit en province, il y a quelque frustration à ne pas connaître Paris.

Je savais que découvrir Paris ne serait pas aisé mais je n'ai jamais regretté. C'était très dur au début, je passais d'un monde enchanté au monde concret et je n'étais pas préparé à ça.

À Toulouse, c'était du tout cuit pour moi. Tandis qu'à Paris, je devais tout apprendre, changer de vie et m'adapter.

J'avais de très bons amis comme Jean-Pierre, ce qui fait que je n'étais pas largué mais je n'étais pas mûr. Ce fut dur mais sur le long terme, ça allait être fantastique. Je me suis construit une autre vie et j'aime Paris. »

Denis habite près du Parc des Princes et, si j'en crois Jean-Pierre, il est désormais plus parisien que les Parisiens.

« Je n'ai aucun autre regret que celui d'avoir quitté Toulouse un an trop tôt parce que je n'ai pas été sélectionné pour la Coupe du monde 1991. Je m'y serais mieux préparé à Toulouse. J'ai joué avec quelques très bons joueurs au Racing et nous avions fait une bonne saison. Nous aurions dû aller en finale mais nous avons perdu en demi contre le Stade toulousain 13 à 12. »

Compétiteur, cet échec de 1991 le tracasse encore.

« J'en veux toujours à Trillo de ne pas m'avoir pris. »

La vie d'après

Denis a arrêté de jouer en 1996, après quoi il a eu du mal à s'adapter à une vie normale. Une manière de s'en sortir a été d'écrire un livre, *La Dernière Passe*[1].

Lors de notre première rencontre à la Brasserie Lipp, je n'avais pas lu le livre de Denis et je ne savais rien de ses souffrances après la fin de sa carrière. Je l'ai rappelé et nous nous sommes revus au Molitor, très chic hôtel du XVIe arrondissement. Je voulais qu'il me raconte tout de ses cinq années après la fin de sa carrière.

« En octobre 1997, j'avais alors trente-cinq ans, j'ai joué le dernier match de ma carrière avec les Barbarians français à Lansdowne Road[2]*. Ce jour-là, je suis mort une première fois. On sait qu'on va être remplacé mais on ne se prépare jamais à sortir. Cela se produit quand tout s'arrête et que, soudain, tout bascule.*

Les gens admirent les champions quand ils sont au firmament. Mais après, c'est dans le regard des autres que l'on comprend ce que l'on a perdu. Le prix à payer est terrible, la solitude, le manque de confiance en soi, le manque de reconnaissance, l'anonymat.

On ne peut pas sortir indemne d'une carrière de sportif professionnel. Si quelqu'un ou quelqu'une prétendait maîtriser sa fin de sa carrière, ce serait du déni. Fini les vestiaires et leurs odeurs caractéristiques. On ne fréquente plus aucun stade, ami, ou célébrité de la même façon. La magie qui entoure ta vie ne fonctionne plus. Il n'y a plus rien. Tu es livré à toi-même, à la réalité du monde à laquelle tu n'as jamais été vraiment confronté parce que tu vivais dans le coton. »

On dirait que Denis raconte une tragédie grecque.

« Durant cette période, j'étais réconforté par la bulle parisienne. Je me noyais dans le monde factice du showbiz, l'alcool et les boîtes de nuit. La boisson est devenue mon amie, elle m'aidait à maquiller la réalité et à composer avec mes démons.

Personne ne pouvait m'aider parce que je n'entendais plus rien. J'étais sourd et aveugle. Quand tu es faible, tu n'as envie de voir que les gens avec qui tu t'amuses. Tu ouvres grand les bras et tu lances : "C'est ma tournée !" Les gens que je fréquentais quand j'allais mal étaient complices.

Heureusement, j'ai des amis qui ont toujours été là.

Jean-Pierre Rives, Richard Bohringer, mon frère spirituel, Serge Kampf[3]*, et mon ami Charles Melman, un psychiatre et une des personnes les plus formidables que j'aie pu rencontrer. Je n'avais rien à leur offrir de plus que ma détresse. Et ils m'ont beaucoup apporté. Je remercie ma bonne étoile pour les avoir eus près de moi. »*

« Tuer Denis »

« Je me suis dit que je devais tuer l'ex-joueur de rugby. Je désirais être respecté et pouvoir me regarder tel que j'étais à l'intérieur de moi-même, comme le petit garçon qui jouait au rugby dans le jardin à Cahors, imitant la voix de Roger Couderc.

3 - Homme d'affaires, patron de Capgemini, décédé en 2016 qui a été le bienfaiteur de beaucoup d'internationaux français.

1 - Denis Charvet, *La Dernière Passe*, Paris, Éd. du Ballon carré, 2015.

2 - Ancien nom donné au stade de l'équipe d'Irlande à Dublin.

La psychothérapie a changé l'homme que j'étais. Bernard Laporte également a joué un rôle dans ce processus. Il m'a aidé à remonter la pente. Avec son énergie, il a été déterminant dans la façon dont j'ai pu retrouver un équilibre.

J'ai écrit mon livre parce que sans doute je devais exorciser tout cela. Il fallait en quelque sorte que je fasse le deuil. Ma plus belle réussite a été de parvenir à tuer le joueur en moi. »

En écoutant Denis parler je me dis qu'il a fait un sacré demi-tour dans l'existence. C'est un bel exemple pour les joueurs qui se trouvent confrontés aux mêmes problèmes.

Aujourd'hui, Denis intervient régulièrement dans les médias. Il préfère la radio parce qu'elle lui donne la possibilité de s'exprimer librement et parce qu'il aime travailler avec Vincent Moscato. Il est aussi un des dirigeants des Barbarians français, tout en ayant d'autres centres d'intérêt et diverses affaires. J'ai passé près de quatre heures en sa compagnie. Sa confession demande un réel courage, signe même de sa grande force. C'est un homme fascinant et chaleureux, passionné, et qui parfois s'exprime avec la conviction de ses anciens entraîneurs, comme l'auraient fait Villepreux et Fouroux à leur manière. J'ai adoré discuter avec lui. On s'est embrassés et il est rentré chez lui, non loin de là.

Denis Charvet vu par :

PHILIPPE SELLA :

« Il était vitesse, humour et plaisirs. »

FRANCK MESNEL :

« Didier Codorniou avait tout pour lui. Il a fait briller Denis. C'était un formidable finisseur. Ça le rend dingue quand je dis ça ! »

PIERRE VILLEPREUX :

« Il était très vif et il aimait courir ballon en main. »

WILL CARLING :

« Sella était solide comme un bœuf, vraiment puissant. Mais nous devions surveiller Charvet de très près. Il pouvait s'envoler d'un seul coup grâce à sa vitesse. »

IEUAN EVANS :

« Charvet avait la classe et la grâce, il courait admirablement et possédait un jeu de jambes rapide. »

« le Panache parisien »
Franck Mesnel

Né le 30 juin 1961 à Neuilly - CLUB : **Racing Club de France** - SÉLECTIONS : **56** - POSTE : **Demi d'ouverture ou trois-quarts centre**
GRAND CHELEM : **1987** - SURNOM : **« le Panache parisien » (© David Beresford)** - RENCONTRE : **jeudi 19 avril 2018**

Je retrouvé ce gendre idéal grâce à Pascal Ondarts et nous convenons d'un déjeuner ensemble à Paris, au printemps. Très romantique. Ma femme n'est pas contente. Non parce que je ne déjeunais pas avec elle mais parce qu'elle ne déjeunerait pas avec Franck. Je l'ai rejoint au QG d'Eden Park, rue Mont-Louis, dans le XIe arrondissement. Il me fait faire le tour du propriétaire.

« Ça, c'est l'équipe des designers. Je ne sais même pas ce qu'ils font. »

Les employés rigolent et nous levons le camp. Bien évidemment, Franck sait exactement quel est leur boulot. Sans eux, pas de business. Les gens, ici, innovent, créent et développent, sans entrave, sans complications ni restrictions. Si vous ne le savez pas, Eden Park a été créée en 1987 par Franck avec ses anciens coéquipiers du Racing (Éric Blanc, Yvon Rousset, Jean-Baptiste Lafond et Philippe Guillard).

Pour déjeuner, Franck a choisi un fabuleux petit restaurant italien, Il Bacaro, à dix minutes du bureau. Rien de sophistiqué mais du fait maison garanti. Je demande à Franck de me raconter l'histoire d'Eden Park et du Show-bizz.

Comme une traînée de poudre

« Nous avons commencé à porter des bérets à Bayonne, une idée de Jean-Baptiste et Yvon Rousset durant une séance de kiné lors de la saison 1986-1987. Nous avions joué à Bayonne et nous avions gagné, puis, dans le vestiaire, Baptiste a lâché à Pierre Salviac, qui était le commentateur sur Antenne 2, que nous jouerions le match retour à domicile avec des bérets en janvier 1987. À peine l'avait-il entendu qu'il le répétait à la télévision et la nouvelle s'est répandue comme une traînée de poudre. Il ne nous restait plus qu'à en acheter huit pour les arrières et remporter le match, bien sûr.

Tu te vois porter un béret dans un match et le perdre ? Papa, notre entraîneur, était sceptique, mais il nous laissa faire. Nous ne nous rendions pas vraiment compte de ce que nous avions enclenché. On ne pouvait plus revenir en arrière ! Puis nous avons continué à faire d'autres plaisanteries. »

Coups d'éclat

En avril 1987, lors du quart de finale du championnat de France contre Brive, les arrières décidaient de marquer le coup en entrant sur le terrain en blazer et nœud papillon. Ils gagnèrent.

« Pierre Salviac nous avait dit : "Préparez-nous un truc pour la finale au Parc." Pour nous, c'était un jour de fête et nous pensions que peut-être l'occasion ne se reproduirait pas. Nous ne pouvions pas jouer en costard, nous avons pensé ne conserver que le nœud papillon rose. L'idée de porter le nœud papillon est née lors de la finale 1987 durant un dîner. La couleur rose était déjà un symbole de l'équipe parce que notre mascotte était une panthère rose. Donc, le nœud papillon rose devint l'emblème de l'insolence parisienne ! Une semaine après, les arrières du Show-bizz participèrent à la finale contre Toulon avec leur nœud papillon. Malheureusement, nous avons perdu. Pourtant, dans le tunnel juste avant le match, on s'était

© Marc Francotte/TempSport/Corbis via Getty Images

Franck Mesnel lors de la finale du Championnat de France, Racing-Toulon (15-12).

parfumés et on portait les nœuds pap. Nous avions le col du maillot relevé et une coiffure impeccable. Du moins les arrières du Show-bizz. Les Toulonnais, tout près de nous, transpiraient énormément et mâchaient du chewing-gum. On les rendait dingues.

Je suis allé titiller Éric Champ : "Je te sens pas aujourd'hui Éric. Quelque chose ne va pas ?" J'ai toujours entretenu de bonnes relations avec les flankers parce que leur boulot consistait à me dézinguer.

Sans le savoir, nous avions créé un logo, comme le crocodile Lacoste. La presse accrochait à nos facéties et nous a donné accès à un tout autre marché. C'était un raz-de-marée médiatique. Nous sommes passés une quarantaine de fois à la télé en prime time. Eddy Barclay, le célèbre producteur de musique français, nous a fait enregistrer un disque. Il nous plaît de croire que nous avons été le premier "boys band", mais un seul d'entre nous chantait correctement et deux autres pensaient que nous pourrions danser étant donné que nous allions en boîte une fois par semaine !

Dans le monde du cinéma, personne n'avait jamais entendu parler de nous ni même ne savait que nous étions des joueurs de rugby parce que ce sport n'était pas très connu à l'époque à Paris. Mais ils se souvenaient du nœud papillon rose. Les médias ont vraiment beaucoup fait pour accroître notre image de marque.

On a fait d'autres coups d'éclat. En 1988, pour un match contre Toulouse, les joueurs s'étaient barbouillé le visage à la peinture noire pour fêter l'anniversaire de leur pote et partenaire africain Vincent "Momo" Lelano. En 1989, dans un match contre Béziers, Baptiste a joué avec un postiche qui lui faisait le crâne chauve pour se moquer gentiment de notre coéquipier en équipe de France et adversaire ce jour-là, Didier Camberabero, qui s'était fait faire des implants capillaires. Puis, en mai 1990, nous avons disputé la finale contre Agen, où nous portions encore un nœud papillon rose. Baptiste en avait acheté un en plus qu'il offrit au président Mitterrand lors de la présentation des équipes. À la mi-temps, à la place des citrons, nous avons bu une gorgée de champagne dans des flûtes en cristal. Nous étions servis par Yvon Rousset habillé en garçon de café. Nous avons gagné 22 à 12. »

« Si je devais faire un livre comme le tien, je l'aurais fait sur le rugby gallois. »

La genèse d'Eden

Quelle est l'origine du nom de la marque ?

« Je terminais mes études et j'étais sur le point de partir pour la Coupe du monde en Australie et en Nouvelle-Zélande. Nous étions tous assis autour d'une table et j'etais d'accord pour dire qu'il fallait construire quelque chose autour de ce logo. J'ai commencé à songer au nom, et dessinant et faisant des croquis, je pensais à des choses comme Le Parc, Twickenham, Cardiff Arms Park et ainsi de suite. J'ai joué la finale sur la pelouse de l'Eden Park[1] et nous avons pensé que ce nom serait parfait parce que les deux mots ont quatre lettres chacun et que nous pourrions placer le nœud papillon rose au milieu.

Je suis revenu en France. Pendant mon absence, les autres avaient continué à se faire inviter partout dans les médias. J'ai passé dix-huit mois avec une agence de publicité et de marketing à réfléchir au plan commercial et à ce à quoi la marque se rapporterait.

Nous avions créé un logo mais nous désirions monter une affaire. J'ai bénéficié de conseils de pas mal d'amis et d'experts, notamment de gens qui viennent vous voir une fois mais que vous devez convaincre de revenir une deuxième et de les garder à vos côtés pour toujours. Pour réussir cela, vous devez aller dans le haut de gamme, avoir le bon design et de l'originalité. Mais nous devions réfléchir à ce que seraient nos produits phares. Champagne ? Vin ?

Baptiste était déjà impliqué dans le commerce de vin familial. Philippe Guillard écrivait, Yvon était kiné, et je voulais devenir pilote ou architecte. J'ai arrêté l'architecture et j'ai appelé Éric pour lui dire que j'avais beaucoup réfléchi et que notre produit d'appel avait été inventé par les Anglais mais que nous pouvions l'adopter en France en faisant le lien, bien sûr, avec notre histoire. Je plaisante souvent en disant que pendant que nos voisins anglais inventaient le rugby et en formalisaient les règles, les origines de ce sport étaient en réalité françaises : le rugby vient de la soule, qui était une sorte de jeu de guerre entre villages. »

Franck et son équipe ont sans aucun doute créé depuis lors une affaire très impressionnante. Une marque dont de nombreuses équipes nationales ont porté la griffe, la France, l'Italie, l'Irlande, l'Angleterre et les Lions britanniques. La société a aussi donné naissance à une association caritative, Les Papillons du ciel, en 2011, qui soutient des projets éducatifs s'appuyant sur les valeurs du rugby.

« Le rugby peut être une métaphore de la vie en société. Il a l'avantage d'être un jeu mais il peut aussi être éducatif. Le rugby est arbitré par un personnage respecté dont les décisions sont sacro-saintes. Il est soumis à des règles mais le danger est omniprésent, donc il ressemble à la vraie vie et réclame de la confiance, de l'amitié, de la fraternité et de la discipline si nous voulons réussir à vivre ensemble en harmonie. »

1 - Stade à Auckland en Nouvelle-Zélande.

Une ascension fulgurante

Je demande à Franck de me raconter ses débuts et ce qui lui a fait aimer le rugby.

« Je suis tombé amoureux de l'équipe de Galles des années 1970. J'adorais cette époque. Si je devais faire un livre comme le tien, je l'aurais fait sur le rugby gallois. En fait, peut-être juste parce qu'ils portaient des rouflaquettes !

J'ai grandi à Carrières-sur-Seine, je devais avoir autour de dix ans, on s'amusait avec mes potes dans des gravières, faisant les fous dans des tunnels avec des lampes frontales. On passait dans des petits souterrains qui nous obligeaient à ramper pendant près de trente minutes. C'était un terrain de jeu incroyable, ardu et parfois effrayant.

Je passais mon temps là-dedans, sauf quatre fois dans l'année, quand un copain venait me chercher pour aller chez lui voir les matchs du Tournoi.

Je me suis inscrit au club du coin parce qu'ils avaient des maillots rouges comme celui des Gallois.

J'ai arrêté le rugby un temps mais j'ai repris à Saint-Germain-en-Laye où je jouais pour le plaisir jusqu'à vingt-six ans. Un jour, un demi de mêlée quitta le club pour le Racing et il me dit que j'aurais dû essayer d'y aller pour passer un test. J'étudiais l'architecture mais j'étais tenté par l'aventure. Je n'ai jamais fini l'école d'architecture bien que j'y aie passé six ans.

Je me souviens être arrivé au Racing avec mon sac de sport pour un test en 1986. Je m'étais entraîné très dur et nous avons joué contre une équipe de deuxième division, Sainte-Geneviève-des-Bois, qui fut pour moi le match le plus important de ma vie. Tous les joueurs du Racing qui allaient

« Utilise ta force. Arrête de croire que tu es un danseur d'opéra. »

devenir mes amis étaient là, ils revenaient de vacances, et ils prenaient la chose beaucoup moins sérieusement que moi. Je me rappelle Jean-Baptiste Lafond, que je ne connaissais pas encore, qui me dit : "Les gros, c'est là-bas, avec les autres avants." J'ai dû expliquer qu'en fait je jouais derrière. Il me dévisagea, surpris, mais il y consentit de mauvaise grâce. »

J'ai foiré le coup d'envoi mais j'ai ensuite joué le match de ma vie.

J'étais en forme, concentré et j'étais un cauchemar pour mon adversaire direct. J'étais nerveux parce que je passais de la troisième division à la première mais je m'étais préparé à fond pendant deux mois sur la musique de Rocky pour me pousser. J'étais affûté et on m'a donné ma chance. »

Franck a connu une ascension fulgurante. Après seulement quelques mois à l'essai au Racing, il jouait contre les All Blacks, d'abord lors de la « bataille de Nantes » et, en moins d'un an, il intégrait l'équipe qui irait en finale de la première Coupe du monde. Il remportait aussi le Grand Chelem 1987 et joua la finale contre Toulon la même année.

« L'équipe de France avait compris que je n'étais pas un ouvreur classique avec mes 95 kilos. Jacques m'a dit : "Je ne te sélectionne pas parce que tu es un bon ouvreur. Je te prends parce que tu m'intéresses comme joueur de rugby. T'as plaqué John Kirwan en dernier défenseur lors d'un match avec ta province, et je me suis décidé sur cette seule action. Voyons voir comment tu vas t'y prendre." »

20 juin 1987, Franck Mesnel lors de la finale de la Coupe du monde à Auckland. Les All Blacks s'imposent 29 à 9.

« Peter Pan »

Jean Gachassin, l'ancien joueur de Lourdes, Bagnères et de l'équipe de France a été un modèle pour Franck.

« Il m'avait dit : "Tu dois faire en sorte d'être l'obsession de ton adversaire direct. Il faut qu'il se méfie de toi durant tout le match. Il ne faut jamais que tu te complaises dans la facilité, il faut que tu lui en fasses voir de toutes les couleurs. Si tu deviens prévisible, t'es mort."

"Peter Pan", c'est ainsi qu'on l'appelait, me confia qu'il était si petit qu'il devait, pour survivre, être imprévisible. Une fois, Jacques [Fouroux] m'a pris à part pour me dire : "Oublie Gachassin. Comment se fait-il qu'il t'obnubile tant ? Tu pèses 95 kilos. Utilise ta force. Arrête de croire que tu es un danseur d'opéra." »

À l'aile !

Franck me raconte une autre histoire amusante à propos de Jacques.

« En 1987, pendant la Coupe du monde 1987, Jacques vient nous voir avec Denis dans notre chambre quelques jours avant d'annoncer la composition de l'équipe qui jouerait contre les Fidji. Berbize était là également. Jacques était en verve. Il demande à Denis :

– Qui est le meilleur joueur du Tournoi ?

– Érik Bonneval, répond Denis.

– Et où est-ce qu'il joue ?

– À l'aile.

– Qui est le meilleur joueur du monde ? enchaîne Jacques.

– John Kirwan.

© Bob Thomas Sports Photography via Getty Images

– Et où est-ce qu'il joue ?

– À l'aile.

– Très bien. C'est là que tu vas jouer dimanche contre les Fidji.

– Mais, Jacques, je n'ai jamais joué à ce poste !

Alors que je commençais à me marrer, Jacques m'a dit :

– Je ne sais pas pourquoi tu ris. Tu vas jouer centre.

Après le match, Jean-Baptiste Lafond nous a dit que Denis et moi avions défendu comme "des portes de saloon". Si un mec n'avait pas échappé le ballon, on perdait le match. Alors, au bout d'un moment, Éric Champ a dit : "Bon, ça suffit. On va la jouer serrée, on va leur marcher dessus." On s'en est sortis après que Lolo Rodriguez a marqué deux essais au ras de la mêlée. »

Éric Champ était un dur. C'était comment de jouer avec lui ?

« C'était rassurant ! »

« Jean-Ba »
Jean-Baptiste Lafond

Né le 29 décembre 1961 né à Neuilly - CLUB : Racing Club de France - SÉLECTIONS : 36 - POSTE : Ailier ou arrière
GRAND CHELEM : 1987 - SURNOM : « Jean-Ba » - RENCONTRE : mercredi 18 avril 2018

Comment se fait-il que tous les joueurs du Racing aient des looks de stars hollywoodiennes ? Il doit exister un gène dominant qui se balade dans ce club pour produire une telle classe. Jean-Baptiste faisait partie de ce groupe, lui qui pouvait marquer des essais en partant de ses 22 mètres, juste pour rigoler. On m'avait dit que « Jean-Ba » était aussi facilement trouvable que Jason Bourne[1]. N'ayant pas les moyens techniques de la CIA et ne pouvant compter que sur mon seul téléphone, ma ténacité et le bouche-à-oreille, je n'imaginais pas pouvoir le localiser. Qu'importe, Laurent Pardo allait venir à mon secours et j'ai pu prendre rendez-vous à Paris. Jean-Ba a une telle réputation que je m'attendais à le rencontrer dans un de ces bars d'hôtel chics. Mais non. On s'est retrouvés dans un petit bistrot bruyant du XVIIe arrondissement, Le Celtic, rue de Courcelles. Il a dû se dire : *« Ça ira très bien pour un Rosbif. »*

1 - Personnage du film éponyme issu d'une série littéraire créée par Robert Ludlum.

Le binôme

Jean-Baptiste, prenant le train en marche, veut savoir qui j'ai déjà vu jusqu'à présent.

« T'as vu Denis ? Tu lui as dit que tu me voyais ? Je ne l'ai pas vu depuis une éternité. J'ai cinquante-six ans et je travaille toujours à fond dans la vente de vins, pas comme Denis. C'est un feignant. Il était très ami avec Serge Kampf qui a dû le gâter, ce qui est compréhensible. Je suis un homme libre, je n'ai jamais dépendu qui que ce soit. »

En disant ça, il sourit, sarcastique, provoquant délibérément son grand pote Denis dont il sait qu'il lira ces lignes. Il poursuit :

« Quand nous étions en tournée, Denis et moi étions toujours en binôme. On foutait le bordel, on buvait, on faisait la fête, on draguait des filles ensemble. On s'est bien amusés. Les joueurs d'aujourd'hui ne peuvent plus faire ce genre de choses. Il y a trop de caméras, les réseaux sociaux. Le professionnalisme a tué la troisième mi-temps. Nous avons vécu une époque formidable, en totale liberté. J'adorais jouer avec lui. Nous avions la même conception du jeu et de la fête.

En tournée, une fois, nous partagions la même chambre. À l'époque, il était obsédé par la princesse Stéphanie de Monaco. À chaque fois qu'elle appelait, je devais sortir de la chambre. Quand elle n'appelait pas, je devais supporter sa déprime. Il oubliait vite tout ça dès que nous sortions le soir. »

Jean-Ba sourit, se complaît dans la nostalgie. J'ai immédiatement compris sa liberté d'esprit, sa prédilection pour le plaisir et l'aventure.

Mi-figue mi-raisin

Franck Mesnel m'avait prévenu :

« Jean-Ba est ingérable, en tant qu'homme et comme joueur. Au rugby, il voulait toujours contre-attaquer de sa propre ligne d'en-but et jouer librement. Robert Paparemborde avait compris qu'il était doué et, face à ça, en tant que manager d'une équipe, il n'avait que deux options : "Ou je l'oblige à rentrer dans le schéma de l'équipe,

ou je lui laisse sa liberté de jouer et je bâtis un schéma de jeu autour de lui." Il était évident qu'il choisirait la dernière option. Robert savait que l'équipe devrait s'adapter aux "dingues" et que ça ne servirait à rien d'aller contre leur talent naturel. Cette décision a été la clé de notre réussite.

À l'entraînement, c'était chaud, Jean-Ba pouvait être pénible. Quand on jouait à toucher, il te feintait et marquait puis, en repassant près de toi, il te disait : "Enlève la remorque, tu iras plus vite." J'avais le sang qui bouillait ! Il te piquait et te provoquait avec un humour mi-figue mi-raisin mais souvent on savait qu'il pensait vraiment ce qu'il disait.

Quand on s'entraînait à plaquer, c'était l'inverse. Il m'arrivait d'être tellement en colère que je l'aurais dégommé et découpé en deux.

Une fois, quelques jours avant un match contre l'Écosse, je lui ai cassé l'épaule mais il ne m'en a pas voulu. Il m'a dit qu'il le méritait.

C'était un joueur brillant – insaisissable, harmonieux, fluide. C'est un artiste et un libre penseur. Son frère a également joué au Racing et nous les appelions "les Frères Lumière" parce qu'ils étaient toujours prêts à déconner et à faire des histoires. Quand ils étaient plus jeunes, Jean-Ba a jeté une boule de pétanque à la tête de son frère, ce qui explique peut-être leur folie ! Jean-Ba se démenait pour que son frère intègre l'équipe à l'aile mais nous avions déjà deux bons joueurs à ce poste, Philippe Guillard et Yves Rousset. Ce qui générait quelques conflits et disputes. »

Le sourire de la Joconde

Il y a quelque chose de très singulier chez Jean-Ba. Il n'est pas comme les autres. D'abord ses cheveux poivre et sel, sa coupe nette, showbiz, à la Matt Damon[2]. Puis il y a son bronzage, peut-être naturel pour lui qui a du sang du Sud-Ouest dans les veines mais certainement patiné par des heures passées sur un parcours de golf ou au tennis. Il porte un blazer bleu-gris clair et un polo bleu frappés du logo Eden Park. Des vêtements décontractés suggérant une bonne forme physique. Il n'a pas besoin de plus pour être élégant.

Ses yeux marron semblent trahir cependant quelques signes de fatigue, comme s'il avait fait la fiesta toute la nuit, ce qui est vraisemblable si l'on en croit ses copains joueurs. Mais je mets ça sur le compte de son naturel désinvolte. Il s'exprime posément avec humour, parfois prenant un air sérieux qui me frappe. Il parle passionnément mais sereinement et ne montre aucun stress. Jean-Baptiste sort des commentaires narquois, parfois agrémentés d'un sourire et d'un gloussement. Je ne suis pas le premier à le dire : son sourire fait penser à celui de Mona Lisa.

2 - Matt Damon interprète Jason Bourne dans le film précité.

Eighties

Nous sommes revenus aux années 1980 et aux journalistes qui entretenaient une relation d'amour/haine avec l'équipe.

« Les journalistes montaient dans le bus et entraient dans le vestiaire avec nous. Si tu étais remplaçant, ce qui m'arrivait souvent, ils te cuisinaient et te faisaient passer un sale moment parce que tu n'étais pas dans l'équipe. Dans l'ensemble, on avait de bonnes relations avec Denis Lalanne, Jean Cormier, Christian Montaignac et Alain Gex.

On s'entendait bien avec les journalistes d'un point de vue personnel mais ils assassinaient Jacques et l'équipe. Or, Jacques était l'homme clé de notre réussite. »

Je lui demande comment était Jacques, même si j'ai déjà une bonne idée du personnage pour avoir rencontré son fils, qui s'appelle lui aussi Jean-Baptiste.

« Il était petit », répondit-il d'abord avec un petit rire.

« Il était fantastique. Il savait très bien qui nous étions individuellement et nouait une relation personnelle avec chacun. Il disait toujours, "entraîner c'est bien, mais c'est mieux d'être entraînant". Il a eu beaucoup d'influence sur les joueurs parce qu'il les connaissait tous très bien, il savait ce qui les faisait tiquer. Il savait qu'un entraîneur doit être à la fois contre nous et derrière nous. Si l'on parle de gabarits et de préparation physique, il était en avance sur son temps. C'est pour ça qu'il faisait jouer les joueurs qu'il choisissait.

Les années 1980 ont été la décennie charnière qui nous a amenés au rugby d'aujourd'hui.

C'était une grande avancée par rapport aux années 1960 ou 1970, à l'exception du Grand Chelem 1977. Cela l'a

« Le professionnalisme a tué la troisième mi-temps. »

« Jean-Ba », le 19 novembre 1990, lors du second test-match du XV de France joué contre la Nouvelle Zélande. Une partie remportée 30 à 12 par les Néo-Zélandais.

© Bob Thomas Sports Photography via Getty Images

vraiment marqué et il sut que c'était la formule gagnante. Jacques avait compris qu'il lui fallait prendre pour base des avants puissants et il reprit cette idée dans les années 1980.

J'aimais Jacques parce qu'il était gai, très drôle, il savait motiver et raconter des histoires. Cependant, il n'arrivait pas à se faire un avis sur moi. J'étais sélectionné, écarté, sélectionné encore, écarté encore, remplacé et j'étais aussi remplaçant. J'ai été le seul remplaçant à avoir été écarté en 1986 après le test-match contre les All Blacks de Toulouse que nous avions perdu. Je pense qu'il s'est dit : "Ne nous égarons pas, j'ai besoin d'hommes forts." Il prenait la préparation de ce match très au sérieux et il a probablement pensé que cela n'aurait pas collé à ma personnalité. »

La fête

En voyageant à travers la France pour rencontrer les joueurs, à la question « *qui étaient les fêtards et ceux qui sortaient le plus ?*», les réponses étaient toujours les mêmes : Lolo Pardo et Jean-Ba Lafond. Doxpi et Pascal étaient parfois cités mais pour leurs prouesses vocales. Lolo et Jean-Ba jouaient dans une autre catégorie dès lors qu'il s'agissait de faire la fête et des conneries.

Jean-Ba fit le voyage en Nouvelle-Zélande à la fin de la Coupe du monde 1987, juste pour remonter le moral de l'équipe, tant il était apprécié des autres joueurs.

« Je dormais dans le hall de l'hôtel pour ne pas réveiller les joueurs au milieu de la nuit. »

Il prit l'avion au prétexte de remplacer Érik Bonneval qui s'était blessé au genou lors du premier entraînement, mais Jean-Ba n'avait pas la condition physique suffisante pour jouer, il ne pouvait que faire la fête.

La tournée fut pour lui une méga-fête. Comme il était bien connu du public néo-zélandais, tous les propriétaires de boîte ne lui ont rien fait payer. Il pouvait boire et festoyer gratuitement pendant quelques semaines.

« Durant les tournées auxquelles j'ai participé, invariablement je jouais les matchs en semaine, les "toasts" plus que les tests, je sortais donc beaucoup. Je dormais dans le hall de l'hôtel pour ne pas réveiller les joueurs au milieu de la nuit. »

Tout d'un coup, il s'interrompt comme si cette confidence lui rappelait un complice de ses sombres heures.

« Tu as vu Patrick Estève ? Voilà une autre personnalité et athlète exceptionnel. Tu as son numéro ? J'aimerais le revoir[3]*. »*

3 - Voir aussi la section consacrée à Patrick Estève.

Souvenirs Baba's

Quels souvenirs garde-t-il des matchs contre les Anglais ?

« J'adorais jouer avec les Barbarians britanniques. Ces matchs sont parmi mes meilleurs souvenirs. Les Britanniques donnent l'impression qu'ils prennent tout au sérieux mais ces matchs étaient très relax. »

Will Carling m'a raconté une histoire cocasse à propos de Jean-Ba quand il est allé à Cardiff disputer un match avec les Baba's.

« Il est arrivé en nous disant qu'il était blessé et qu'il ne pourrait pas s'entraîner. Chaque soir il disparaissait et le samedi du match il est apparu avec une très jolie fille et nous a demandé si elle pouvait voyager dans le bus des joueurs jusqu'au stade. "Bien sûr ! " avons-nous dit. J'ai pensé que ça aiderait les gars à se détendre et à se changer les idées avant le match. »

Jean-Ba s'en souvient.

« À cette époque, toutes les folies étaient permises. C'était ma copine et elle s'est pointée dans ma chambre pendant que je prenais un bain. Elle a enjambé la baignoire et s'est allongée dans l'eau sans avoir enlevé sa minijupe. Elle était adorable et c'était épatant. »

Pour reprendre le grand Michael Jackson, Jean-Ba est *« un séducteur, pas un chasseur*[4] *»*. Il faut le croire, il a été marié deux fois et est le père de six enfants. Il est toujours mince et en forme.

4 - *« A lover, not a fighter. »*

« Je fais du sport tous les jours, du tennis ou du golf en général. Je joue aux cartes le week-end. Je joue au golf d'une seule main parce qu'avec les deux, c'est trop facile. »

Pendant une seconde, je crois qu'il est sérieux. Il m'embrouille avec son humour à froid.

« Non, j'ai mal au dos, je trouve que c'est plus facile d'une seule main. Handicap 16, je peux driver sur 150 mètres mais j'utilise les deux mains pour putter. »

Juste une bande de potes

Je le questionne sur l'ambiance au Racing. Comment l'idée du Show-bizz lui est-elle venue ?

« Nous étions justes une bande de potes qui s'amusait. Une nuit, Franck, Éric Blanc, Yves Rousset, La Guille [Philippe Guillard]*, et moi étions en boîte et Éric a dit : "Si on va en finale, on joue avec un nœud papillon. C'est aussi simple que ça." Les arrières faisaient partie de l'équipe du Show-bizz et les avants, de celle des Gros-bizz. »*

Le genre de formule à la Jean-Ba, qu'il utilisait pour casser les pieds.

« Cette année-là, nous avions cinq couleurs dans l'équipe du Racing. Blond, Blanc, Roux, Brun et Rousset. »

Le sort des familles désunies

« Nous en sommes au point où l'équipe de France fait pitié. Nous devons virer tout le monde à part les jeunes joueurs. Nous parlons de la famille du rugby mais ce n'en est pas une, c'est la guerre !

C'est le sort des familles désunies de ne se rencontrer qu'aux enterrements et aux communions[5]*. Dans le rugby, c'est pareil. Impossible de se voir en toute amitié. Et pendant ce temps, c'est l'équipe nationale qui trinque. »*

5 - Citation de Michel Audiard.

En évoquant les anciens joueurs, Jean-Ba me récite un vers de Paul Verlaine.

Les Français adorent citer leurs poètes sacrés. Ce qui m'oblige à ressortir *Chanson d'automne*. Il voit les choses simplement, comme tous les grands sportifs, parce que leur talent naturel le leur permet. Il est comme un dirigeant d'entreprise qui sent les choses sans avoir à lire des analyses ou des statistiques ou à se référer à l'ingénierie financière. Son seul instinct le guide. Il ne croit que ce qu'il voit.

Je comprends en quoi il est si complémentaire de gens comme Denis Charvet, Lolo Pardo et Patrick Estève. Ce sont des originaux nés pour créer, inventer et s'amuser. Les plus beaux évangélistes du *French Flair*.

Cette entrevue était trop courte. Il faudrait que je passe plus de temps avec lui pour creuser un peu mieux sa personnalité, son histoire, idéalement au cours d'une partie de golf suivie d'un dîner et de boissons dans une boîte de nuit. Encore mieux, j'aimerais être son binôme dans une virée nocturne, avec Denis, Lolo et Patrick. J'ai mis ça sur ma liste de choses à faire avant de mourir. Quelles que soient les occasions, je sais qu'il parle toujours très franchement.

Après le déjeuner, il m'emmène une vingtaine de mètres plus haut dans la rue où se trouve le tout premier magasin Eden Park (il est toujours actionnaire de la société) pour m'offrir un très joli polo. « Un 3XL ça devrait lui aller », dit-il à la vendeuse. Bien vu. « Merci Jean-Ba, à la prochaine. »

Jean-Baptiste Lafond vu par :

PETER FITZSIMONS NE SE SOUVIENT PAS DE JEAN-BA QUE POUR SES QUALITÉS TECHNIQUES :

« Il était cool, charismatique, avec un sens de l'humour pète-sec, toujours prêt à faire le malin. Là où quelqu'un comme Sella était hyper concentré avant un match, Jean-Ba était super détendu, presque nonchalant. »

IEUAN EVANS SE SOUVIENT AVOIR JOUÉ CONTRE LUI AU PARC DES PRINCES EN 1991 :

« Il y avait un boucan d'enfer. Je me rappelle qu'il y avait au moins une douzaine de bandas de Dax, Bayonne, Toulon, partout dans les tribunes, la France jouait exceptionnellement bien et était dure à prendre. Ils jouaient dans l'axe et prenaient tous les espaces, par vagues successives. Sur son aile, Jean-Ba était souple, soyeux, il ronronnait comme un puma. »

ÉRIK BONNEVAL :

« Jean-Ba n'avait aucune limite. Tout était possible. »

Now the sun's gone to hell
And the moon's riding high
Let me bid you farewell
Every man has to die

But it's written in the starlight
And every line on your palm
Rare fools to make war
On our brothers in arms[1]

Extrait de *Brothers In Arms* du groupe Dire Straits
(M.Knopfler, Warner Bros, 1985)

Les inoubliables

Dans mon équipe, j'ai sélectionné quatre joueurs qui nous ont quittés trop tôt. Plutôt que de faire leur portrait en m'appuyant sur des « on-dit », en cherchant des informations sur Internet, des citations, voire des impressions d'autres joueurs, j'ai préféré aller à la rencontre de membres de leur famille pour mieux les comprendre et les connaître. Cela n'a pas toujours été facile de trouver quelqu'un à qui parler... mais ma ténacité a été récompensée.

1 « *Tandis que le soleil tombe en enfer / Que la lune monte au ciel*
Je dois vous dire adieu / Tous les hommes doivent mourir.
Mais à la lumière des étoiles je peux lire / Sur toutes les lignes de la main
Que peu de fous feront la guerre / À nos frères d'armes. »

« le Petit Caporal »
Jacques Fouroux

Né le 24 juillet 1947 à Auch – décédé le 17 décembre 2005 à Auch - CLUBS : US Cognac, La Voulte, FC Auch - SÉLECTIONS : 27
POSTE : Demi de mêlée - GRAND CHELEMS : 1977 (joueur), 1981 et 1987 (entraîneur) - SURNOM : « le Petit Caporal »
MA RENCONTRE AVEC SON FILS JEAN-BAPTISTE : lundi 11 juin 2018

Joueur, capitaine et entraîneur de l'équipe de France de 1977 à 1990, il est le capitaine de l'équipe qui s'impose avec autorité en 1977 remportant le Grand Chelem avec un pack rugueux, sans concéder aucun essai et avec les mêmes quinze joueurs sélectionnés pour chaque match.
Fouroux est nommé entraîneur en 1981. Jusqu'en 1990, les résultats ont été à la hauteur des ambitions de la tête pensante d'une fabuleuse série de performances. Il étrennait sa carrière d'entraîneur par un Grand Chelem dès 1981 et ne perdit jamais plus d'un match par édition dans tous les tournois suivants, de 1982 à 1989. Seule l'année 1982, un peu expérimentale, ne donna lieu qu'à une seule victoire contre l'Irlande à Paris. Par ailleurs, il terminait premier *ex aequo* avec l'Irlande en 1983, partageait la première place avec l'Écosse en 1986, remportait le Grand Chelem en 1987, terminait premier avec Galles en 1988 comme en 1989. En neuf ans, la France ne bouclait le Tournoi que deux fois en dessous de la deuxième place.
Il n'a que cinquante-huit ans quand il succombe à un arrêt cardiaque, à Auch, sa ville natale, laissant une femme, Monique, et deux garçons, David et Jean-Baptiste. J'ai retrouvé la trace de Jean-Baptiste à Montauban, pour qu'il m'en dise davantage sur son père.

This charming man

À la question : « Dans vos rêves les plus fous, qui inviteriez-vous à votre dîner de gala ? » Jacques Fouroux serait sans aucun doute sur ma liste. Il avait une forte personnalité et il débordait d'énergie – fin d'esprit, charmeur, embrouilleur, anticonformiste, dévoué et ami loyal. Il était un homme passionné, instruit, un leader charismatique et « chef d'orchestre » toujours vénéré et aimé de ses anciens coéquipiers. À fleur de peau, il était très efficace dans la préparation mentale de ses joueurs au combat. Comme tous les grands leaders, il n'avait peur de rien et était capable de hausser le niveau de ses joueurs grâce à un ton et un langage qui lui étaient propres. Sa façon de communiquer était amicale, imprévisible et exigeante, et, pour sûr, ses joueurs le suivaient en faisant preuve d'un amour inconditionnel encore vivace aujourd'hui. Tous les anciens joueurs que j'ai rencontrés pour écrire ce livre sont pleins d'admiration ; pour lui et ce qu'il laisse derrière lui.

Ce n'était pourtant pas parce que Jacques était un homme fort qu'il en imposait. Dans cette équipe du Grand

adidas

Chelem 1977, il était sans doute le joueur le plus petit sur le terrain, cependant il était entouré de mammouths qui lui donnaient du poids et de la puissance. Il se fiait également à la toute-puissance de sa personnalité pour imposer le respect.

Bob Dwyer m'a confié que Michel Palmié racontait que Jacques était intouchable dans cette équipe du Grand Chelem de 1977 parce que « *chez les avants nous étions tous des tueurs (ceci prononcé avec un très fort accent français) !* ».

Débuts et démêlés

Ses débuts en équipe de France n'étaient pas de bon augure et il dut penser que les dieux n'étaient pas avec lui. En 1968, il aurait dû faire la paire avec Jo Maso à la charnière dans le dernier match pour le Grand Chelem contre l'Irlande. Mais quand Jo se blessa, les sélectionneurs décidèrent de prendre Gachassin à l'ouverture et celui-ci insista pour jouer avec son coéquipier de club, Mir. Si bien que Jacques assista au match depuis le banc. Il devrait attendre quatre ans de plus avant de faire ses débuts en 1972 contre l'Irlande. Et quand il quitta l'US Cognac pour La Voulte, il fut sanctionné par une licence rouge qui faisait qu'il ne put jouer pendant un an, loupant de ce fait l'exploit de La Voulte qui remportait en 1970 le titre de champion de France.

Il y avait à l'époque pas mal de bons demis de mêlée – Mir, Barrau, Astre, mais Jacques croyait en lui, en sa détermination et en sa capacité à diriger pour les écarter et assurer sa place.

Ses rapports grinçants avec la presse française sont légendaires.

Il piquait l'égo des journalistes, se moquait d'eux et, se sentant assiégé, il les provoquait. Son cerveau fonctionnait comme une turbine, une source d'idées continuelle qui défiait le sens commun. Jacques ne se vautrait jamais dans le confort feutré et douillet du raisonnement ordinaire. Il voulait des hommes forts et costauds aux quatre coins du terrain, repoussant les grands artistes et techniciens comme Lacans et Codorniou, il préférait choisir des piliers et des talonneurs pour faire sienne la tactique de la mêlée argentine, dite *la Bajadita*, qui utilisait une façon originale de se lier et de pousser.

Jacques Fouroux, circa 1974.

© Universal/Corbis/VCG via Getty Images

« Il se fiait à la toute-puissance de sa personnalité pour imposer le respect. »

Jacques Fouroux, ancien capitaine puis inoubliable entraîneur de l'équipe de France.

© Getty Images

Le prophète et son pays

Je souris quand je relis aujourd'hui la façon dont la presse française descendait Jacques qui était supposé mettre en péril le *French Flair*.

Si seulement ils avaient su combien nous, le reste de la planète rugby, étions éblouis par leur équilibre entre puissance et ruse !

Avec le bénéfice du temps, on peut soutenir que Jacques était un visionnaire, comprenant parfaitement là où le jeu allait et ce qu'il réclamait pour réussir, l'équilibre entre la puissance et le flair, entre le combat et l'art. Comme celui de 1977, le pack des années 1980 était certes également composé de tueurs mais il y avait derrière des artistes qui possédaient une technique extraordinaire amenant du panache et qui nous enthousiasmaient tous.

L'Écossais Finlay Calder m'a dit :

« La France était irrésistible chez elle au printemps. David Leslie disait souvent que le pire endroit où se trouver à 14 heures 30 était le vestiaire où l'on attendait avant de jouer contre elle. Et que le meilleur endroit où l'on pouvait être à 17 heures était le même vestiaire après l'avoir affrontée ! »

Je me demande ce que les mêmes journalistes diraient du jeu français aujourd'hui, et de la façon dont les lignes à haute tension de la grande modernité ont électrocuté la magie du *French Flair*. Les courses instinctives et la technique de passe qui étaient auparavant la marque des arrières français ont été sacrifiés sur l'autel de la puissance et de la perforation.

En vertu de sa réussite en tant qu'entraîneur de cette grande équipe des années 1980, Jacques a toujours fait partie de ce livre. Mais en parlant avec les anciens joueurs, j'étais de plus en plus fasciné par l'homme et sa personnalité. Je voulais parvenir à savoir comment il menait, dirigeait et motivait ses joueurs, connaître ses relations tourmentées avec la presse et apprendre quel genre de père il était.

Février 2018, Montauban

À peine arrivé, il n'est pas difficile de reconnaître Jean-Baptiste. Il a le physique de son père. Souvenirs et photographies décorent sa boutique, notamment le ballon du match contre l'Écosse en 1987 que la France remportait 28 à 22, signé par tous les joueurs français. Il y a également la une du journal *L'Équipe* du 19 décembre 2005, paru quelques jours après le décès de Jacques.

Par une étrange coïncidence, le magasin d'optique que tient Jean-Baptiste dans un centre commercial porte le n° 630, soit le même numéro d'international que son père en équipe de France. Troublant.

« Bien sûr, David, je ne suis pas objectif, mais mon père était un grand bonhomme, très affectueux et tendre, un père de famille très fier. Il était tellement charismatique. Quand nous allions au restaurant tous les quatre – maman, mon frère David et moi –, à la fin du repas, tout le monde se retrouvait autour de notre table pour écouter ses blagues et ses histoires. Sa voix portait et il parlait plus fort que n'importe qui.

Il avait une telle passion et une telle connaissance du jeu. Je revois mon père déployer ses idées et son énergie dans tous les compartiments du jeu. Il maîtrisait tout – stratégie, tactique, direction, négociations commerciales, les gens auraient tout fait pour lui.

À travers le pouvoir des mots, il parvenait à leur faire gravir des montagnes et à révéler leur potentiel.

J'avais à peu près treize ans quand j'ai commencé à le suivre partout. Je me souviens, une fois, à Grenoble, les Australiens étaient en tournée et jouaient contre l'équipe de la province du Sud-Est. J'avais fait une photo avec Jason Little. Et papa a fait son petit tour durant la fête qui consistait à subtiliser la montre de ceux à qui il serrait la main ! Il les rendait toujours bien sûr, mais il le faisait vraiment très bien. Il improvisa une présentation de Michael Lynagh avec le maillot de Grenoble avec le numéro 10, ce qui trahissait à quel point il désirait le faire signer !

Pour voir Grenoble jouer, j'ai voyagé de matchs à domicile en matchs à l'extérieur tout autant que je le suivais à l'entraînement. Nous avions une grosse équipe avec des joueurs comme Kacala, Brouzet, Merle et Landreau.

Mon père était très superstitieux et il aimait le numéro 7. Je me souviens de la finale contre Castres en 1993 où il avait fait diverses additions de chiffres, vérifiant qu'elles donnaient des multiples de 7 ! On a perdu quand même, volés par l'arbitre cette fois-là.

Son dévouement au rugby était tel que quand il rentrait à Auch, le soir, après avoir entraîné l'équipe de France, il allait aider les gars à faire des mêlées. Il aurait entraîné n'importe quelle petite équipe, de l'école de rugby aux meilleures. En 1996, nous avons joué un match de jeunes contre une bonne équipe, à Toulouse, et nous avons été volés par l'arbitre qui était un de leurs joueurs ! Au match retour, papa nous a entraînés comme une équipe professionnelle ! Il était président du club d'Auch alors. Nous nous sommes entraînés pendant des semaines à la mêlée, en touche, coups d'envoi… tout. L'équipe de Toulouse était composée de mecs balèzes qui jouaient tous en sélections régionales mais nous les avons écrasés !

Parfois, les projecteurs s'éteignaient avant la fin de l'entraînement et, donc, il allait chercher sa Mercedes et la mettait en position pleins phares, ce qui permettait de continuer la séance. Il était tellement passionné. »

Générosité et discipline

« Après un match, il arrivait que toute l'équipe aille au restaurant, nous étions environ 25. À la fin, il pouvait nous faire faire des mêlées et le serveur jouait le rôle du pilier droit ! Papa jouait le talonneur et je faisais le demi de mêlée. Il voulait nous faire une démonstration de Bajadita, la terriblement célèbre technique de la mêlée argentine, pour nous la faire entrer dans le crâne !

Au restaurant, tout le monde voulait lui payer un verre. Donc, avant que tout le monde n'arrive, il filait un billet au serveur et lui expliquait ce qui allait se passer. Il lui disait : "Quand je commande un gin tonic, apporte-moi de l'eau gazeuse avec du citron !" C'était la seule solution pour rester clair ! »

Mais mon père pouvait aussi être à cheval sur la discipline. Par exemple, vos crampons devaient être super propres et il était capable d'arrêter un joueur avant d'aller sur le terrain s'ils étaient sales. Il a dit un jour à un arbitre qu'un joueur avait la chiasse et qu'il était coincé aux toilettes alors qu'il était en train de nettoyer ses chaussures ! Il insistait aussi pour que les joueurs portent le costume-cravate, comme les Anglais. Il ne supporterait pas les joueurs d'aujourd'hui avec leur casque. C'est un sport d'équipe et vous devez vous engager à respecter l'adversaire, les supporters et les sponsors.

Si je regarde en arrière, papa était en avance sur son temps. Il avait compris que les équipes régionales devaient réunir les meilleurs joueurs et faire le spectacle. Il a fait le

« Quand je vois comment le rugby a évolué, je me dis : Papa a plaidé pour tout ça. »

voyage jusqu'en Australie pour rencontrer Rupert Murdoch pour voir comment ils avaient fait là-bas. Quand je vois comment le rugby a évolué, je me dis : "Papa a plaidé pour tout ça." Cela me rend heureux et fier, même si à l'époque, les gens n'en ont pas voulu.

Mais papa n'était pas pour le professionnalisme à plein temps. Il pensait que les mecs devaient avoir un boulot et s'intégrer après leur carrière, et mener une vie normale. »

Grenoble

Jacques était très proche d'Albert Ferrasse et a été perçu pendant des années comme son fils spirituel, vraisemblablement comme son successeur quand il se retirerait. Mais les manigances politiciennes firent échouer le plan et Ferrasse et Fouroux se disputèrent. Jacques fut ostracisé par la Fédération française de rugby et sa cour. N'étant plus entraîneur de l'équipe de France, il prit Grenoble en main en 1992, qu'il amena en finale en 1993 contre Castres.

« Deux jours avant la finale, nous avions joué contre Agen une demi-finale tonitruante. La nuit précédant le match, papa avait réuni tous les joueurs dans une pièce de quelque 8 mètres carrés et il les provoquait pour les rendre dingues ! Des joueurs comme Brouzet, Kacala et Merle pleuraient. Mon père pouvait faire cet effet. Son charisme était électrisant. »

Grenoble perdait en finale grâce à un essai controversé de Gary Whetton. Il semblerait que Hueber ait aplati dans son en-but mais l'arbitre n'en tint pas compte et Gary s'est jeté sur le ballon pour marquer. Cet essai scella le match.

Gary se souvient de ce match :

« Outre la victoire, je me souviens du trajet en bus vers le Parc des Princes avec la police qui nous escortait. Malheur à ceux qui se mettaient en travers de notre route parce que la police les faisait dégager en tapant sur le toit des voitures avec leurs matraques ! Une fois arrivés, nous sommes descendus du car et les gars se baladaient à droite, à gauche. J'ai compris qu'ils ne savaient pas où aller parce qu'ils n'avaient jamais joué au Parc. J'ai dit : "Allez les gars, suivez-moi, je suis venu ici plein de fois et les vestiaires sont par là !"

Puis, à l'échauffement sur le terrain, les supporters de Castres se sont déchaînés. Urios, le talonneur et ses deux piliers, Lafforgue et Toussaint pleuraient tout en faisant des signes vers la foule, pris par l'émotion parce que c'était certainement le plus grand jour de leur carrière. Je leur ai dit : "Allons, les gars, rentrons au vestiaire, il faut économiser notre énergie." »

Jean-Baptiste reprend le fil de ses souvenirs de cette finale.

« Après la défaite de Grenoble, le titre du journal était : "C'était un hold-up !" Je m'en souviens parce que j'avais gardé l'article dans ma chambre. Juste après la fin du match, j'étais en pleurs. J'étais au centre du terrain avec mon père pendant que les joueurs de Castres recevaient leur médaille. Il avait une main sur ma nuque et était furieux parce que la FFR avait choisi un arbitre agenais ! C'était comme s'ils avaient voulu que Jacques Fouroux ne puisse pas gagner ce match. Tout n'était que politique à l'époque.

Le rejet dont fit l'objet mon père me fait encore mal aujourd'hui. Il voulait juste entraîner et s'impliquer dans le rugby. Il a dû aller en Italie pour trouver du travail après son éviction de la FFR.

> *D'un jour à l'autre il est passé de héros à zéro et son téléphone a cessé de sonner.*

Certains collègues et joueurs lui ont tendu la main comme Jean-Pierre Gontier (un homme d'affaires) et Éric Champ, mais beaucoup ne le firent pas, craignant le pouvoir de Ferrasse. Je me souviens qu'Éric Champ l'a appelé quelques jours avant sa mort, évoquant un poste de manager pour lui, à Toulon. Papa ne se sentait pas bien et il gardait le lit avant de mourir, le samedi. J'ai apporté mon ordinateur et nous avons écouté le Pilou Pilou *avant un match. Nous avons tous les deux eu la chair de poule. Il avait un nouveau défi sur lequel se concentrer. Éric et Toulon avaient confiance en lui. C'était l'esprit du rugby et mon père le ressentit avant de mourir. Ce moment partagé était merveilleux, je ne l'oublierai jamais. »*

Nos meilleures années

« J'ai des souvenirs aigres-doux d'un voyage en Australie et Nouvelle-Zélande effectué il y a quelques années. Tout le monde disait qu'il était une star et un dieu du rugby. Mais en France, la presse était dure et disait que le jeu qu'il préconisait comme entraîneur était merdique. Mais quand on

voyait Blanco, Sella, Charvet, Lagisquet, Lorieux, Rodriguez, Camberabero et d'autres encore, ce furent les meilleures années du rugby français. Et si j'en crois les commentaires sur les réseaux sociaux à propos de mon père, je pense que le public français pense la même chose. »

Aux larmes

« Quelques jours après sa mort, Midi olympique *a publié un article et sur la une, il était juste écrit : "Aux larmes..." Douze ans après, non seulement je ne l'ai pas lu, mais il est encore dans son emballage plastique.*

Papa avait quelques formidables amis – Jean-Pierre Bastiat, Romeu, Rives et Jean-Pierre Gontier qui furent d'un soutien indéfectible à sa mort. Depuis, il y a eu un grand nombre d'articles rétrospectifs et d'hommages pour tout ce qu'il a réalisé. »

Tandis que je traversais la France pour rencontrer les joueurs, il était tout à fait clair que Jacques faisait l'objet d'une inconditionnelle vénération. Jean-Baptiste, David et Mme Fouroux, vous pouvez être très fiers de son héritage sur et en dehors du terrain.

J'ai pris une bonne heure et demie de son temps à Jean-Baptiste durant ses heures de travail à la boutique. Il me montrait quelques-uns de ses souvenirs avant de nous serrer la main et de nous promettre de rester en contact. J'aimerais le revoir à l'occasion, je sens que nous avons encore pas mal de choses à nous dire.

Jacques Fouroux vu par :

JEAN-PIERRE RIVES :

« Fouroux a été un personnage très important dans ma vie, un phénoménal compagnon de route et un ami très cher, que ce soit en tant que joueur, capitaine ou entraîneur. Il était notre chef et il avait une forte personnalité. Jacques voyait l'humanité de différentes manières, avec lui, c'était un cirque permanent, il racontait merveilleusement les histoires, il nous communiquait son enthousiasme et il soudait l'équipe. C'est moi qui ai conseillé à Ferrasse de l'engager comme entraîneur. Il débordait d'énergie et nous étions d'excellents partenaires. Je n'ai jamais eu envie d'entraîner ou de commander, c'était son truc, et comme je dirigeais sur le terrain nous étions parfaitement complémentaires. C'était un homme fabuleux.
Nous avons joué ensemble comme nous étions dans la vie. Pour nous, les règles du jeu étaient celles de la vie. J'ai tant de souvenirs dans mon cœur. Je ne suis pas attaché aux choses matérielles, ce sont les souvenirs qui me rendent heureux. »

« Pierrot »
Pierre Lacans

Né le 23 avril 1957 à Cornilhac-Corbières – décédé le 30 septembre 1985 - CLUB : Béziers - SÉLECTIONS : 6 (1980-1982)
POSTE : Troisième ligne aile - GRAND CHELEM : 1 - SURNOM : « Pierrot » - MA RENCONTRE CHEZ SA MÈRE : lundi 11 juin 2018

Capitaine et troisième ligne aile de Béziers de 1977 à 1985, le club le plus titré de l'époque, remportant le championnat de France à cinq reprises, Pierre était un meneur d'hommes exceptionnel et sa popularité, immense parmi les supporters et ses potes joueurs. Il avait encore de beaux jours devant lui avant que la tragédie ne survienne. Le 30 septembre 1985, Pierre meurt dans un accident de voiture. Il n'a que vingt-huit ans. Voici donc l'histoire d'un superbe joueur et d'une tragédie humaine à travers laquelle une mère a trouvé le courage d'affronter la perte d'un enfant.

Je me souviens avoir vu jouer Pierre quelques fois pour la France quand je n'étais qu'un jeune adolescent. À l'époque, les images arrivaient au compte-gouttes parce que dans les années 1980 la couverture télévisuelle était minimale, seule la BBC assurait les retransmissions des matchs du Tournoi. De plus, malgré son grand talent, Pierre avait du mal à intégrer l'équipe où Rives, Joinel, Erbani et Rodriguez composaient la troisième ligne. Mais bon sang ! Avec sa stature d'athlète, sa vitesse et ses cheveux frisés dressés sur la tête, il a marqué les esprits. Ce joueur était une pépite.

Le match de sa vie

Le jour du drame, Pierre avait disputé le match de sa vie avec Béziers contre Narbonne. Capitaine, il avait mené son équipe à la victoire contre ses plus proches et plus grands rivaux. Didier Camberabero se souvient bien du match et me le racontait lors de notre rencontre :

« Je n'ai joué qu'à deux reprises avec Pierre, dont ce match juste avant sa disparition. Il savait tout faire. Lors de cette partie, il fit les deux percées qui amenèrent les deux essais. Il nous a facilité la tâche. Il était très intelligent, très fort techniquement, c'était un joueur brillant. Et, plus important encore, il était aimé de tous, il était adorable. »

Après le match, Pierre a fêté la victoire avec ses coéquipiers, d'abord à la réception organisée à Narbonne puis à Nissan-lez-Enserune et enfin à Béziers, avant de partir au volant de sa Ford Escort pour rentrer chez lui, à Lézignan-Corbières où il tenait le bar Le Conti. Il n'est jamais arrivé.

À cette époque, il était un prince. Il excellait en tout, vitesse, passe après contact, vision du moindre espace et intelligence de jeu, il avait une solution face à tout ce qui se présentait devant lui. Il incarnait le *French Flair*, même si Albert Ferrasse et ses amis de la Fédération française de rugby manifestaient un certain dédain à l'égard de Béziers à cause de leur domination et de leur « jeu dur ». Ce à quoi il faut ajouter que Fouroux préférait les gros gabarits, ce qui explique pourquoi Pierre ne joua que six fois pour son pays.

Maryse

Je me suis démené pour parvenir à entrer en contact avec un membre de sa famille. Didier Codorniou et Alain Paco m'ont tous deux mis en relation avec un homme, Diego Minarro, l'ancien talonneur de Béziers du tout début des années 1980 et deux fois champion de France et, encore une fois, je trouvais sur ma route un être

« À cette époque, il était un prince. Il excellait en tout. »

d'exception. Nous avons discuté au téléphone et nous nous sommes immédiatement bien entendus. Il parlait très librement de Pierre, du club de Béziers, de sa riche histoire et de la région. Très éloquent, il connaissait le sujet.

Avec Diego, nous nous sommes mis d'accord pour nous retrouver le 11 juin au restaurant La Coupole à côté du stade de la Méditerranée avant d'aller rendre visite à la mère de Pierre, Maryse, quatre-vingts ans, à Cornilhac-Corbières, dans le Sud profond, près de Narbonne.

Pour cet entretien, j'étais à la fois nerveux et impatient.

J'étais nerveux parce que je comprenais très bien que l'émotion pourrait affleurer à tout moment. La douleur, bien sûr, ne vous quitte jamais.

Et je me sentais fébrile parce que, par expérience, je suis toujours touché par la façon dont certaines personnes parviennent à surmonter leur deuil. Derrière leur élégance et leur dignité se cachent des mécanismes d'adaptation terriblement efficaces. À la fois belle et douloureuse, son histoire m'est allée droit au cœur.

Tandis que nous étions en route pour rejoindre Maryse, Diego me dit : *« Elle pourrait verser une larme ou deux, David, tu dois t'y attendre. Mais ça ira. »*

Je craignais fort de craquer moi-même, gagné par l'émotion. Comme je ne voulais pas que mes sentiments paraissent feints ou exagérés, je confiai à Diego mon histoire personnelle et la façon dont j'ai assisté à la mort de mon père, à l'âge de cinq ans. Ma mère, qui a le même âge que Maryse, porte depuis quarante-six ans le deuil de son mari et celui de ses enfants.

Je ne peux affirmer cependant avoir autant souffert que Maryse. Toutefois, durant sept jours, en 2000, j'ai approché ce que « cela » faisait de vivre la mort possible de mon fils, William. Admis au service pédiatrique de l'hôpital de Southampton en soins intensifs à la suite d'une fugace maladie non détectée, on diagnostiqua une septicémie qui lui laissait 10 % de chances de survivre à sa première nuit d'hôpital. Il frôlait la mort de si près qu'on nous proposa, à moi et ma femme, de faire venir un prêtre, ce que nous avons refusé.

Ce sont des sentiments à la fois glaçants et déchirants. Rien dans la vie ne vous y prépare : douleur au fond de l'estomac, impression d'impuissance, souffrance incontrôlable… Je ressens encore ces émotions aussi fortement qu'il y a dix-huit ans et je ne peux penser, parler, écrire ou lire ce passage sans sentir les larmes monter.

Grâce au docteur, William survivait miraculeusement et il vit désormais à fond chaque jour de sa vie, exactement comme nous entendons qu'il le fasse. Dans cette épreuve, lui et nous avons eu de la chance. Maryse et sa famille n'ont pas eu ce bonheur.

Nous arrivons chez Maryse, à Cornilhac-Corbières, où elle nous accueille chaleureusement. C'est une fine octogénaire, en bonne santé, aux yeux marron et à la chevelure brune. Sa ressemblance avec Pierre est remarquable. Sa maison est ornée de photos de son fils bien aimé, reflétant les jours heureux et son amour infini pour lui. Il y en a une, en particulier, qui saisit ses traits si singuliers – ses cheveux frisés, sa puissante mâchoire et les muscles de son cou, son air concentré et la froide détermination de son regard. Il était adorable en dehors du terrain mais sur la pelouse, c'était un battant, et la photographie en atteste.

Nous nous sommes assis et j'explique en quoi mon livre consiste. Je montre à Maryse la maquette que j'avais faite avec Pierre au milieu des autres grands joueurs. Elle sourit avec fierté. En dehors de Béziers, de quelques anciens joueurs ou de supporters mordus de rugby, le nom de Pierre Lacans ne dit pas grand-chose au grand public. C'est un tort. C'était un joueur de la trempe de Laurent Cabannes. Oui, il était aussi rapide et adroit. Et j'étais, moi, un Anglais inconnu, en train de raviver le souvenir de son merveilleux fils.

« Bien, il aimait s'amuser David, il ne manquait jamais d'amis pour sortir ou d'occasions pour le faire. Il était très jeune quand il a commencé à jouer, en primaire puis au collège à Lézignan, entraîné par son père, à l'époque on ne jouait qu'à XIII à Lézignan. »

Son père, Roger, a été finaliste en 1959, puis vainqueur en 1960 de la Coupe de France et champion de France en 1961. Il jouait pilier en équipe de France.

Il était très sportif et faisait beaucoup de vélo, tout autant qu'il jouait au rugby. Il a commencé à jouer à XIII à Lézignan à cinq ans. Après l'école primaire, il est allé au collège à Narbonne où il jouait à XV avec Didier Codorniou et, à dix-neuf ans, il rejoint le FC Lézignan XIII, disputant

Jean-Luc Joinel, Jean-Pierre Rives, Pierre Lacans et Pierre Berbizier contre le pays de Galles, en 1981.

© Presse Sports

la finale du championnat de France contre Carcassonne, malheureusement perdue.

Béziers demandait son transfert cette même année bien que l'équipe de Lézignan ait bloqué sa licence, ce qui obligea Ferrasse à intervenir pour qu'il puisse jouer. Donc Pierre était passé du XIII au XV et, à partir de là, de l'Aude à l'Hérault pour jouer à Béziers. À cette époque, c'était un sujet de discorde !

« Il a fait ses débuts en équipe de France en Afrique du Sud en 1980, le jour même où Serge Blanco étrennait sa première sélection. »

Pierre marquait un essai en 1981 contre l'Angleterre, année de Grand Chelem pour la France. Je me souviens de ce match parce que Laurent Pardo avait marqué un bel essai après une série de jeux de jambe fantaisistes de Berbizier, Rives et Codorniou.

« Il n'était pas très heureux de ne pas être retenu en équipe de France même si cela ne se voyait pas et qu'il n'en donnait pas l'impression quand il était interviewé. Sa dignité l'empêchait de montrer que cela le contrariait.

La concurrence était dure et alors même que Béziers gagnait tout, le club n'était pas en odeur de sainteté auprès des piliers du pouvoir à Agen.

Il a ouvert un bar qui s'appelait Le Conti en 1983 à Lézignan qui était toujours bondé parce que toutes les équipes y allaient. C'était la belle époque, les joueurs pouvaient s'amuser sans craindre les réseaux sociaux ou autre surveillance. Tous les joueurs des équipes du coin se connaissaient et s'entendaient bien en dehors du terrain, même chez les deux grandes rivales, Béziers et Narbonne. »

À sa mort, Pierre n'était pas marié mais il avait une fiancée appelée Cathy dont Maryse a parlé avec beaucoup de tendresse et d'affection. Cathy était une athlète à qui il arrivait de courir sur la piste autour de l'ancien stade de Béziers, le mythique Sauclières, quand l'équipe s'entraînait. Pierre la remarqua rapidement et commença à la fréquenter.

Elle se souvient de Cathy et de Pierre, et c'est ce qui lui arrache des larmes de douleur et fait trembler ses lèvres, comme Diego m'en avait averti.

Je mets l'enregistreur sur pause et nous respirons tous un grand coup. Maryse, qui a du mal à parler, reste digne, gracieuse et admirable. Diego pose une main sur son bras et dit : *« Nous ne voulons pas vous faire souffrir Maryse »* et il l'aide à retrouver une contenance. C'est le moment où je peux voir l'âme de cet homme généreux — un homme qui a tant d'affection pour la mère de son copain qu'il vient la voir ici chaque année depuis trente-trois ans. Il trouve les mots, le ton, les gestes justes en même temps qu'il sait la toucher et la réconforter, comme seul un fils le peut avec sa mère. Il est prévenant et compatit profondément, révélant par là toute sa classe et sa sensibilité.

Il est tellement difficile de dominer ses émotions quand il s'agit de son enfant que je ne veux pas lui faire revivre

© Presse Sports

l'horreur de ce moment. Je veux qu'elle et nous fassions honneur à son fils, à l'homme et au joueur. Je tiens à le placer dans mon panthéon personnel, *Lui*, que j'ai sélectionné dans *Mon* équipe.

Maryse se lève, elle va chercher un album de photos de famille, un gros volume que je parcours consciencieusement en même temps qu'elle et Diego. C'est un trésor de souvenirs heureux couvrant une décennie dans lequel on trouve de superbes photos du jeune Pierre en pleine forme. Il en ressort qu'il était toujours en train de courir et de faire des passes. Je ne me souviens d'aucune photographie le montrant à terre où en train d'être plaqué ou d'aller au contact. Maryse et Diego commentent tout le long la centaine de clichés que nous passons en revue – le stade, les autres joueurs, le résultat, les bagarres, qui avait marqué les essais.

« Il était si doué qu'il a parfois joué à l'ouverture, en partie parce que Raoul Barrière voulait faire jouer son gendre en troisième ligne ! Cela avant qu'Alain Estève n'insiste pour réintégrer Pierre à son poste. »

Lors de la finale du championnat 1978 contre Montferrand, Pierre n'était pas titulaire parce que d'autres joueurs étaient plus expérimentés que lui mais il fut récompensé en entrant à la fin du match pour remplacer Henri Cabrol à l'ouverture. Cette saison-là, il joua également deux autres finales – avec les juniors et l'équipe B. Ce fut le tournant de sa carrière.

Sur le terrain familial, Maryse parle de la façon dont elle fit face au traumatisme de perdre ses chers, Pierre, Roger (son mari, décédé en 2004) et sa fille, Pascale (en 2014).

« J'ai continué à m'occuper, David. J'ai mes petits-enfants et beaucoup d'amis, et je pars en vacances. Il le faut, il faut toujours regarder devant. Les petits-enfants vivent à côté et ils représentent l'avenir. »

En dépit d'une situation qui vous place sur la défensive, Maryse n'a cédé à aucune faiblesse comme l'apitoiement sur soi, la solitude ou l'amertume. Elle exprimait une énergie positive et c'était sa façon de combattre les démons du passé.

Si j'en crois ma propre expérience, le temps aide à soulager la douleur, jusqu'à un certain point. Mais les blessures sont enfouies très profondément et les cicatrices ne disparaissent jamais. Maryse me rappelle étonnamment ma mère, qui ne s'arrête jamais et ne regarde que rarement en arrière, sinon en quelques occasions propices au souvenir. Ce parallèle rend l'entretien encore plus poignant et intime. Maryse me touche profondément et notre rendez-vous est extrêmement émouvant.

Nous sommes restés ensemble environ deux heures – cent vingt minutes qui me parurent très courtes. Avec Diego, nous embrassons chaleureusement Maryse sur les deux joues et nous lui disons au revoir. Alors que nous marchons à l'extérieur dans les rayons du soleil, je remarque les roses jaunes et roses en pleine floraison de son jardin, qui illustrent la paradoxale générosité de la vie. Pendant un instant, je suis certain que le temps s'est arrêté.

Maryse me dit : *« Quand vous repasserez dans la région, s'il vous plaît, passez me voir. »* Je ressens une immense fierté.

Les Frères d'armes avant le coup d'envoi face à l'Angleterre, le 21 mars 1981. Debout derrière et de gauche à droite : Dintrans, Paparemborde, Dospital, Lacans, Revallier, Joinel et Imbernon. Assis devant et de gauche à droite : Blanco, Berbizier, Bertranne, Laporte, Rives, Gabernet, Codorniou et Pardo.

« Il était le pivot, l'élément à partir duquel tout se construit. »

Pour l'éternité

Je refais une apparition à Nissan-lez-Enserune pour voir Diego et sa famille en septembre 2018. C'est encore une belle journée et il a préparé un sublime déjeuner. Nous nous asseyons à l'ombre du tilleul tachetée de la claire lumière du soleil, en écoutant des histoires de rugby, de vin, de cuisine et des récits historiques locaux. Diego détaille la fête d'après-match que fit l'équipe de Béziers la nuit du décès de Pierre.

« Avant match, nous sommes arrivés à Narbonne très motivés, nous voulions bien jouer et battre nos meilleurs adversaires. À l'époque, j'avais un bar à Nissan-lez-Enserune et j'avais dit à Pierre, le capitaine, qu'un fakir faisait un numéro ce soir-là, que ce serait une bonne distraction pour les garçons. Il me regarda, il sourit, et dit : "Gagnons d'abord le match et on verra ensuite."

Nous avons gagné et Pierrot avait fait un grand match. Je lui rappelai le fakir et il dit : "On y va !"

Nous sommes allés à la réception d'après-match puis nous nous sommes dirigés vers mon bar, le café-bar-hôtel L'Acropole. Le fakir était là, en pleine activité. Nous avions souvent des gens de passage à Nissan parce que nous sommes situés juste à la sortie de l'autoroute mais il n'était venu qu'une fois dans mon bar. Il avait apprécié les produits locaux et il avait beaucoup bu ! Il s'avérait qu'il était souvent rond.

Ce soir-là, globalement, le spectacle était très drôle. Le fakir, recouvert de tatouages, était étendu sur un lit à clous, avec une planche de bois sur lui et il invitait les gens à marcher dessus. Un gars du coin alla chercher son petit tracteur pour lui rouler dessus ! Toute la soirée fut hilarante. Et ce type avalait aussi du verre… Puis il fut ligoté et cadenassé et il réussit à se libérer tout seul.

C'était une chaude soirée et la place du village tanguait tant il y avait de monde. Il y avait une grosse ambiance. Alors, les habitants adoraient que les grosses équipes s'arrêtent dans le village – que ce soit Béziers, Narbonne ou Bourgoin de retour du Pays basque. C'était encore l'époque amateur, quand les petites villes et les villages avaient toutes des équipes dont les joueurs se croisaient et faisaient la fête ensemble.

Après avoir vu le spectacle, nous sommes tous allés à Béziers où nous avons fini dans la boîte de nuit d'Alain Estève. Pierrot était un tel meneur d'hommes… Il avait un principe, avant et après-match, qui était que nous ne devions pas nous séparer des copains, ne pas partir avec une fille. Il était une autorité morale pour l'équipe et, par-dessus tout, il privilégiait la cohésion du groupe. Certains joueurs s'impatientaient et avaient du mal à rester jusqu'à 3 heures du matin ! Il y avait beaucoup de filles qui nous tournaient autour et les joueurs prenaient sur eux pour suivre ses ordres !

En tant que capitaine, ce n'était pas un gueulard. Il parlait toujours très intelligemment et c'était quelqu'un de réfléchi. Comme joueur, il savait tout faire. Il transformait n'importe quel ballon en action d'attaque, il passait, prenait un trou, lisait le jeu. Il était extraordinaire.

Le club de Béziers a très mal vécu sa disparition parce que nous perdions l'héritier du trône. Il faisait le lien entre l'ancienne et la jeune génération parce qu'il les transcendait.

Il était le pivot, le noyau dur du club, l'élément à partir duquel tout se construit. Ce rôle central, il l'a acquis en 1968 quand les juniors de Béziers ont remporté le championnat national. Cette équipe a jeté les bases des succès des années 1970, et Pierrot prolongerait tout cela jusque dans les années 1980. Toute sa connaissance et son expérience disparaissaient soudainement et ce n'est pas par hasard que dès lors le rugby à Béziers s'est mis à décliner.

Quand je repense à ce jour funeste, Pierre avait joué, mené son équipe à la victoire, il l'avait fêtée avec panache, brio et élégance, comme s'il avait su que c'était sa dernière nuit. C'était un homme adorable et tout le monde se souvient de lui avec beaucoup d'affection. »

Grâce à ces moments si agréables, passés au soleil, à manger et à boire, je me remémore mon séjour dans le Sud dans les années 1980. Certains de mes amis anglais n'apprécient guère les longs déjeuners, pensant qu'il ne s'agit là que de manger et boire à l'excès. Mais ils sont à côté de la plaque. La nourriture et le vin sont un moyen. Leur but est de se faire des amis pour la vie.

« Papa »
Robert Paparemborde

Né le 5 juillet 1948 à Féas – décédé le 18 avril 2001 à Paris - CLUBS : Pau, RCF - SÉLECTIONS : 55 - POSTE : Pilier
GRAND CHELEMS : 1977, 1981 - SURNOM : « Papa » - MA RENCONTRE AVEC SA FEMME VALÉRIE : 7 juin 2018 à Paris

Robert Paparemborde est un joueur qui m'a profondément marqué. Je ne sais pas si cela est dû à son nom si particulier ou à ses talents de joueur, mais je me souviens encore très clairement de son visage, de sa carrure, de sa façon de passer le ballon, d'entrer dans un maul. J'ai contacté Valérie, la veuve de Robert, via leur fille, Elsa, et je suis allé à Paris pour la rencontrer dans l'appartement qu'elle a acheté avec lui en 1994 et qu'elle partage désormais avec son père, âgé de quatre-vingt-dix-neuf ans.

Sur la route, je suis nerveux. Je n'ai interrogé que deux femmes pour écrire ce livre, Valérie et Maryse Lacans. Je n'ai discuté que très brièvement avec les épouses des joueurs que je suis allé voir mais jamais nous ne sommes entrés dans une discussion approfondie sur leur vie privée. Mais la rareté des témoignages féminins n'est pas ce qui me rend nerveux. Au fond, je suis travaillé par ma propre histoire et bien sûr, les questions délicates que j'ai à lui poser.

J'ai moi-même perdu mon père et vu ma mère passer sa vie à essayer d'en atténuer les conséquences. Je sais ce que c'est d'être « sans père » et j'ai vu dans les yeux de ma mère ce que reconstruire sa vie avec ses enfants veut dire. Mon empathie est totale à l'égard de Valérie, Elsa et Pierre.

Pour avoir été un enfant qui a grandi à Bath, ville où l'on aime le rugby, j'ai vraiment de l'admiration pour Robert. Il était « la pierre angulaire » de l'équipe de France entre 1975 et 1983, il était craint de la plupart de ses adversaires. Mais c'est en parlant avec les joueurs, que mon admiration s'est accrue tant il était le parfait exemple de la réussite sportive, professionnelle sans parler de ses qualités humaines.

Le Patou

Robert est parti de rien, sinon du soutien de sa famille, et ses succès n'en sont que plus remarquables. Fils d'un ingénieur des Ponts et chaussées, il a été élevé dans les environs de Laruns, dernière ville sur la Départementale 934 avant la frontière espagnole.

Robert faisait 4 kilomètres à pied seul dans les bois pour aller à l'école, quel que soit le temps. Il n'existait qu'un seul restaurant où vivait un gros chien de berger qui s'appelait Le Patou, une race massive qui se mêle aux troupeaux de moutons pour assurer leur protection. Il n'est donc pas très difficile de comprendre le premier surnom de Robert.

Robert s'adonnait à différents sports comme le judo, le handball, l'athlétisme et, bien sûr, le rugby auquel il ne s'est mis que parce que son lycée cherchait un centre pour avoir une équipe complète. À dix-huit ans, il jouait au centre à Pau et, à vingt, il intégra l'équipe première au poste de pilier. Les gens disaient qu'il avait un physique en bouteille de Perrier ce qui lui donnait la force d'entrer en mêlée.

Il a géré des magasins de sport à Pau et à Lourdes avant d'aller à Paris pour rejoindre son grand pote

© Bob Thomas via Getty Images

Jean-Pierre Rives au Racing dont il deviendra le manager et qui remporterait le championnat en 1990. Avec Jean-Pierre, ils ouvrirent deux restaurants appelés Black Bear, un à Pau, l'autre à Paris. Le sobriquet « l'ours » convenait assez bien à Robert tandis que le noir faisait référence à leur superbe victoire contre les All Blacks le jour de la fête nationale, en 1979.

Le Petit Prince

J'ai très envie que Valérie me raconte comment elle a rencontré Robert et quelle impression il lui a faite.

« J'ai rencontré la première fois Robert un jour où j'étais dans l'appartement parisien de Jean-Pierre Rives, que je connaissais déjà. Ce soir-là ils projetaient de sortir tous les deux et Jean-Pierre fit : "Dis bonjour à Papa, il est là, dans la chambre d'amis." Je pensais qu'il parlait de son père, mais il s'agissait de Robert !

Sur sa table de chevet, il y avait un exemplaire du Petit Prince, *d'Antoine de Saint-Exupéry.*

Je me suis dit : "Bon, si quelqu'un avec cette carrure et avec cette personnalité lit ce genre de livre, ce doit être un personnage surprenant." Ce fut le coup de foudre.

Il était véritablement étonnant. Par rapport à sa corpulence et à son allure sur un terrain de rugby, il était en dehors un homme d'une grande classe et d'une grande finesse, il était presque féminin. Il était élégant, éloquent, subtil et intelligent. Je ne me souviens pas d'une seule fois où il ait pu se tromper.

Robert Paparemborde, blessé à la tête, lors du match contre l'Irlande joué à Lansdowne Road, le 19 février 1983. L'Irlande bat la France 22-16.

« Il était un homme d'une grande classe et d'une grande finesse. »

Il jaugeait les gens avec beaucoup d'humilité, il n'était jamais arrogant, jamais catégorique. C'était un homme profond.

Si l'on parle rugby, il possédait le sens de l'anticipation. Il avait vu à l'époque ce que serait le rugby d'aujourd'hui.

Il est mort de maladie en deux mois. Il ne s'est pas senti bien dans l'avion qui revenait de Rome où il était allé voir Italie-France, le 3 mars 2001. Quand il est rentré à Paris, il est allé à l'hôpital pour une opération relative à son cancer du pancréas mais il ne s'est jamais réveillé. Jean-Pierre Rives venait me chercher pour m'emmener à l'hôpital tous les jours. Ils étaient très proches avec Robert. »

Le grand ami

Jean-Pierre Rives a été très touchant quand il m'a parlé de son frère d'armes.

« Patou était un ami merveilleux, quelqu'un qui ne parlait pas trop mais nous nous entendions très bien. Quand Valérie voulait savoir quelque chose, elle m'appelait. C'était un Béarnais exceptionnellement fort mais également très doué en dehors du rugby. J'étais avec lui à la toute fin. C'est un souvenir affreux. Il y avait un long couloir et j'ai vu le médecin venir vers moi. C'était comme s'il avait vu le diable. Nous avons perdu un ami formidable, un mari, un homme. »

Valérie reprend :

« Robert est venu à Paris parce que sa carrière internationale était terminée et il avait besoin de changer d'air, ayant vécu toute sa vie à Pau. Jean-Pierre l'invita à venir au Racing et voilà comment son aventure parisienne a débuté.

Il s'est adapté très facilement. Dans tous les aspects de sa vie, il a eu la capacité de s'adapter et de prendre les choses tranquillement. Il était très humain.

Elsa n'avait que treize ans quand il est mort. Elle aurait pu s'écrouler mais elle s'est appuyée sur son existence et son souvenir pour s'en inspirer et se donner de la force et se motiver, ce qui l'amena à aller étudier pendant quatre ans à Harvard, aux États-Unis, puis à McGill au Canada. Elle suivit son exemple en restant calme, en étant lucide, déterminée et en prenant des initiatives. Elle s'en est vraiment inspirée comme nous tous. Il demeure notre point de référence et son influence agit toujours sur nous. »

Le salon de Valérie est rempli de livres et son père a lu durant tout le temps de ma visite.

Elle a attrapé sur les étagères de la bibliothèque un lourd classeur contenant des articles de journaux, des documents et photographies que nous avons passé en revue pendant une bonne heure.

Il semble évident que Robert était un penseur et un visionnaire, notant des remarques techniques d'entraînement et des stratégies pour battre tel adversaire.

Ce matériau original me fascine parce qu'il n'a été touché par aucun historien. Il y a aussi des articles de journaux, dont deux écrits par les immenses Christian Montaignac et Henri Nayrou, encore deux hommes formidables que j'ai croisés durant mon périple en France.

Le Grand Chelem

Je désire savoir si Valérie se souvient du Grand Chelem 1977.

« C'était avant que je rencontre Robert mais les joueurs de cette équipe, avec tous ses forts caractères, sont restés amis. Jean-Pierre me dit toujours que pour gagner, une équipe doit être composée de gens qui s'aiment et, bien sûr, la victoire renforce cet amour. Dans les années 1990, quand il y avait tout cette tension, quand Robert et Jacques faisaient le bras de fer pour prendre la FFR, ils ne se sont jamais fâchés. Robert disait qu'ils resteraient toujours des amis parce qu'ils avaient traversé trop de choses ensemble.

Quand ils ont fait leur réunion pour fêter les vingt ans de la Coupe du monde, en 1997, ils ont voulu s'enfermer tous ensemble dans une chambre pendant une heure, comme ils en avaient l'habitude avant les matchs. Ils étaient et sont toujours comme des frères, même si Jacques et Robert ne sont plus de ce monde.

Les Barbarians français et les tournois de golf ont contribué à entretenir le succès de 1977 et ont créé de nouvelles occasions pour ces joueurs de se revoir régulièrement. »

Le berger roi

Chaque année, Valérie se rend aux Rencontres en Séronais, à La Bastide de Sérou, près de Foix, où Henri Nayrou, l'ancien directeur de *Midi olympique*, organise

« Ils étaient et sont toujours comme des frères. »

une fête de l'amitié autour des valeurs du rugby. J'ai eu la chance d'y assister en 2018 au milieu d'une galaxie d'anciens joueurs comme Jean-Claude Skrela, Richard Astre, Jean-Pierre Garuet, Hugo MacNeill, Patrick Estève ou Didier Sanchez. Elle est présente parce que Robert est un des anciens joueurs qui y est le plus souvent évoqué avec un réel plaisir. C'est tout à fait extravagant, on mange, on boit, on chante, il y a des discours et de la musique, dont l'orchestre du jovial Pampi Laduche.

Henri Nayrou, justement, a écrit un superbe article sur Robert dans le *Midi olympique* du 23 avril 2001, juste après sa mort. J'ai relevé un paragraphe qui est magnifiquement écrit et très émouvant. Il décrit le personnage et comprend toutes les raisons qui ont fait qu'il avait tant d'amis et ne se connaissait aucun ennemi.

« Car ainsi était ce cher Patou aux allures contrastées, à la fois pur provincial et vrai parisien, gros d'apparence et fin à l'analyse, leader et suiveur, terrible et placide, vif et somnolent, doctrinaire et œcuménique, rêveur et réaliste, engagé et désenchanté, pugnace et désinvolte, passionné et détaché, parlant patois, jouant au golf, tour à tour berger et roi. »

Robert n'était pas la pierre angulaire de la mêlée. Il était le « diamant angulaire » de son équipe.

J'ai passé près de trois heures en compagnie de Valérie. Ce fut un vrai délice de pouvoir discuter avec une personne aussi rayonnante. Elle me fait d'ailleurs penser à ma propre mère, dans sa capacité à la résilience et dans sa force, en dépit des heures sombres, pour résolument se tourner vers l'avenir. À un moment, Elsa, sa fille, l'a appelée. Je me souviens de ce bref coup de fil : le timbre de voix rempli de joie et le visage de Valérie qui s'anime, exprimant un mélange d'excitation et de pure complicité filiale.

Robert Paparemborde vu par :

JOHN O'DRISCOLL, TROISIÈME LIGNE IRLANDAIS :

« Robert avait dit à la presse française que je ne les regardais pas et que je ne leur montrais aucun respect dans le tunnel avant de rentrer sur le terrain. Évidemment que je ne le regardais pas. J'étais tellement myope que je ne pouvais le voir à 5 mètres de là où j'étais. »

DENIS CHARVET :

« Robert était un grand bonhomme. Il ne parlait pas beaucoup mais quand il le faisait, ce n'était pas pour rien. Quand il se mettait en colère, il ne plaisantait pas et cela produisait son effet. Il était très gentil et vraiment paternel. »

CHRISTIAN MONTAIGNAC, JOURNALISTE ET ÉCRIVAIN :

« Il symbolisait les qualités essentielles du pilier, la solidité, la stabilité, y compris dans la manière de cultiver l'amitié. Robert Paparemborde, entre beaucoup de silences et d'hésitations, racontait la première ligne comme personne, à son rythme, de plein cœur. Il suggérait le regard et les gémissements de l'autre, l'adversaire, qui pourrait devenir une sorte de frère. Il évoquait cette sueur et ce sang dont il emportait les traces sur le maillot. Si des cris étaient eux-mêmes poussés, les larmes étaient toujours étouffées. »

FRANCK MESNEL :

« Papa était un homme très intelligent. Il a très vite trouvé comment transformer le Racing qui vivotait en club capable de remporter le championnat en 1990. D'abord, il a bâti le club autour de joueurs talentueux comme Jean-Baptiste Lafond et Éric Blanc. Il savait qu'il ne pourrait pas les limiter. Il lui fallait leur laisser leur liberté. Il nous a aussi laissés manigancer nos coups avec le Show-biz. En 1987, alors que nous avions prévu de jouer avec des bérets pour le match contre Bayonne, Jean-Pierre Labro (le président du Racing) a voulu nous arrêter. Patou a dit : "Non, laisse-les faire." Il savait que nous nous mettions la pression tout seuls et que cela allait nous faire hausser notre niveau de jeu parce qu'il nous fallait gagner pour ne pas être ridicules. » Ensuite, il savait qu'il nous fallait nous renforcer. Il avait gagné le Grand Chelem avec le pack de 1977 et il savait que l'inspiration seule ne nous ferait jamais gagner aucun trophée, il nous fallait aussi des durs. Il forma des joueurs comme Michel Tachdjian et Jean-Pierre Genet qui étaient tous les deux très intelligents et qui savaient, à leur façon, comment utiliser un mélange de combat et d'intelligence pour mieux être utiles aux autres sur le terrain. Au Racing, ils ont été déterminants, pas juste en tant que joueurs mais comme force de frappe. Par exemple, Michel repérait chez l'adversaire leur joueur le plus important et il le descendait. Plus tôt dans ma carrière, je ne comprenais pas pourquoi certains avants étaient si intelligents en dehors du terrain et si barjots pendant les matchs. Mais j'ai compris que pendant que nous faisions des étincelles à l'arrière, c'étaient les malins devant qui étaient essentiels. Le rugby commence devant. »

« le Grand »
Armand Vaquerin

Né le 21 février 1951 à Sévérac-le-Château – décédé le 10 juillet 1993 à Béziers - CLUB : AS Béziers - SÉLECTIONS : 26 - POSTE : Pilier
GRAND CHELEM : 0 - SURNOM : « le Grand » - MA RENCONTRE AVEC SON FRÈRE ÉLIE : lundi 11 juin 2018

Armand Vaquerin a remporté dix fois le Bouclier de Brennus entre 1971 et 1984. En France, c'est une légende et un des rugbymans les plus vénérés de l'histoire de ce jeu : un homme d'une immense générosité, indéfectiblement attaché à ses amis et à la communauté du rugby. Le 10 juillet 1993, la nouvelle tombe : il se serait suicidé en jouant à la roulette russe dans un bar de Béziers. Les circonstances du drame demeurent floues. Ma quête concernait plutôt le joueur et l'homme qui fascinait les foules et les autres joueurs du pays. Je suis pour cela allé à la rencontre de son frère, Élie.

Diego Minarro m'a aidé à prendre rendez-vous avec lui dans leur café-restaurant habituel, *La Coupole*, près du stade. Tout en étant frappé par la tristesse de son regard, je le reconnais dès qu'il fait son entrée : il est solide, porte la moustache et ressemble étonnamment à son frère. Je sens que le temps n'a pas tout à fait cicatrisé sa blessure.

Signé ASB

Je lui demande de me parler de sa famille.

« Nous étions très proches avec Armand. Nous étions sept frères et sœur. Trois de mes frères sont morts. Nous sommes pour la plupart d'entre nous natifs de Séverac-le-Château, dans l'Aveyron, où mon père et ma mère se sont installés après avoir fui l'Espagne à pied en 1939. D'autres membres de la famille nous ont ensuite rejoints. C'est notre village natal et nous en parlons toujours avec beaucoup d'émotion. J'avais sept ans, et Armand cinq, quand nous avons déménagé à Béziers.

On a commencé à jouer au rugby à l'AS Béziers assez tardivement, autour de nos quinze ans, parce que jusque-là, nous jouions au football. L'AS Béziers était une bonne équipe au début des années 1960 mais le club avait perdu trois finales sur quatre (1960, 1962,1964) et avait remporté le titre en 1961. Le voisin d'en face, Émile Bolzan, un joueur du coin, nous encouragea à jouer au rugby. Voilà comment tout a commencé. Armand a débuté en équipe première, il devait avoir dix-sept ans.

En 1970, Armand a joué son premier match international à Béziers contre une équipe roumaine et il avait été très bon. Alors, Jean-Louis Martin qui s'était blessé avant la finale de 1971 contre Toulon, dut céder sa place à Armand. Nous avons gagné 15 à 9. Ce jour-là, je jouais talonneur en face de Gruarin, ils avaient une première ligne monstrueuse. Armand fit tout ce qu'il put pour que la mêlée tienne et je n'ai pas trop souffert parce qu'il m'aida beaucoup. C'était un immense joueur, un frère, un partenaire. »

À l'école du Sorcier

À vingt ans, Armand Vaquerin est champion de France. Ses débuts sont fulgurants. Avec ses coéquipiers et sous la baguette du Sorcier de Sauclières, Raoul Barrière, il allait dominer le rugby français pendant quatorze ans ans, un succès basé sur la rigueur, la solidarité, la puissance et une préparation physique et mentale de fer. C'étaient les débuts de ce que nous appelons aujourd'hui

Armand Vaquerin en 1972.

© Presse Sports

le professionnalisme. Entre 1971 et 1984, Armand a disputé onze finales et n'en a perdu qu'une, contre Agen, en 1976.

Élie précise :

« Raoul Barrière était un entraîneur très intelligent. Il essayait de copier ce que faisaient les All Blacks, soit être performant sur les fondamentaux, gagner des ballons, être fort dans les rucks et avoir un bon jeu de lignes. Il a construit ses succès en s'appuyant sur l'équipe junior qui avait été championne de France en 1968, composée de joueurs magnifiques comme Astre ou Cantoni. »

Béziers avait une effroyable réputation non seulement pour le physique des joueurs mais aussi pour leur violence. En questionnant Jean-Pierre Rives à ce sujet, il me raconte ce à quoi ressemblait un match à Sauclières.

« Ils possédaient des joueurs très durs. Leur numéro 6, Saisset, me détestait parce que j'avais pris sa place en équipe de France. Estève, Buonomo, Saisset, Senal et Palmié étaient des brutes qui distribuaient des gnons tant qu'ils pouvaient. Ils te piétinaient, te griffaient, te filaient des coups de pied. J'étais dans leur viseur, ils me désignaient en m'appelant « le Blond », ce qui explique que j'étais plein de bleus et couvert de plaies. Ça ne me plaisait pas. Les joueurs se protégeaient la tête en espérant en sortir indemnes.

À Toulouse, je recevais les lettres haineuses avant les matchs contre eux et ma mère me priait de ne pas y aller. Mais, sur le terrain, mon vieux pote Armand Vaquerin a toujours fait attention à moi. Dans les rucks, il se couchait sur moi et me disait : "Ne bouge pas, ils veulent te défoncer

« Il avait toujours plein de liquide sur lui pour arroser la soirée. »

la gueule, mais je te protège." (Disant cela, il ricane pour imiter Armand qui zozotait un peu.) »

Alain Lorieux, pour sa part, se souvient :

« C'était notre papa. Je me souviens d'un match de coupe où Grenoble affrontait Béziers à Toulon. Vaquerin et d'autres joueurs m'ont coincé dans un coin et j'ai dû me battre dur pour me protéger. Je ne jouais que depuis quelques années. Après le match, il est venu me dire : "Tu n'as besoin de personne pour te défendre. C'est bien."

Pour son jubilé, j'ai été chaleureusement accueilli par tous les joueurs du club. Cela me file toujours la chair de poule que des joueurs de cette envergure m'aient ainsi accepté parmi eux. J'ai dû me faire ma place au milieu de ces monstres mais je me sentais intégré. Être aux côtés de gens comme Armand me rendait fier. »

Le feu follet

Je demande à Élie qui était Armand en dehors du terrain.

« En dehors du rugby, c'était un boute-en-train. Il jouait à fond comme il faisait la fête et il aurait pu obtenir plus de sélections s'il s'était davantage concentré sur le rugby.

Il sortait tout le temps, n'importe où, à n'importe quelle heure, et parfois disparaissait pendant plusieurs jours ou semaines.

Il a toujours brûlé la chandelle par les deux bouts mais il était comme ça. Il aimait la vie. Il nous manque énormément.

Il s'est marié une deuxième fois avec Laurence, en 1982. D'origine américaine, elle avait une maison au Mexique et ils allaient souvent là-bas avant la fin de sa carrière. Il pêchait, ramenant parfois jusqu'à 300 kilos de poisson par jour qu'il revendait dans les restaurants alentour. Après le rugby, en 1984-1985, ils ont vécu là-bas un moment. Il avait bien vu venir le coup puisque la Coupe du monde de football s'y déroulait en 1986 et il en profita pour faire la fête avec les joueurs de l'équipe de France qui avaient atteint les demi-finales. Il est revenu vivre à Béziers en 1990, nos parents vieillissaient. Puis il a vendu le bar familial, Le Mondial, en 1988. »

Armand avait plein de projets. Revenu à Béziers, il s'amusait dans les férias, ouvrit un restaurant de poisson, le Lobo de Mar, sur la Costa Brava, en Espagne, avec un ancien camarade de classe, puis un bar, Le Cardiff, ce qui dénote une certaine admiration pour les Gallois. Quoi qu'il en soit, Armand avait la bougeotte, ce qui fait qu'il n'était ni dans l'un ni dans l'autre des établissements. Il lui fallait toujours découvrir des gens et des endroits nouveaux. C'était un homme libre.

Nuits blanches, lunettes noires

Plusieurs joueurs m'ont raconté leurs nuits blanches avec Armand.

Jean-Pierre Garuet :

« En 1987, en Australie, durant la Coupe du monde, Armand est arrivé en bateau du Mexique avec sa femme. Il venait pour soutenir ses potes de l'équipe. Après avoir gagné la demi-finale, je me souviens que nous avons fait une fête à tout casser dans Kings Cross à Sydney. En gros, on s'est saoulés, on allait en boîte, et on essayait de discuter avec les gens du coin. Il se faisait partout des amis. Il avait toujours plein de liquide sur lui pour arroser la soirée. Ce soir-là, j'ai dû le laisser parce que nous avions une finale à disputer quelques jours après et parce que je savais qu'avec Armand, on aurait pu faire la fête pendant des jours. »

Jean-François Imbernon :

« En 1976, on était en tournée aux États-Unis et nous étions à New York. On a mangé dans un restaurant français puis nous sommes rentrés à l'hôtel. Je partageais ma chambre avec Michel Palmié et on a frappé à la porte. C'était Armand qui souriait et m'annonçait qu'il allait faire un tour à Harlem et dans le Bronx et il me proposait d'aller avec lui. Il était 1 heure du matin ! Il tenait dans sa main des liasses de dollars et avait encore sa montre au poignet. Quand il est revenu le lendemain, il n'avait plus rien mais il avait passé un bon moment et s'était fait de nouveaux amis.

Il n'avait peur de rien. Plus c'était dangereux, plus il aimait ça, plus il s'amusait. Il aimait les sensations extrêmes. »

Doxpi m'a raconté une histoire similaire :

« Une autre fois, il est venu assister à France-Écosse au Parc. Ses poches débordaient de billets de 500 balles. On appelait ça des Pascal. Il m'a regardé, des étincelles dans les yeux, et m'a dit : "On va bien s'amuser ce soir." On a

« Si l'on en croit la presse, tout le monde à Béziers se trouvait dans ce bar au moment fatidique. »

fait notre première tournée ensemble en 1974, en Argentine. Armand, Iraçabal et moi étions les trois piliers. C'était un super joueur, très technique et rapide. Il était assez réglo sur un terrain mais il filait des gnons et il en prenait. Quand il y avait de la triche, il disait : "Punition !"

Quand on jouait contre lui, on n'avait pas spécialement envie qu'il en arrive là parce que si c'était le cas, la fin du match était pourrie. On surveillait toujours ce qui se passait dans notre dos, plus préoccupés à nous protéger qu'à jouer au rugby. »

Laurent Pardo se souvient avoir passé des vacances avec lui :

« En 1980, Élie, Armand et moi sommes allés au Club Med de Kamarina en Sicile. Au bout de trois jours, Armand n'était pas encore allé dans sa chambre. Son sac n'avait pas bougé du bar. Il se liait avec tout le monde, il était si plein de vie, adorable et généreux, qu'il préférait faire la fête que dormir. »

À l'époque, Le Mondial était un des cafés les plus fréquentés par le monde du rugby à Béziers. Pierre Danos[1] en était le propriétaire depuis 1956 avant qu'il soit racheté par les parents d'Armand en 1972, qui s'en occupèrent jusqu'en 1988. Le QG du club était situé au premier étage. En apparence, c'était un lieu ordinaire, sans relief, mais il est entré dans l'histoire tant on y a vu passer de grands joueurs, tant on y a entendu d'anecdotes.

1 - Pierre Danos, ancien demi de mêlée international de Toulon et Béziers des années 1950-1960 et qui entraîna l'ASB avant Raoul Barrière.

Le Mondial me fait penser au Trinquet à Espelette ou au Café des amis à Agen, ou encore au bar de Jean Dauger à Bayonne.

C'étaient des lieux de vie inévitables pour les joueurs, les gens du club et ceux du quartier. Ils faisaient partie d'un « mode de vie » qu'Élie ressuscite :

« Nos parents le géraient et étaient amis avec tout le monde. Ils avaient un grand cœur et il y avait une belle ambiance. Ils étaient très gentils avec la clientèle et ne laissaient personne mourir de faim. »

Jean-Pierre Garuet :

« Le Mondial était un lieu chaleureux, amical. Armand connaissait tout le monde et les gens appelaient sa mère la Mamma.

Armand savait également être drôle sur le terrain. Diego Minarro, avec qui j'ai passé quelques jours, s'en souvient non sans plaisir :

« Un jour où nous jouions contre une équipe roumaine à Sauclières, les joueurs ont quitté le terrain, estimant que le match était trop violent. Armand était capitaine ce jour-là et il s'est mis à leur crier : "Vous ne pouvez pas partir comme ça ! C'est la saison des férias, on ira faire la fête ensemble après !" Il aimait tellement les férias que parfois on ne le voyait plus pendant trois semaines. »

Shadows

Armand est décédé vers midi le 10 juillet 1993 dans un obscur bistrot, *Le Café des amis*, dans le centre de Béziers, quartier où il avait grandi. Pour certains, cette mort est mystérieuse même si la version officielle accrédite l'idée qu'il s'est tiré une balle dans la tête en jouant à la roulette russe.

Élie me dit :

« J'étais un des premiers sur place. C'était un cauchemar. Je l'ai vu étendu sur le sol, habillé tout en blanc comme un ange. Il portait sa grosse chaîne autour du cou. Ça me fait tellement mal que je n'arrive pas à en parler. »

Les années suivantes, tout a été dit sur ce drame et sans aucun doute l'histoire a été embellie. Si l'on en croit la presse, tout le monde à Béziers se trouvait dans ce bar au moment fatidique. Chacun a d'ailleurs sa version des faits.

Mais d'autres théories font émerger des questions sur les circonstances qui ont entouré sa mort : un mystérieux légionnaire aurait été présent dans le bar quand il est mort, un ami d'Armand qui avait des liens avec la pègre à Toulon et à Marseille. De plus, Armand était gaucher et la balle a perforé sa tempe droite. Et puis, pourquoi avait-il toujours une arme dans sa voiture ? Pour quelles raisons aurait-il vidé les balles de son arme au Café des amis ? Une balle ne serait pas tombée, celle qui le tua accidentellement.

Élie, toujours très affecté, me dit qu'il ne veut pas savoir ce qu'on raconte, *« toutes ces rumeurs et ces conneries. Je veux me souvenir du bon temps ».*

Jeff Imbernon m'a dit :

« J'ai rencontré Armand quand nous avions onze ans, quand Prades avait joué contre Béziers. J'ai été son témoin à son premier mariage. S'il s'est vraiment tué, je ne peux pas croire qu'il l'ait fait de son plein gré. Il aimait trop la vie. Peut-être que la balle n'était pas censée être encore dans le barillet quand il a tiré. On ne saura jamais. On dit qu'il

avait une vie dissolue mais il était juste déluré. Il avait besoin de bouger, de se faire de nouveaux amis, de découvrir de nouveaux endroits. »

Jean-Pierre Garuet raconte :

« Comme tu peux l'imaginer, il devait bien y avoir deux mille personnes à son enterrement. Sa mère m'a vu et m'a demandé de me mettre avec eux, au milieu de la famille. Elle voulait le voir une dernière fois avant que l'on referme le cercueil. »

Pour terminer, je voudrais être clair sur un point : ce n'est pas le drame du 10 juillet 1993 qui a forgé la légende d'Armand Vaquerin. Elle était déjà écrite bien avant. Il faut bien avoir à l'esprit qu'il a participé à la période où Béziers régnait sur le rugby français et qu'il en était un élément capital.

Je ne sais pas si j'aurais résisté à une soirée avec Armand, mais je suis sûr que j'aurais aimé essayer.

Armand Vaquerin vu par :

CHRISTIAN MONTAIGNAC :

« Armand était un personnage majeur du rugby français. Il avait un cœur énorme. Je l'ai vu à ses débuts en 1971 à Bordeaux. Il portait des shorts trop serrés pour sa taille, sans doute pour mettre en avant son physique… C'était un libre penseur, un poète. La mère d'Armand est sans doute la seule femme à avoir pu entrer dans un vestiaire après un match. C'était après une finale. Mais il en a gagné tellement que je ne me souviens plus laquelle c'était. Normalement, cela est réservé au maire, aux journalistes, mais pas aux mamans. Elle avait envie d'embrasser son fils. Elle avait perforé la défense. »

FERGUS SLATTERY :

« Armand a joué avec Béziers contre le Leinster dans les années 1970. Je m'en souviens très bien parce que j'ai été littéralement écrasé dans un ruck, d'abord par l'ensemble du pack, Vaquerin, Palmié, Estève, Senal et leurs potes, et puis par un centre qui est arrivé sur moi juste après. J'ai titubé tout le match. C'étaient des vrais salopards. »

DIEGO MINARRO :

« Si tu étais de son côté, tu te sentais intouchable, invincible. Il défendait ses partenaires. Il pouvait aussi être dégueulasse sur un terrain, filer des coups de pied ou balancer un bon vieux coup de poing à l'ancienne. »